Dieses Buch wendet sich an Praktiker und Studenten der sozialen Berufe. Es ist ein Beitrag, die Helfer weniger hilflos zu machen. Ihre Situation ist nach wie vor reformbedürftig:

Die Psychotherapeuten sind angesichts der ständig wachsenden Zahl von Therapiebedürftigen hoffnungslos überlastet. *Die Politiker* belassen es beim Verkünden wohlklingender Programme – aber mit gutgemeinten Vorsätzen ist noch keine Veränderung erreicht. *Die Praktiker in der Sozialarbeit,* die Tag für Tag mit den Problemen und Ängsten ihrer Klienten konfrontiert sind, fühlen sich allein gelassen. Sie wollen gezielte, wirksame Beratung und Therapie anbieten. Wie aber sollen sie die dazu notwendigen Kenntnisse erlangen?

In «Gezielt helfen» lernt der Leser das Konzept Integrativer Methodik kennen, das die Autorin in intensiver Auseinandersetzung mit Sozialarbeitern, Pädagogen und Psychologen entwickelt hat. Übungen, Theorie und umfangreiche Darstellungen von Fallbeispielen mit zahlreichen Abbildungen wechseln einander ab und ergänzen sich zu einer anschaulichen Einführung in sozialtherapeutisches Handeln.

Die Autorin zeigt: Die umstrittene Integration der therapeutischen Methoden ist nicht nur theoretisch möglich – sie wird bereits seit Jahren erfolgreich angewandt und gelehrt.

Die verwirrende Vielfalt von Interventionsformen läßt sich in einem überschaubaren Modell systematisieren.
In jedem Klienten ist der Weg zur Überwindung seiner Störungen und die Kraft, diesen Weg zu gehen, angelegt.
Gezielt helfen kann der Sozialtherapeut nur, wenn er den Klienten als «Reiseleiter» auf der gemeinsamen Entdeckungsfahrt ins Zentrum der Störungen anerkennt.

Die 1924 geborene Hanna E. Schumann ist Sozialtherapeutin, Supervisorin und Trainerin für Sozialtherapie. Nach Ausbildung zur Sozialarbeiterin und Psychologiestudium war sie in den fünfziger Jahren in der Heimerziehung und Jugendarbeit sowie als Dozentin für Psychologie und Methoden der Sozialarbeit tätig. Seit 1968 führt sie Fortbildungskurse für Sozialarbeiter durch. Sie hat mehrere Aufsätze in Fachzeitschriften veröffentlicht.

Hanna E. Schumann

Gezielt helfen

Pragmatische Sozialtherapie

Rowohlt

1. Auflage September 1980

Umschlagentwurf Werner Rebhuhn
Grafiken Andrea Plemper
Foto auf der Umschlagrückseite
von Matthias Strohschneider
Gesamtherstellung Clausen & Bosse, Leck
Satz 10 Punkt Times Linotron 404
Printed in Germany
ISBN 3 498 06145 3

Inhaltsverzeichnis

3
Entwurf von Veränderungen

1 Das Lernen nach diesem Buch

Sie lernen die Autorin kennen

Unmittelbar nach dem Krieg wurde ich Sozialarbeiterin in einer zerbombten Stadt und einer zerrütteten Gesellschaft. Die innere und äußere Situation erschien den Menschen hoffnungslos. Viele von ihnen verhungerten oder erfroren, und viele wurden kriminell.

Solche Kinder hatte ich als Erzieherin zu betreuen. Ich war denkbar schlecht darauf vorbereitet, mit einer Gruppe von 36 «schwererziehbaren» Schulmädchen zu leben, und versagte zunächst völlig. Doch bald begann ich diese Kinder zu lieben und ihre Familien zu verstehen. In mir entstand der trotzige Anspruch, die Situation für diese und andere Klienten zu verändern. – Ich fing an zu suchen.

Meine Versuche, Hilfe bei der Bewältigung meiner pädagogischen Aufgaben zu erhalten, blieben ergebnislos. Das damals noch neue Case Work* schloß mit seiner Fallauswahl «meine» Klientenfamilien als ungeeignet von methodischer Arbeit aus.

Darum begann ich vier Jahre später mit dem Psychologiestudium, während ich gleichzeitig im Heim weiterarbeitete. Durch diese Verbindung von Praxis und Theorie wurde meine Studienzeit zu einem Weg, der mich immer näher an den einzelnen Menschen heran und immer tiefer in die Klientel der Sozialarbeit hineinführte.

Ich entdeckte entwicklungs- und sozialpsychologische Hin-

* Case Work: Einzelfallhilfe. Klassische Methode der Sozialarbeit. Nach bestimmten Prinzipien verfahrende Hilfe aufgrund der Feststellung objektiver und subjektiver Situationsfaktoren des Klienten.

tergründe, erkannte Entstehungsbedingungen von Störungen. Ich begann, therapeutisch zu arbeiten: Ich lernte, «die Übertragung» zu nutzen. In der amerikanischen Fachliteratur stieß ich auf die Schriften von Carl Rogers, und ich praktizierte seine nicht-direktive Methode in Berliner Unterschichtfamilien. – Dankbar nahm ich die ersten Angebote zur Verhaltenstherapie für Klienten in Anspruch, die Entwicklungsdefizite hatten. – Ich führte Familiengespräche in Berlin-Kreuzberg, als «Familientherapie« noch kein methodischer Begriff war.

Zur Diplomarbeit untersuchte ich in intensiver Zusammenarbeit mit «meinen» Jugendlichen und deren Familien Zusammenhänge zwischen der Lage und dem Verhalten einer Person. Diese Untersuchungen wurden in der Doktorarbeit meines Mannes weitergeführt. Die Ergebnisse seiner Untersuchungen zeigten eine hohe Korrelation zwischen der intrapersonalen und der interpersonalen Lage von Personen. Aus diesen Erkenntnissen heraus entwickelten wir unser Verständnis von Sozialtherapie.

Als ich dann eigene Kinder hatte, wechselte ich von der Arbeit in Heimen zur Erziehungsberatung und Lehrtätigkeit über. Mein zentrales berufliches Anliegen blieb jedoch der Klient. So baute ich an einer Fachhochschule in Berlin das Fach «Methodenlehre» auf und gab Studenten und jungen Kollegen Supervision.

Am meisten beunruhigten und beschäftigten mich stets «aussichtslose Fälle». Sie führten mein Lernen und Lehren immer wieder an Grenzen: Grenzen des eigenen Wissens und der eigenen Fähigkeiten – Grenzen der Hilfsangebote für Klienten – Grenzen, die durch das Mißtrauen einer beunruhigten Umwelt aufgerichtet wurden.

Damals kämpften die Vertreter der etablierten therapeutischen Schulen noch um die Allgemeingültigkeit und die Reinheit ihrer jeweiligen Lehre. Ich brauchte jedoch für meine Klienten dringend Mittel, die mir kein Konzept allein anbieten konnte. So verfiel ich in einen Methodenpluralismus.

Doch mir wurde schnell klar, daß es nur einen Weg gab, ein Konzept zu finden, das eine gezielte, effektive Hilfe ermöglicht: die Integration therapeutischer Methoden. Ein theoretisches Modell für eine solche Integration fand ich schließlich auf der Ebene des Denkens in Systemen und Funktionen.

Die Auseinandersetzungen, die zur Entwicklung dieses Modells nötig waren, vollzogen sich in meiner Praxis – in therapeutischer Arbeit, in Supervisionen und in Seminaren. Hier wurde Neues erprobt. Aus der theoretischen Verarbeitung der Erfolge und Mißerfolge in der praktischen Arbeit entwickelten sich die Grundlinien des neuen Modells, des «Konzeptes Integrativer Methodik» (KIM). Schließlich fand ich eine Didaktik, die diesem Konzept entspricht.

Mein Beruf führt mich heute in viele Städte. Ich lerne ihre Bahnhöfe kennen. Wenn ich mich durch die Menschenmassen schiebe, begegnen mir viele von denen, für die ich einst meine Arbeit begann. Ich erkenne sie wieder, doch nicht mehr in hilfloser Distanz. Heute weiß ich, daß wir einen Weg gefunden haben, sie zu erreichen.

Sie entscheiden, ob Sie für dieses Buch der geeignete Adressat sind

Dieses Buch ist weniger an eine ausgewählte Zielgruppe als an einzelne Menschen gerichtet. Ich meine Menschen, die beunruhigt sind über die Art und Weise ihrer helfenden Beziehungen: Menschen, die nicht genau wissen, wie sie andere wirklich erreichen können – Menschen, die nicht abschätzen können, was ihre Hilfsangebote in anderen auslösen – Menschen, die an der Effektivität ihres Einsatzes zweifeln – vor allem aber meine ich diejenigen, die bereit sind, sich selbst zu ändern, um anderen besser helfen zu können.

Dieses Buch zu schreiben ist ein Wagnis, und zwar in zweierlei Hinsicht: Bücher werden geschrieben, um Menschen zu erreichen, inhaltlich und durch eine ansprechende Form. Ob Sie vom Inhalt und seiner Darstellung betroffen werden, ist offen, denn die Aussage dieses Buches ist nur über eine Schwelle zu erreichen, die Sie vielleicht als eine Herausforderung erleben.

Wir alle leben eingefügt in Machtstrukturen, die in unserer Gesellschaft selbstverständlich sind. Das Konzept Integrativer Methodik hebt diese Machtstrukturen im Rahmen seiner Sozialtherapie auf. Deshalb werden Sie oft Erfahrungs-, Handlungs- und Denksysteme, in denen Sie bisher bewußt oder unbewußt gelebt haben, in Frage stellen müssen.

Was wird dieses Buch in Ihnen auslösen?

Gleichgültigkeit: Es betrifft mich nicht, das ist eine Utopie.

Aggression: Ich bin betroffen, aber ich kämpfe um meine Art zu denken und zu leben.

Hoffnung: Ich bin betroffen – vielleicht ist das auch für mich eine Möglichkeit, in neuen Denk- und Verhaltensmustern zu arbeiten.

So ist dieses Buch nicht in konventioneller Weise ausschließlich an den Praktiker, den Theoretiker oder den Laien gerichtet. Ihnen allen kann es einen Weg zeigen, sich selbst zu ändern und anderen wirksam zu helfen. Dabei werden Sie eine Theorie kennenlernen, die neue Aspekte zur Integration der therapeutischen Schulen aufzeigt. Sie werden Sozialtherapie nicht allein als Kasuistik, sondern darüber hinaus unter wissenschaftlichem Anspruch verstehen – und Sie werden lernen, sie zu begründen.

Sie erfahren etwas über die Entstehung des Buches und seinen Aufbau

Der Gedanke, in einem Buch Erfahrungen und theoretische Überlegungen des KIM zur Diskussion zu stellen, folgt mir seit Jahren.

Einmal waren es Teilnehmer von Fortbildungskursen, die darauf drängten, Texte in die Hand zu bekommen, die ihren Lernprozeß vertieften. Zum anderen war es mein Mann, der mir stillschweigend Literatur über Versuche, Pluralismus und Integration zu praktizieren und theoretisch zu begründen, auf meinen Schreibtisch legte. Ich zögerte – ich sperrte mich dagegen, Auseinandersetzungen, die so lebendig in Seminaren, Supervisionen und Therapien abliefen, in einer schriftlichen Darstellung «einzufrieren». Ich scheute die Distanz zum Leser, die nicht in unmittelbaren Auseinandersetzungen aufgehoben werden kann.

Aus diesen Überlegungen ergab sich eines Tages der Aufbau dieses Buches. Es führt Sie in einen Lernprozeß hinein, der so abläuft, wie ich ihn seit Jahren in Seminaren praktiziere. Im allgemeinen gehören zu einer Fortbildung bzw. Ausbildung in den Grundlagen des KIM fünf bis sechs Wochenseminare. Sie werden über zwei Jahre verteilt. Die einzelnen Seminare sind so konzipiert, daß der Teilnehmer das Gelernte unmittelbar in seine Praxis übernehmen kann. Er arbeitet dabei unter Supervision und bringt seine Erfahrungen in das folgende Seminar mit. Auf dieser Basis wird weitergelernt. So wachsen die Seminare aus einer Verflechtung von Informationen, eigenen Erfahrungen, theoretischen Einsichten, wissenschaftlichem Denken und praktischem Handeln. – Nur eine solche Lernstruktur rechtfertigt den Anspruch, in derart kurzen Zeiteinheiten Sozialtherapie erlernen zu lassen.

Der Ablauf der einzelnen Seminare vollzieht sich in einer ganz bestimmten Folge:

Zunächst bitte ich Sie (als Seminarteilnehmer), bestimmte

Übungen zu machen. Sie erfahren, welches Ziel diese Übungen haben und wo ihre Beziehung zur Praxis liegt.

Als zweites erhalten Sie genaue Anweisungen, wie Sie diese Übungen durchführen können.

Nach den Übungen erleben Sie, welche Erfahrungen einzelne Gruppenteilnehmer in diesen Übungen gemacht haben.*

Dem praktischen Lernteil folgt im Ablauf der Seminare und auch im Aufbau dieses Buches Theorie. Sie richtet sich in erster Linie an den Praktiker. Er muß es lernen, sein Tun zu begründen, um kompetent zu werden. Dem Theoretiker kann der wissenschaftliche Anteil in diesem Buch Anstoß geben zu neuem Denken und Forschen.

Die Beispiele, die den Übungen und der Theorie folgen, stammen bis auf eine Ausnahme nicht von mir. Sie kommen, wie auch das letzte umfassende Fallbeispiel, von Teilnehmern, die in den Seminaren gelernt haben, nach dem KIM zu arbeiten. Sowohl die zeichnerischen Analogien als auch die Tonbandaufzeichnungen sind ohne «Verschönerungen» in dieses Buch übernommen worden.

Zum Abschluß möchte ich in eigener Sache sprechen. Meine Partner in der Entwicklung des KIM waren nicht Kollegen aus wissenschaftlichen Fachbereichen, es waren Klienten und deren Betreuer. Ihnen mußte ich mich verständlich machen. Darum habe ich lernen müssen, sehr differenzierte Zusammenhänge in einer allgemein verständlichen Sprache mitzuteilen. Manch einer empfindet das als unzulässige Vereinfachung oder mangelnde «Wissenschaftlichkeit». Ich hoffe

* Solche Erfahrungsberichte, die häufig in diesem Buch auftauchen, sind wörtlich von Tonbändern abgeschrieben worden. Sie stammen aus Seminaren in verschiedenen Städten der Bundesrepublik Deutschland und in Berlin. Ich bin beim Abschreiben dieser Beiträge nach keinem besonderen Auswahlverfahren vorgegangen. Nach einer jahrelangen Seminarerfahrung wird trotz aller Betroffenheit des einzelnen Teilnehmers eine gewisse Ähnlichkeit der Beiträge unübersehbar.

trotzdem, daß es mir gelingt, die praktische und theoretische Relevanz des Konzeptes Integrativer Methodik einsichtig zu machen.

Sie finden eine Einheit von individuellem Lernen und Lernprozessen in Gruppen

Wenn Sie dieses Buch lesen, lernen sie als einzelner. Seminarteilnehmer lernen in einer Gruppe. Dieses Buch schildert Lernprozesse einzelner Personen inmitten von Gruppenprozessen.

Der Zusammenhang zwischen individuellem Lernen und Gruppendynamik hat uns Trainer immer wieder vor Probleme gestellt. Aus ihnen heraus haben wir einen Weg gefunden, auf dem die Befriedigung des einzelnen und das Anliegen der Gruppe gleichzeitig verwirklicht werden können. Das didaktische Modell möchte ich im folgenden in einem Schema darstellen und anschließend erläutern (s. S. 16).

Lassen Sie mich im folgenden darstellen, wie wir in der Seminarpraxis vom einzelnen Teilnehmer ausgehen, um in immer dichter werdenden Gruppenprozessen das Lernziel zu erreichen.

Jedem Gruppenmitglied (1 bis 8) wird vom Trainer zugesichert, daß sein jeweiliger Standpunkt akzeptiert wird. Jeder wird darin unterstützt, selbst seinen Standpunkt zu akzeptieren. *Er verliert die Angst, zur Veränderung gezwungen zu werden.*

Alle werden gemeinsam informiert, zu welchem Teilziel die Übung führen kann. Das «Spiel» zwischen Trainer und Teilnehmer, «Ich kenne dein Ergebnis, aber du nicht», wird damit aufgehoben. *Der Teilnehmer verliert die Angst vor unerwünschten Überraschungen.*

Die Übungen werden so gestaltet, daß positive Erfahrungen

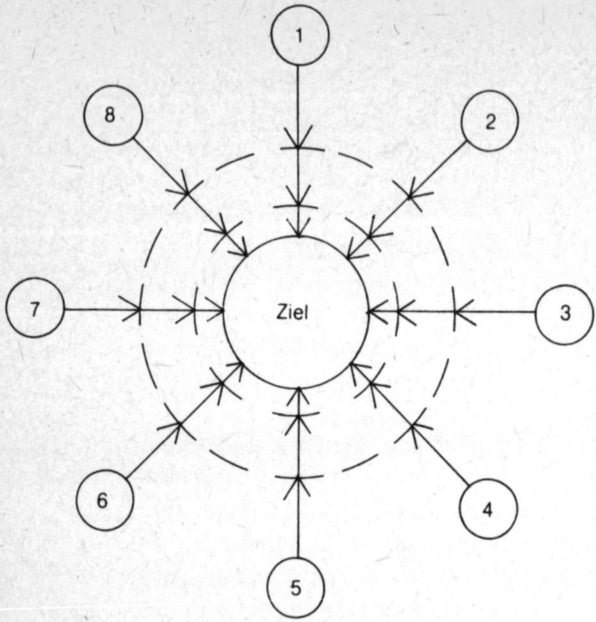

Die kleinen Kreise 1 bis 8 stehen für die einzelnen Personen. Die gestrichelten Kreise verbinden diese Personen zu einer gemeinsamen Erfahrungs- und Lerngruppe. Die verschiedenen Kreise deuten die sich dem im Mittelpunkt stehenden Lernziel annähernden Lernschritte an.

neue Möglichkeiten, negative Erfahrungen die Grenzen der Übungen aufzeigen. Jeder Teilnehmer erkennt, daß positive und negative Erfahrungen sich zu einem Ganzen zusammenfügen, nämlich zu einem Lernschritt. *Er verliert die Angst, zu versagen.*

Jeder Teilnehmer wählt sich für die erste Übung ein oder zwei Partner, zu denen er Vertrauen empfindet. Er wechselt in neuen Übungen seine Partner nur, wenn es ihm selbst zweckmäßig erscheint. *Er verliert die Angst vor fremden Personen.*

Jeder Teilnehmer macht die Übung in einer Kleingruppe (zwei bis drei Personen). Er nimmt in dieser Gruppe nacheinander die verschiedenen Positionen ein, d. h. er arbeitet als Klient, als Therapeut und gegebenenfalls als anteilnehmender Helfer. *Er verliert die Angst, in bestimmten Rollen festgelegt zu werden.*

Jeder Teilnehmer bestimmt selbst, mit welchem persönlichen Inhalt er die Übung als Klient füllt. *Er verliert die Angst, manipuliert zu werden.*

Jeder Teilnehmer, der mitarbeitet, gewinnt die gleiche Erfahrungsbreite wie andere Gruppenmitglieder. *Er verliert die Angst, zurückzubleiben.*

Jeder erlebt, wie andere sich bemühen, ihn zu verstehen. *Er verliert die Angst, nicht akzeptiert zu werden.*

Die Kleinstgruppe einigt sich, ob und wann sie einen Trainer zur Teilnahme oder Hilfe holt. Der jeweilige «Klient» gibt den Ausschlag bei dieser Entscheidung. *Er verliert die Angst vor Kontrolle.*

Nach der Übung berichtet jeder im Plenum von seinen eigenen Erfahrungen. Der jeweilige persönliche Inhalt der Übungen wird nicht angesprochen. Die eigene Erfahrung wird nicht in Frage gestellt. *Der Teilnehmer verliert die Angst vor der Macht anderer Personen in der Gruppe.*

Jeder Teilnehmer erkennt im Plenum, daß andere ähnliche Erfahrungen gemacht haben wie er selbst, daß seine eigene Erfahrung andere Erfahrungen ergänzt und daß alle einen Lernschritt in gleicher Richtung, auf das Lernziel hin, vollzogen haben. *Er verliert die Angst, Außenseiter zu sein.*

Jeder erlebt, daß sein subjektiver Lernschritt zu einer größeren Nähe zu allen Gruppenteilnehmern geführt hat. Er erlebt «Gruppe». *Er verliert die Angst vor der Anonymität der Gruppe.*

Jedem wird die Bedeutung der Gruppe für den eigenen Lernprozeß bewußt; jedem wird die Bedeutung der eigenen

Person für die Gruppe bewußt. *Er gewinnt Mut, in der Gruppe zu lernen.*

Hierzu übernehmen wir von Tonbändern einige Feststellungen, die in der ersten Trainingswoche immer wieder ausgesprochen werden:

«Ich hätte nie gedacht, daß man lernen kann, ohne kritisiert zu werden.»
«Ich hätte nie geglaubt, daß ich mit fremden Leuten so schnell über so wesentliche eigene Dinge reden könnte.»
«Man sollte so was mal mit Freunden tun.»
«Ich habe mich noch nie so wohl in einer Gruppe gefühlt. Hier habe ich überhaupt keine Angst.»

Die Gruppe selbst wird zum Medium und Motor des Lernens.

Betrachten Sie nun noch einmal unser Schema zum Lernen in Gruppen. Sie erkennen, daß diese Didaktik einen doppelten Effekt hat:

Jeder Lernschritt führt näher an das gemeinsame Lernziel heran und bewirkt damit gleichzeitig eine Verdichtung von Gruppenprozessen.

Das Modell ist im Laufe von fünfzehn Jahren entstanden. In dieser Zeit habe ich etwa zweihundert Seminare durchgeführt. Ich war nicht bereit, Schwierigkeiten, die sich auf der Inhalts- oder der Beziehungsebene ergaben, mit mangelnder Motivation oder mit dem Widerstand der Teilnehmer, mit Macht- oder Autoritätsproblemen in der Gruppe oder mit Homogenitätsproblemen zu entschuldigen. Die Didaktik wurde dort verändert, wo sich der Prozeß als ineffektiv erwies. Anstatt durch Frustrationen Anpassung zu erzwingen, versuchten wir Trainer, Befriedigung durch erfolgreiche Gemeinsamkeit zu erreichen. In der Kette Erfahrung – Auswertung – Entwurf neuer Möglichkeiten – neue Erfahrung ... entwickelte sich so eine spezifische Didaktik für das KIM. Dabei wurde Bewährtes festgehalten und weniger Bewährtes nach Versuch und Irrtum verändert. Die Effektivität eines solchen Vorgehens hat ihre Analogie in der «Biotechnik». Darüber kann sich der naturwissenschaftlich interessierte Leser in der Literatur zur Optimierung von Systemen informieren.*

Dem Praktiker möchte ich an einem Beispiel unsere Arbeitsform deutlich machen.

An einem Tag in einem ersten Seminar: Nach der zweiten Übung kehren die Teilnehmer ausgesprochen zufrieden ins Plenum zurück. Sie haben Lernerfolge erzielt und auf der Beziehungsebene neue Kontakte gewonnen. Im Plenum zeigen sich die Teilnehmer noch ungeübt in ihrer Fähigkeit, Erlebnisse darzustellen. Der Satz «Ich habe mich so angenommen gefühlt» wird sehr häufig verwendet. Den Begriff «Angenommen-Gefühlt» können die Teilnehmer nicht differenzieren und genauer beschreiben. Bei einem Teilnehmer erregt das starkes Mißfallen. Er meint, daß er selbst keine Erfahrungen gemacht habe, über die es sich zu berichten lohne. (Vielleicht hat er recht.) Darum bezweifelt er die Berichte der anderen. Er karikiert ihr Verhalten und versucht, es lächerlich zu machen.
Für den Trainer bieten sich einige konventionelle Reaktionsmöglichkeiten an. Er kann den Widerstand registrieren und bearbeiten, durch verschiedene Formen von Konfrontationen dynamische Auseinandersetzungen in der Gruppe zu steigern versuchen, durch Kommunikationshilfen Auseinandersetzungen lernen lassen, Lernerfahrungen von Teilnehmern einsichtig machen und belohnen ... In unserem Fall reagierte der Trainer anders: Er nahm die Frage besonders wichtig. Er zeigte auf, daß hier nach einer

* Vgl. Nachtigall 1974, S. 387 ff.

Realität gefragt wurde, die für jede Therapie von entscheidender Bedeutung ist.
Mit der Gruppe zusammen wurden drei Fragen formuliert: Wie kann ich in einem Interaktionsmodell die gegenseitigen Bedingungen von Annehmen und Sich-Angenommen-Fühlen einsichtig machen? Welche Funktionen kann ich in dieser Beziehung erkennen? Wie kann ich es lernen, diese Funktionen anderen gegenüber zu verwirklichen, ohne mich auf bestimmte Techniken festzulegen?
Der Trainer macht mit seinem Vorgehen die Störung eines aggressiven Außenseiters zur «gemeinsamen Frage» der Gruppe. Die Beantwortung dieser Frage wurde für den einzelnen interessant und führte alle dem gemeinsamen Lernziel näher. Das, was die Gruppe durch Frustration gehemmt hatte, wurde sofort in Dynamik verwandelt, die zu neuen Übungen und Erfahrungen motivierte.

Eine umfassende Theorie für diese Form von Gruppenarbeit können wir aus der *Systemtheorie* ableiten. Nach der Systemtheorie sehen wir die Gruppe als ein System, das aus den Subsystemen der Gruppenmitglieder besteht. Diese sind «zusammengeschaltet»; das System wird dadurch ein «vermaschtes System». Die Funktionsfähigkeit eines vermaschten Systems ist abhängig von der Funktionsfähigkeit seiner Teilsysteme.*

Bei der Darstellung von Familientherapie und der Arbeit mit Klientengruppen werden wir auf unser Lehr- und Lernmodell zurückkommen.

* Wer sich eingehender informieren will, findet eine genauere Beschreibung in systemtheoretischer und kybernetischer Literatur. Vgl. Flechtner 1969, Klaus/Liebscher 1974 und 1976.

Sie entdecken ein neues Lernmuster

Von frühester Jugend an haben wir alle beim Lernen positive und negative Erlebnisse gehabt. Hierbei unterscheiden sich die Erfahrungen einzelner Menschen unter Umständen beträchtlich. Doch trotz aller individuellen Unterschiede sind bei den meisten von uns ähnliche Lernprozesse abgelaufen. Sie können in einem sogenannten *Lernmuster* zusammengefaßt werden:

Da gab es meistens jemanden, der mehr wußte und konnte als wir selber – unsere Eltern, die Lehrer, einige Vorgesetzte und andere. Diejenigen, die das größere Wissen hatten, teilten es denen mit, die weniger wußten. Manchmal geschah das freundlich, manchmal auch ungeduldig oder sogar feindlich. Je nach Gegebenheit gab es gute Lerner, sie übernahmen das Wissen und machten es sich zu eigen; es gab aber auch schlechte Lerner, die aus irgendwelchen inneren oder äußeren Gründen leer ausgingen und versagten. Die guten Lerner wurden für ihren Erfolg belohnt, die schlechten häufig für ihr Versagen bestraft.

Lehren und Lernen führte damit zu einer Hierarchie, in der die Macht der Wissenden eine entscheidende Rolle spielte. So wuchsen wir in unser gesellschaftliches System hinein, das uns auch heute noch gefangen hält.

In der Sozialtherapie soll dieses System in uns und auch für unsere Klienten verändert werden. Darum sind neue Lernerfahrungen nötig.

Wir stellen in den Mittelpunkt unseres Lernens unsere eigene Person. Wir erkennen ihr volles Recht auf Befriedigung zu, weil Befriedigung über Lust hinaus unserer Einsicht folgt. Wir erwarten Erfahrungen, die uns selbst betreffen, uns motivieren und Lerninhalte deutlich machen. Wir suchen Hilfe zu eigenen inneren Auseinandersetzungen. Wir brauchen Helfer, die uns zu Lernschritten ermutigen. Wir erwarten, daß wir auch dann akzeptiert werden, wenn unser Lernprozeß stockt.

Und schließlich hoffen wir auf Zuwendung, wenn wir das Lernziel erreicht haben, das unseren Vorstellungen und Kräften entspricht.

Wenn wir selbst nach diesem Vorbild gelernt haben, gewinnen wir eine neue Haltung gegenüber dem Klienten. Er ist nicht länger eine Person, der wir mit unserer Kompetenz ständig «einen Schritt voraus» sein müssen. Der Klient wird zu einem Partner, dem wir im sozialtherapeutischen Prozeß so dicht wie möglich folgen. Wir vergessen nicht mehr unser Angewiesensein auf ihn, auf seine Bereitschaft, seine Lage darzustellen, auf seine Fähigkeit, uns Störungen in dieser Lage aufzuzeigen, auf seine Dynamik, sich in diesen Störungen auseinanderzusetzen und schließlich auf seinen Mut, Lernschritte zu wagen.

Wir verzichten auf die Überheblichkeit unserer eigenen Interpretationen und die Starrheit eingeübter Interventionen. Wir gestatten uns selbst und auch unseren Klienten Lernsituationen, die psychisches Potential nicht länger in Widerständen und Blockierungen binden, sondern es freisetzen. Dann können wir das tun, was Grundbedürfnissen von uns allen entspricht – uns entwickeln und lernen.

Sie setzen sich mit Frustrationen im Lernprozeß auseinander

Lernen ist anscheinend immer mit Frustrationen verbunden. Mit jedem Lernschritt geben wir einen bekannten «Standpunkt» auf und lassen uns darauf ein, neues, uns noch unbekanntes «Gelände» zu betreten. Niemand kann dessen «Tragfähigkeit» für unsere eigene Person garantieren. Das Wagnis liegt bei uns.

So kämpfen zwei Motivationen in uns. Die eine versucht, die bestehende Situation, unser «Gleichgewicht», aufrecht zu erhalten. Sie hält damit Homöostase fest. Die andere strebt nach Entwicklung und zielt dabei auf Veränderung, die zunächst immer mit Instabilität verbunden ist.

Der Lehrende hat nun zwei Möglichkeiten, Hilfsprozesse zu inszenieren. Er kann den jeweiligen Standpunkt einer Person in Frage stellen, so daß ihre Frustration wächst und sie schließlich aus dieser heraus eine Veränderung vornimmt. Der Lehrende kann sich jedoch auch mit der Motivation verbünden, die nach Veränderung strebt. Er kann sie verstärken und dabei erste positive Erfahrungen machen lassen. (Sie haben ein solches Vorgehen in Abschnitt 4 in bezug auf Gruppenprozesse erlebt.) Entscheidend für die Inszenierung unserer Lernprozesse sollten darum nicht länger übernommene Vorstellungen sein, sondern sachliche Untersuchungen, die etwas über die Motivation zu effektivem Lernen aussagen. Hierzu drei Hinweise:

Aus der *Entwicklungspsychologie* wissen wir, daß Motivationen zum Lernen in der Befriedigung von Grundbedürfnissen entstehen. Hierzu ein Beispiel:

Im zweiten Lebensmonat beginnt ein Säugling zu lächeln. Wird dieses erste Lächeln von der Beziehungsperson beantwortet, dann reagiert das Kind mit Verhalten, das seine Befriedigung ausdrückt: Es strampelt, gluckst und lacht noch intensiver. Es beginnt, Beziehung zu dem Partner aufzunehmen und Kommunikation zu lernen.

Fehlen Partner, die das entwicklungsbedingte Bedürfnis des Kindes adäquat befriedigen können, verliert sich das «erste Lächeln» im Grimassieren. Die Entwicklung wird verzögert. Vielleicht hat das Kind damit einen ersten Schritt in den frühkindlichen Hospitalismus gemacht.

Auch in der *Verhaltenstherapie* wurde die Erfahrung gemacht, daß die Belohnung für Lernen meist effektiver für den therapeutischen Prozeß ist, als Strafe für das Nichtlernen.*

* Vgl. hierzu die Langfristigkeit der Wirkungen nach Lazarus 1978b, S. 169; den Einbau aversiver Techniken in umfassende Bedingungen nach Kanfer/Phillips 1975, S. 414; und die gegensätzliche Meinung bei Stöcker 1977.

In der *Systemtheorie* werden wir schließlich erkennen, daß «Befriedigung» größere Potentiale freisetzt als «Frustration».

Offensichtlich hat also subjektive Befriedigung eine große Chance: Erstens bei der Motivation zu Lernprozessen, zweitens bei der Effektivität von Lernprozessen und drittens auch für die Bereitstellung von Energien für die Durchführung von Lernprozessen. Unsere praktischen Erfahrungen führen zu denselben Ergebnissen wie die Auseinandersetzungen mit Theorien und die Einsicht in Gesetze. Im KIM ist daraus eine Konsequenz gezogen worden: Wir versuchen immer, im Sinne von Befriedigung zu arbeiten.

Dieses Prinzip übertragen wir auf alle Arbeitsebenen:

In der Sozialtherapie bemühen wir uns, Klienten zum Lernen über Befriedigung zu motivieren, ihre subjektiven Möglichkeiten freizusetzen und damit effektiv zu arbeiten. Die besondere Chance, die darin liegt, läßt uns die Schwierigkeiten dieses Ansatzes in Kauf nehmen.

In Seminaren hoffen wir, Teilnehmer in der gleichen Weise zu motivieren, Lernprozesse anzuregen und Lernziele zu erreichen.

Als Therapeuten und Trainer arbeiten wir auch im Team im Sinne von Befriedigung. Wir erarbeiten so Identität, Kompetenz und Potentiale für unsere eigene Dynamik.

Ich hoffe, daß es mir gelingt, auch in diesem Buch dieses Prinzip zu verwirklichen.

Sie lernen die Zielvorstellung dieses Buches kennen

Mein Konzept ist nicht mehr identisch mit dem Anspruch, unter dem ich einst meine Arbeit in der Klientel begann. Es hat sich in dreißig Jahre langer Suche nach einer guten Sozialtherapie entwickelt. Die Möglichkeiten eines integrativen Konzeptes sind für mich selbst überraschend, und ich nehme sie voll Dankbarkeit in Anspruch.

Das Konzept Integrativer Methodik beruht auf einer Theorie, die die vieldiskutierte Möglichkeit der Integration verschiedener therapeutischer Schulen realisiert. Es betrachtet sie unter dem einheitlichen Gesichtspunkt von Systemen und Funktionen. Auf der Meta-Ebene funktionalen Denkens werden die Übereinstimmungen der verschiedenen Therapien erkennbar. Gleiche Funktionen können nun in uns bekannten Interventionen oder auch in neuen «Funktionsträgern» integriert werden. So bietet dieses Konzept Anstöße zu neuen Entwicklungen in Theorie und Praxis.

Das Konzept Integrativer Methodik beruht auf Untersuchungen zur intra- und interpersonalen Lage von Personen. Es bezieht sich damit auf wissenschaftlich gesicherte Untersuchungen. Sie geben Hinweise, wie die Effektivität von Sozialtherapie über Kasuistik und theoretische Erwägungen hinaus kontrolliert werden kann. Damit wird ein Ansatz für wissenschaftliche Forschung angeboten.

Mit dem Konzept Integrativer Methodik erreichen wir Klienten aus allen sozialen Schichten. Es wurde ursprünglich für die ins therapeutische Abseits gedrängte soziale Unterschicht konzipiert. Das Konzept hat sich jedoch in gleicher Weise in der sozialen Mittel- und Oberschicht als effektiv erwiesen.

Das Konzept Integrativer Methodik gibt dem Sozialarbeiter eine Methode in die Hand, die ihn befähigt, in seiner Klientel sozialtherapeutisch zu arbeiten. Es hebt die Diskrepanz zwischen beruflicher Realität und dem, was dem Sozialarbeiter als seine Kompetenz zugestanden wurde, auf. Sozialarbeiter können nach dem KIM Sozialtherapie erlernen und praktizieren.

Das Konzept Integrativer Methodik definiert therapeutische Funktionen als Prozesse, in die neben der Situation des Klienten auch die Lage des Sozialtherapeuten einbezogen wird. Sozialtherapeut kann danach nur derjenige werden, der zu eigenen Entwicklungen bereit ist. Das Konzept regt *jeden* an, seine Haltung zu sich selbst und zu anderen Menschen zu überprüfen und zu verändern. Es ermöglicht damit eine neue Freiheit und in ihr gezieltes Helfen.

Ich möchte in diesem Buch deutlich machen, wie das Konzept lehrbar und lernbar ist. Es soll gezeigt werden, daß nur der praktizieren darf, der selbst durch die Klientensituation gegangen ist.

Für den Laien ist darum dieses Buch ein Anstoß, seine Haltung zu anderen Menschen zu überprüfen – für den Praktiker eine Möglichkeit, therapeutisches Handeln zu erweitern und therapeutisches Bewußtsein zu vertiefen – für den Wissenschaftler ein Ausgangspunkt für neue Forschung.

Für Sie alle sollte es eine Anregung zu eigener Entwicklung sein.

2
Das Externalisieren der intrapersonalen Lage

Die erste therapeutische Zentralfunktion

Zuwendung zur eigenen Person
Finden von Ausdrucksmöglichkeiten zur Verdeutlichung der inneren Lage
Distanzierung
Überblick über das Bild der inneren Lage
Vervollständigung des Bildes
Erkennen von Spannungen innerhalb der Lage
Erkennen von Spannungen zwischen Vorstellungen der Lage und Darstellung der Lage
Definition von Spannungszentren
Motivation zur Veränderung der intrapersonalen Lage

Die folgenden Lernabschnitte umfassen unter dem Zeichen ⚇ eine Reihe von Übungen. Jede dieser Übungen hat für Sie eine vierfache Bedeutung:

- Sie lernen sich selbst besser kennen (wir sagen: Sie machen Eigenerfahrung).
- Sie erleben unmittelbar die Wirksamkeit therapeutischer Interventionen.
- Sie üben therapeutisches Handeln.
- Sie entwickeln aus Ihren Erfahrungen theoretische Einsichten.

Die Lernabschnitte umfassen unter dem Zeichen 🕮 Theorie zum Konzept Integrativer Methodik. Sie werden zunächst in das sozialtherapeutische System eingeführt und lernen seine

Terminologie kennen. In den darauf folgenden Lernabschnitten werden wir die zunächst grob dargestellten Ideen wieder aufnehmen, erweitern, vertiefen, differenzieren und sie wissenschaftlich begründen lernen.

Ich möchte betonen, daß der Ablauf Ihres Lernprozesses in erster Linie nicht dem logischen Aufbau des Konzeptes folgt. Die Aufeinanderfolge von Übungen und Theorie wird auch nicht bestimmt von einer «Wertigkeit», aus der ich eine Rangordnung ableite. Ich folge im Aufbau dieses Buches den praktischen Erfahrungen aus Seminaren. In ihnen habe ich gelernt, daß die Didaktik ihre eigenen Gesetzmäßigkeiten hat. Die günstigsten Lernschritte sind oft nicht identisch mit der Gliederung des Ganzen, wie es sich dem Theoretiker im Überblick darstellt.

Anteilnahme als Voraussetzung zum Externalisieren von Lage

1 Übung für drei Personen

1.1 Einführung in die Übung

In der ersten Übung sollen sich die Gruppenmitglieder kennenlernen. Um uns kennenzulernen, müssen wir etwas über uns sagen bzw. anderen zuhören. Wir müssen miteinander kommunizieren. Wenn zwei oder mehr Personen miteinander kommunizieren, entsteht ein gemeinsames *Interaktionsfeld*. Im Alltag treten wir ständig in Interaktionsfelder ein und verlassen sie wieder. Durch die Übung können Sie erfahren, ob dieser Wechsel allein von äußeren Zufälligkeiten abhängt oder ob er von unserer Person mitbestimmt wird. Im Zusammenhang damit können Sie erkennen, wie ein Interaktionsfeld zustande kommt. – Ziel ist es, mit Hilfe geringfügiger Veränderungen in der Haltung und dem entsprechenden Verhalten das Interaktionsfeld so zu verändern, daß es neue Erfahrungen für alle Beteiligten ermöglicht.

1.2 Anweisung zur Durchführung der Übung

Wir nehmen einmal an, Sie sind Seminarteilnehmer. Sehen Sie sich in der Gruppe um, wählen Sie zwei Mitglieder, die Ihnen sympathisch, aber auch relativ fremd erscheinen, die Sie interessieren. Finden Sie sich in Dreiergruppen zusammen, gehen Sie in einen Raum, in dem Sie ungestört sind. Machen Sie es sich gemütlich, das heißt, schaffen Sie eine entspannende äußere Situation.

In Ihrer Dreiergruppe finden Sie nun jeweils eine Person A, die etwas von sich mitteilt, und zwei Personen, B und C, die zuhören. Die Rollen werden gewechselt; jeder in der Gruppe ist einmal Person A.

Person A spricht etwa zwanzig Minuten von sich selbst. Sie entscheidet völlig frei, was sie von sich mitteilen möchte. Wichtig ist jedoch, daß sie nicht über etwas außerhalb ihrer Person Liegendes spricht. Wenn sie also über ihren Beruf, ihre Familie, ihre Reisen redet, muß sie versuchen, deutlich zu machen, welche Bedeutung das Erzählte für sie selbst hat.

Die beiden Partner B und C konzentrieren sich völlig auf die Person A. Sie sollten alles tun, was der Person A das Sprechen erleichtert, und alles vermeiden, was lediglich der Befriedigung ihrer eigenen Bedürfnisse dient, z. B. aus Neugier nachzufragen, Parallelen aufzuzeigen oder das Gespräch in eine bestimmte Richtung zu lenken oder zu vertiefen.

Wenn Person A ihren Bericht beendet hat, gönnen sich alle drei eine kurze Entspannungspause. Die Personen B und C denken darüber nach, was wohl für A in ihrer Erzählung besonders wichtig war und welche innere Befindlichkeit sie mit dem Inhalt verband. Nacheinander teilen die beiden Personen

B und C ihre subjektiven Eindrücke der Person A mit. (Bitte versuchen Sie, in wenigen Sätzen das Ihnen Wesentliche zu sagen.) Person A kann das Gesagte bestätigen, sie kann es zurückweisen oder auch schweigen.

Und nun zum Abschluß eine *dringende Forderung*:
Verzichten Sie auf «Aha-Äußerungen» und Interpretationen!
Verzichten Sie auf Ratschläge und Hilfsangebote!
Verzichten Sie auf jede weitere Diskussion zum Thema von Person A!

Nach Beendigung der Übung treffen wir uns im Plenum.

1.3 Erfahrungsbericht im Plenum

Die folgenden Beiträge habe ich von Tonbandaufzeichnungen übernommen, die im Plenum gemacht wurden. Ich habe sie nach Ähnlichkeiten in den Aussagen geordnet und zum Teil gekürzt.

Beiträge zur Rolle A:
«Ich hatte Angst, wie ich die Zeit füllen sollte.» – «Ich hatte Angst, ob meine Angelegenheiten die anderen interessieren.» – «Ich hatte Angst, ob mich die anderen verstehen.» – «Ich hatte Angst, was die anderen über mich denken.»

«Zunächst fiel mir nichts ein.» – «Ich habe einen Schreck bekommen, wie wenig ich von mir rede.» – «Ich rede meistens von anderen.» – «Wird man nicht egoistisch, wenn man sich so in den Mittelpunkt stellt?»

«Ich dachte: fang einfach an, dann hast du es hinter dir.» – «Ich dachte: hoffentlich bist du der letzte.» – «Nach fünf Minuten war ich fertig, dann gab es eine Pause, aber danach ging es erst richtig los.» – «Ich hatte mir vorgenommen, über etwas ganz anderes zu reden, aber auf einmal war ich mitten in meinem Thema.» – «Die Zeit hat kaum gereicht.» – «Ich hätte nie gedacht, daß die Rolle von A so viel Spaß machen könnte.» – «Zum Schluß habe ich mich richtig wohl gefühlt.»

«Die anderen haben mir so geholfen ...» – «... sie waren so konzentriert dabei» – «... sie strengten sich an, mich zu verstehen» – «... sie waren so vorsichtig» – «... sie waren geduldig» – «... sie haben mit dem Kopf genickt.» – «Ich hatte das Gefühl, sie haben ähnliche Erfahrungen, aber ich weiß nicht, warum.» – «Mir hat es gefehlt, daß die anderen nicht einmal ihre Meinung gesagt haben.»

«Ich habe mich so verstanden gefühlt.» – «Ich habe mich so akzeptiert gefühlt.»

Beiträge zu den Rollen B und C:
Die Teilnehmer sind sich darin einig, daß die Rollen von B und C wesentlich schwerer durchzuhalten waren, als sie es zunächst gedacht hatten.

«Es fiel mir so schwer, mich zu konzentrieren, denn ...» – «... ich hatte ähnliche Erfahrungen und fing an, über mich nachzudenken» – «... ich begann immer wieder zu interpretieren» – «... ich dachte: warum sieht er den Weg nicht?» – «... ich suchte nach Lösungen.»

«Es fiel mir schwer, mich zurückzunehmen, denn ...» – «... ich war einfach neugierig» – «... ich wollte erklären» – «... ich wollte meine Erfahrungen dagegen setzen» – «... ich wollte helfen.»

«Ich war unsicher, denn ...» – «... ich wußte nicht, ob ich die Empfindungen von A richtig verstanden hatte» – «... ich wußte nicht, wie ich A's Empfindungen in wenigen Worten wiedergeben sollte.»

«Ich wußte nicht, wie ich Interpretationen und Hilfsangebote vermeiden konnte.»

«Ich hielt die Spannung kaum aus.» – «Ich war am Platzen.» – «Langsam wurde ich ruhiger.»

Im Plenum sind die Teilnehmer überrascht, daß man so schnell zu völlig fremden Leuten Kontakt finden kann. «Wir haben schon längere Zeit nicht mehr über so persönliche Dinge gesprochen.» – «Wir haben nicht geglaubt, daß so verschiedenartige Menschen sich so gut verstehen.» – «Man sollte derartige Gespräche auch mal mit Freunden versuchen.»

🕮 *1 Theorie zum Begriff der Lage*

🕮 1.1 Einführung in den Begriff «Lage»

Für die erste Übung haben Sie eine bestimmte Aufgabe erhalten. Als Person A sollten Sie über sich selbst reden, als Person B oder C in einer bestimmten Weise zuhören und reagieren. Damit machten Sie ein naives zu einem bewußt gestalteten Interaktionsfeld: Sie entwickelten für Ihr Handeln einen bestimmten Plan, Sie kontrollierten seine Durchführung, und Sie reflektierten den Erfolg. Von dieser Veränderung wurde sowohl Ihre eigene innere Situation betroffen als auch die Situation zwischen Ihnen und Ihren Partnern.

Die meisten unserer Begegnungen im Alltag werden ohne einen solchen Vorsatz, ohne Kontrolle und Reflexion vollzogen. Sie funktionieren ohne ein derart bewußtes Handeln.

Stellen Sie sich bitte vor, Sie befänden sich auf einem Spaziergang im Park! Unvermutet biegt ein Bekannter um eine Wegkrümmung und kommt auf Sie zu. Was erleben Sie und wie werden Sie sich verhalten?

Ihr Handeln wird einmal bedingt von Ihrer äußeren, Ihrer interpersonalen Situation: Sie sind allein – Sie befinden sich in einem intensiven Gespräch mit einem Begleiter – Sie machen einen Spaziergang mit Ihrer Familie ...

In gleicher Weise wird Ihr Handeln von Ihrer inneren, intrapersonalen Situation bedingt: Sie haben es eilig – Sie haben

Langeweile – Sie fühlen sich bedrängt – Sie fühlen sich frei – Sie sind erfüllt von Ideen und Träumen – Sie fühlen sich leer, ziellos und mutlos ...

Inter- und intrapersonale Gegebenheiten bestimmen gleichzeitig unsere Situation. Jeden Augenblick bilden sich neue Konstellationen. Wir erfassen sie im Lage-Begriff.

Denken Sie noch einmal an Ihren Spaziergang. Schon aus den wenigen undifferenzierten Variablen läßt sich eine Fülle unterschiedlicher Konstellationen entwerfen: Sie sind allein, mutlos und haben es nicht eilig – Sie sind im intensiven Gespräch, erfüllt von Ideen und haben es eilig – Sie sind mit Ihrer Familie unterwegs, langweilen sich und fühlen sich gleichzeitig bedrängt, aber Sie haben es nicht eilig ...

Von diesen Konstellationen wird das Interaktionsfeld abhängig sein, in dem Sie Ihrem Bekannten begegnen.

Der Begriff *Lage* umfaßt Konstellation und Konzentration von Kräften in einem gemeinsamen Feld.

Intrapersonale Lage bedeutet die innerpsychische Situation einer Person. Sie entsteht durch unterschiedliche innere Kräfte und deren Dynamik.

Interpersonale Lage bedeutet die Situation einer Person im gemeinsamen Interaktionsfeld mit anderen Personen.

Gesellschaftliche Lage bedeutet: Der einzelne und auch seine Gruppe stehen in einem Zusammenspiel von Kräften, denen er gemeinsam mit anderen Individuen und Gruppen ausgesetzt ist.

Wie werden Sie auf dem im folgenden weiter skizzierten Spaziergang Ihre Lage erleben? Werden Sie sich befriedigt oder mißverstanden fühlen? Sie möchten gern mit Ihrem Begleiter reden, denn Sie sind erfüllt von Ideen und fühlen sich von ihm verstanden. Gleichzeitig haben Sie es aber eilig, denn Sie möchten einen beruflichen Termin nicht verpassen. In diesem Augenblick erkennen Sie in der Person, die auf Sie zukommt, einen guten Freund, den Sie schon lange einmal wiedersehen wollten. Jeder einzelne Umstand ist, für sich gesehen, positiv. Und doch werden Sie Ihre Lage eher als ungünstig erleben. Es ist Ihnen nämlich nicht möglich, eine «freie» Entscheidung zu treffen, die allen Ihren Bedürfnissen gerecht wird.

Konstellation und Konzentration von Kräften können ein freies, effektives Potential ergeben. Das geschieht, wenn sich die Kräfte in der Lage ergänzen, verstärken, das heißt miteinander harmonieren. Ein solches Potential ist der Person verfügbar, es kann im Sinne der Befriedigung erlebt und genutzt werden.

Konstellation und Konzentration von Kräften können ein gebundenes, ineffektives Potential ergeben. Das geschieht, wenn sich die Kräfte in der Lage gegeneinander richten, entgegengesetzt sind, sich «aufheben», «verdrängen», gegenseitig «festhalten». Ein ineffektives Potential ist für die Person nicht mehr verfügbar, sie erlebt die Begrenzung und Einengung ihrer Möglichkeiten als Frustration.

Auf Ihrem zuletzt geschilderten Spaziergang geraten Sie in die Klemme. Sie können nicht alle Ihre Wünsche befriedigen. Um sich aus der widersprüchlichen Situation zu befreien, greifen Sie zunächst einmal auf Ihren Vorrat an Erfahrungen zurück: Sie haben bisher erlebt, daß sich die Beziehung zu Ihrem Begleiter stets als tragfähig erwies; er würde eine plötzliche Unterbrechung des Gespräches verstehen. Sie haben erlebt, daß Ihr Chef großen Wert auf Pünktlichkeit legt; er würde Ihnen eine Verspätung übelnehmen. Sie wissen, daß Ihr Freund stets ein guter Kumpel war, der immer für Sie da war, wenn Sie ihn brauchten.

Nachdem Sie auf diese Weise Erfahrungen und Erinnerungen der Vergangenheit in Ihre Lage einbezogen haben, ent-

werfen Sie nun Pläne für die Zukunft: Sie könnten eine neue Verabredung mit Ihrem Begleiter treffen, bei der Sie ungestört weiterdiskutieren können. Sie könnten sich dann beeilen, den Termin bei Ihrem Chef wahrzunehmen. Sie könnten Ihren Freund zu einem gemütlichen Abend einladen.

Aspekte aus Vergangenheit und Zukunft verknüpfen sich so in Ihrer gegenwärtigen Situation. Sie entwickeln eine neue Lage. Dieser Lage wird Ihr subjektives Erleben und Ihr weiteres Verhalten entsprechen.

Lage umfaßt die intra- und interpersonale Situation einer Person, in der sich Kräfte aus Gegenwart, Vergangenheit und Zukunft zu einer Wirkungseinheit zusammenschließen. Lage kann nur aus diesem Potential in der jeweiligen realen Situation erfaßt und bestimmt werden.

1.2 Einführung in den Begriff «naives Interaktionsfeld»

Sie sind wahrscheinlich froh, Ihren Spaziergang im vorigen Kapitel beendet zu haben. Ich hoffe, Sie bei recht ausgeglichener Lage zu treffen, denn ich möchte Sie noch einmal in den Park schicken. – Diesmal gehen Sie allein spazieren. Wieder erkennen Sie in der Ferne einen Bekannten. Diese Begegnung verändert Ihre Situation, und dadurch wird die Stabilität und Balance Ihrer Lage zunächst einmal beeinträchtigt. Sein Erscheinen verändert Ihre intra- und interpersonale Lage.

Veränderungen in der Lage sind zunächst immer verbunden mit einem Verlust an Stabilität und Balance ihres augenblicklichen Zustandes. Sie sind von der Begegnung «betroffen». Diese Veränderung Ihrer Lage beeinflußt Ihre Gefühle, Gedanken und gleichzeitig auch Ihre äußeren Reaktionen. Vielleicht denken Sie nun: Mir ist es egal, ich lasse es darauf ankommen, was weiter geschieht, ich warte erst einmal ab, wie sich der andere verhalten wird: Sie meinen, vielleicht eine Entscheidung vermeiden zu können. Doch – Sie haben es sicher selbst bemerkt – das ist unmöglich. Auch Ihr Abwarten, das Zurückhalten eigener Impulse folgt einem intrapersonalen Geschehen und kommt unmittelbar in Ihrer Haltung zum Ausdruck.

Sie können nicht «nicht kommunizieren». Auch der Verzicht wird kommuniziert. In diesem Fall schlagen Sie wahrscheinlich mit Hilfe nonverbaler Kommunikation eine Brücke zu Ihrem Bekannten. Falls Ihr Bekannter Sie sieht und erkennt, wird er von diesem Verhalten betroffen und reagiert darauf.

Durch jede Begegnung einer Person mit einer anderen wird die Lage beider verändert. Watzlawick hat als erstes Axiom der Kommunikationstheorie formuliert: Man kann nicht nicht kommunizieren.* – Ich möchte hinzufügen: Nur selten ist es möglich, von gezielter Kommunikation nicht betroffen zu werden. – Agieren und reagieren zwei oder mehrere Personen aufeinander bezogen, so entsteht ein gemeinsames Interaktionsfeld. Die Skizze auf Seite 37 soll das verdeutlichen.

Jeder ist daran interessiert, seine Lage als befriedigend zu erleben. Darum meiden wir Situationen, die die Lage durch Frustrationen beeinträchtigen. Wir suchen Situationen, die geeignet sind, die Lage im Sinne von Befriedigung zu verändern und zu stabilisieren. Wir handeln nach dem Prinzip der Optimierung der Lage.

* Vgl. Watzlawick 1969, S. 53

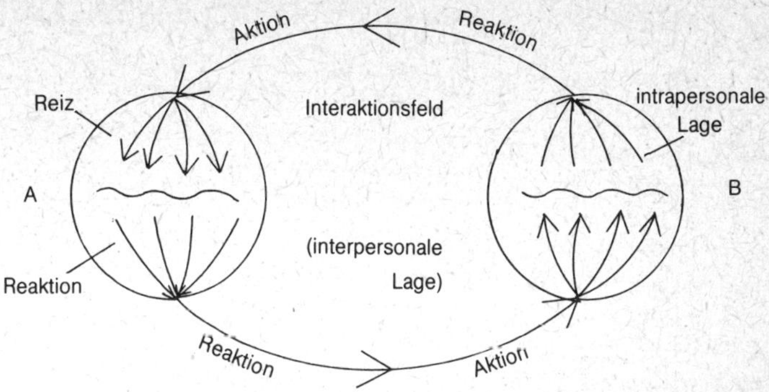

Zwei Personen, A und B, begegnen sich. A verhält sich gemäß ihrer Lage. Ihre Kommunikation erreicht Person B als Aktion. A setzt Reize in der Lage von B. Diese Reize führen zu Reaktionen in der Lage von B, welche die Lage verändern. B kommuniziert ihre veränderte Lage, sie reagiert. Die Reaktionen werden für Person A zur Aktion. Der Prozeß beginnt von neuem auf anderer Ebene. Ein Kommunikationsablauf schließt sich zu einem Kreis. Er umfaßt in einem gemeinsamen Interaktionsfeld die intra- und interpersonalen Lagen von Person A und Person B.

In diesem Feld verändert sich ständig die Lage beider Partner und entsprechend die Form ihrer Kommunikation. Damit verläßt auch die gemeinsame Interaktion ihre Ausgangsbasis in einer «spiralförmigen» Entwicklung. Diese Dynamik bezieht die zeitliche Dimension ein und könnte nur in einer räumlichen Analogie adäquat dargestellt werden. Es bleibt uns die Überlegung, ob wir aufgrund einer solchen Einsicht anstelle des Begriffes «Interaktionsfeld» nicht den Terminus «Interaktionsraum» einsetzen sollten.

Wie werden Sie das Interaktionsfeld auf Ihrem Spaziergang gestalten?

Spontan vermeiden Sie alles, was Ihre Lage verschlechtern könnte. Sie haben ein Leben lang gelernt, wie Sie Frustratio-

nen meiden können, und eine ganze Reihe brauchbarer Verhaltensmuster dafür gespeichert. Diese setzen Sie bei unwillkommenen Begegnungen ein: Sie vermeiden es, Ihren Bekannten zu «erkennen», und biegen «gedankenverloren» um die nächste Ecke. – Sie beschleunigen Ihre Schritte, grüßen distanziert und kurz von weitem und nehmen zielbewußt die nächste Abzweigung. – Sie grüßen aus der Ferne, gehen mit freundlichem Gesicht auf den Bekannten zu und mit ein paar verbindlichen Ausreden an ihm vorbei. – In jedem Fall haben Sie versucht, ihn nicht als Partner in einem gemeinsamen Interaktionsfeld festzuhalten.

Sie haben jedoch nicht nur gelernt, wie unerwünschte Beeinträchtigungen Ihrer Lage zu vermeiden sind. Wir alle suchen unsere Lage in einem uns befriedigenden Zustand zu erhalten und, wenn möglich, diesen Zustand noch zu verbessern. Um dies zu erreichen, haben Sie entsprechende Verhaltensmuster entwickelt: Falls Ihnen an der Begegnung mit Ihrem Bekannten etwas liegt, verhalten Sie sich spontan so, daß ein Gespräch zustande kommen kann. In Ihrer gesamten Haltung geben Sie zu erkennen, daß Sie sich über das Treffen freuen. Dann greifen Sie zurück auf die Fülle Ihrer persönlichen verbalen und nonverbalen Kommunikationsmöglichkeiten und setzen sie ein, um Ihr Ziel zu erreichen. Wahrscheinlich wird es Ihnen gelingen, ein Interaktionsfeld zu schaffen – besonders dann, wenn auch Ihr Partner an der Begegnung interessiert ist.

Wir sprechen von einem naiv gestalteten Interaktionsfeld, kurz: *naiven Interaktionsfeld*, wenn der Beginn, der Verlauf und das Ende der Interaktionen von allen Beteiligten nach dem Prinzip des Vermeidens von Frustrationen und des Verwirklichens von Befriedigung bestimmt wird.

🕮 1.3 Einführung in den Begriff «Externalisieren von Lage»

In Ihrer ersten Übung (⚇ 1) haben Sie mit Ihren beiden Partnern kein naives Interaktionsfeld aufgebaut. Sie haben nicht (nur) naiv kommuniziert und sind auch nicht (nur) im Sinne der Befriedigung mit Ihrer Lage umgegangen. Die Anweisungen zur Übung haben sich als Aufgabenbewußtsein in die Dynamik eingeschaltet und damit einen naiven Kommunikationsablauf verhindert. So haben Sie schließlich unter einem bestimmten Vorsatz bewußt ein Interaktionsfeld gestaltet.

In der Situation von B und C mußten Sie eigene Bedürfnisbefriedigung zurückstellen, um A bestimmte Erfahrungen machen zu lassen. In der Situation von A waren Sie aufgefordert, den anderen etwas aus Ihrer Lage mitzuteilen. Ihre Erfahrungen waren verbunden mit zunehmender Befriedigung für A und unerwarteten Frustrationen für B und C.

Jede Therapie vollzieht sich in einem bewußt gestalteten Interaktionsfeld. Auch hier wird zunächst eine Situation geschaffen, in der der Klient seine intrapersonale Lage deutlich machen kann. Der eigentliche therapeutische Prozeß beginnt jedoch, wenn der Klient die Lage mitteilt und der Therapeut sie «auffängt»; wenn Therapeut und Klient ein Bild von dieser Lage schaffen; wenn der Klient in diesem Abbild seine subjektive Lage (wenigstens teilweise) erkennt. Diesen Prozeß bezeichne ich mit dem Terminus *Externalisieren*.

In der Übung ⚇ 1 haben Sie einen ersten Schritt zum Externalisieren getan. Sie haben dem Klienten Hilfen gegeben, über seine Lage zu reden. Danach haben Sie versucht (möglichst ohne Ihr persönliches Beiwerk), seine Lage zu reflektieren (im wahrsten Sinne des Wortes). Abschließend haben Sie in einem Feed-back erfahren, wieweit Ihnen das Externalisieren gelungen ist.

Ziel des Externalisierens ist es also nicht, daß ich als Sozialtherapeut ein Bild von der Lage des Klienten erhalten, beziehungsweise «mir machen» kann – etwa im Sinne einer Anamnese oder psychosozialen Diagnose –, sondern daß der Klient seine Lage kennenlernt, indem er Einblick in sie erhält. Beim Externalisieren entsteht ein Bild von der Lage des Klienten, das diese allen Beteiligten sichtbar werden läßt.

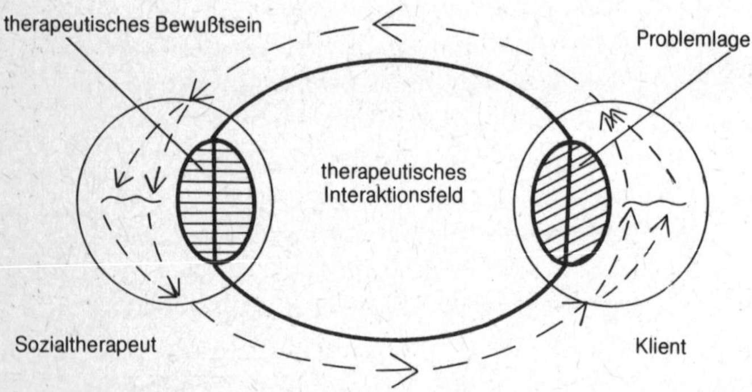

An der oben abgebildeten Skizze wird ablesbar, unter welchen Voraussetzungen sich im Prozeß des Externalisierens die Beziehung zwischen den beteiligten Partnern gestaltet.

Beide, der Klient und Sie selbst als Sozialtherapeut, erkennen die Lage in einem Bild. Sie betrachten sie von verschiedenen Seiten und unter unterschiedlichen Gesichtspunkten. Sie kann Ihnen «näher» oder «ferner» liegen. Sie sind behindert durch «blinde Flecke» und fühlen hier und da, daß Sie «Durchblick» haben. Sie beurteilen das Bild aufgrund verschiedenartiger Erfahrungen und im Hinblick auf unterschiedliche Normen.

Die so externalisierte Lage des Klienten ist Ihnen als Sozialtherapeut und Ihrem Zugriff offen. Sie fordert Sie zum Handeln auf: etwas zu erklären, Dinge richtigzustellen, Vernachlässigtes hervorzuheben. Sie werden von der Lage selbst herausgefordert, sie regt Sie an oder scheint Sie zu zwingen, Ihre Macht einzusetzen.

Sie können jedoch bewußt auf diese Macht verzichten, und Sie können es lernen, Ihren ersten Impuls zurückzustellen. Sie können die externalisierte Lage des Klienten mit Anteilnahme und Distanz betrachten. Sie können sich davon leiten lassen, daß der Klient selbst Manager seiner Lage ist. Sie können eine Haltung einnehmen, die mit Begriffen wie «Achtung», «Anerkennung», «Respekt» oder «Ehrfurcht» beschrieben wird.

In den Übungen werden Sie zunehmend erfahren, wie schwer es ist, auf subjektive Bedürfnisbefriedigung als Therapeut zu verzichten. Hoffentlich gehören Sie nicht zu den Teilnehmern, die eine Übung mit den Worten unterbrechen, abbrechen oder abschließen: «Also, das halte ich so nicht länger aus ... Jetzt muß ich dir erst mal meine Meinung sagen ...»

Das Externalisieren der Lage des Klienten ist die erste von fünf therapeutischen Zentralfunktionen. Ich verstehe unter diesem Begriff einen Prozeß, der folgende Phasen einschließt:

Der Klient stellt seine intrapersonale Lage in der interpersonalen Beziehung zwischen Klient und Therapeut dar.

Der Klient fixiert die Lage in einem Bild.

Der Klient erkennt Übereinstimmungen zwischen seiner subjektiven und der abgebildeten Lage.

Klient und Therapeut (vorrangig aber der Klient) erlangen Einsicht in die Lage.

Für das KIM müssen wir eine weitere Forderung voraussetzen: Die externalisierte Lage muß dem Machtbereich des Klienten zugeordnet werden.

Verbaler Spiegel als therapeutisches Medium

ꆜ *2 Übung im Plenum*

ꆜ 2.1 Einführung in die Übung

Unsere nächste Übung ist ein erster Lernschritt zum sozialtherapeutischen Handeln. Sie haben gehört, daß Therapie immer mit dem Prozeß des Externalisierens von intrapersonaler Lage beginnt. Es muß also eine Möglichkeit für den Klienten gefunden werden, seine Lage so abzubilden, daß er sich in ihr wie in einem Spiegel begegnen und erkennen kann.

Denken Sie einmal an Ihren Alltag: Wir sagen: Du hast gesagt ... meinst du ... sehe ich es richtig ... und halten damit dem Gesprächspartner in unseren Worten einen Spiegel entgegen.

Leider haben unsere verbalen Spiegel häufig «blinde Flekken». Sie verzerren die Lage, sie vergrößern oder verkleinern Details nach Maßgabe unserer eingeschränkten Wahrnehmung.

In der nächsten Übung wollen wir im Plenum versuchen, verbale Spiegel zu gestalten, in denen der andere seine Lage möglichst deutlich erkennen kann. Erste Voraussetzung dazu ist, daß Sie mit ungeteilter Aufmerksamkeit die Lage des anderen durch und in dessen Kommunikation erfassen. Im Plenum können Sie durch die Fülle der Beiträge am schnellsten lernen, als «Spiegel» zu funktionieren. Hier verlieren Sie am leichtesten die Angst, nicht die «richtigen Worte» zum Spiegeln zu finden. Sie werden erfahren, wie mit Hilfe völlig unterschiedlicher verbaler Formulierungen doch ein ähnliches, relevantes Spiegelbild entstehen kann. Sie sollen den Mut finden, sich nur noch auf die therapeutische Funktion (hier des Spiegelns) zu konzentrieren. Sie werden fähig werden, sich von erlernten therapeutischen Techniken zu lösen, um therapeutische Funktionen besser verstehen und effektiver verwirklichen zu können.

2.2 Anweisung zur Durchführung

Die Grundlage zur Übung bietet die Aufzeichnung eines Gespräches zwischen einer Sozialarbeiterin und einer achtzehnjährigen Oberschülerin, die wegen eines Selbstmordversuches in einem Krankenhaus liegt.

In diesem Fall gebraucht die Sozialarbeiterin den verbalen Spiegel nicht im Sinne einer therapeutischen Technik, die sie «durchhalten» muß. Sie setzt ihn nur dort ein, wo es ihr sinnvoll erscheint. Sie nutzt Variationsmöglichkeiten im Umgang mit dem Spiegel. So wird z. B. auch die Lage der nicht anwesenden Beziehungsperson der Klientin eingefangen. Dadurch werden der Klientin Konstellationen in ihrer intrapersonalen Lage deutlich. Die Sozialarbeiterin macht Fehler und läßt uns erkennen, wie Klienten darauf reagieren. Wir erleben Motivation und Belastbarkeit von Klienten.

Wir werden im folgenden zusammen (nach der Darstellung des Falles) einen Besuch im Krankenhaus machen. Stellen Sie sich das Krankenzimmer vor, in dem die Patientin liegt. Setzen Sie sich in Ihrer Vorstellung neben das Bett. Achten Sie auf das Verhalten der Patientin, versuchen Sie, ihre Lage zu erkennen, und spiegeln Sie in direkter Anrede diese Lage wider!

Ich werde jeweils aus dem mir vorliegenden Fallbericht den Kommunikationsbeitrag der Klientin darstellen. Danach sind Sie an der Reihe, als Therapeut zu reagieren.

Jeder von Ihnen formuliert mit seinen Worten seine Einfälle zum verbalen Spiegel. Die Gruppenmitglieder sollen die einzelnen Beiträge nicht bewerten. Wir alle verzichten auf nonverbale Stellungnahme wie Kopfnicken oder Kopfschütteln, Lächeln oder Stirnrunzeln. Wir diskutieren auch nicht.

Wir wollen erfahren, wie jeder Beitrag eine neue Nuance schafft und damit hilft, immer deutlicher brauchbare unter weniger brauchbaren Spiegeln zu erkennen und zu differenzieren. Ich werde die Interventionen der Sozialarbeiterin erst vorlesen, wenn die Gruppe ihre Einfälle zusammengetragen hat. Durch dieses Vorgehen werden die Reaktionen der Klientin verständlich. Sie können auf deren Kommunikation erneut spiegelnd eingehen.

Die Gesprächsführung der Sozialarbeiterin kann keinesfalls Kriterium für den Wert bzw. die Funktionsfähigkeit Ihrer eigenen Einfälle sein. Die Sozialarbeiterin agierte unter dem Stress der Situation. Wir dagegen können aus größerer Distanz mit mehr Zeit und unbelastet durch Verantwortung überlegen.

Um die Übung zu einer Erfahrung werden zu lassen, die uns betrifft, werden wir sie als «Reproduktionsübung» gestalten: Einer der Trainer wird die innere Lage der Klientin verinnerlichen und nachvollziehen, er wird die Beiträge der Klientin darstellen. Der andere Trainer agiert in der Rolle der Sozialarbeiterin und begibt sich mit deren Beiträgen in die Gruppe.

Auch als Leser können Sie sich an dieser Übung beteiligen. Decken Sie im folgenden mit einem Blatt Papier den Fallbericht ab. Lesen Sie nur die erste Reaktion (eine nonverbale Kommunikation) der Patientin. Versuchen Sie, für deren Lage einen verbalen Spiegel zu formulieren! Orientieren Sie sich danach an den nächsten Beiträgen im Fall. Üben Sie von neuem, zu spiegeln ...

⚘ 2.3 Durchführung anhand eines Fallberichtes

Die Gruppe sitzt in einem Kreis. Zunächst wird der Bericht der Sozialarbeiterin über den Besuch des Vaters in ihrer Sprechstunde vorgelesen.

14. 1. Anruf des Krankenhauses, Chefarzt Dr. A
Er hat vor 3 Tagen eine 18jährige Oberschülerin auf der Privatstation nach einem Selbstmordversuch (Einnahme von Schlaftabletten) eingeliefert bekommen. Das Mädchen redet zur Zeit weder mit dem Vater noch mit dem Arzt über die Ursachen.

Arzt schlägt Beratung des Vaters vor. Dieser ist zu einer Rücksprache bereit. Termin wird vereinbart.

Daten nach Angabe des Arztes: Reinhard L, Dipl.-Ing., leitender Angestellter bei Fa. B., seit 6 Jahren verwitwet, keine weiteren Kinder. – Annegret L, 18 Jahre, 12. Kl. Oberschule.

15. 1. Abendsprechstunde – Gesprächsdauer 18.10–19.30 Uhr
Herr L kommt 10 Min. später als vereinbart. Er entschuldigt sich, er habe noch einen Kunden in der Fa. zufriedenstellen müssen. (Gutaussehender, großer, dunkelhaariger, gepflegter Mann.) Er sieht müde und abgespannt aus und nimmt das Angebot, eine Tasse Kaffee zu trinken, gern an. Nachdem er seinen Mantel abgelegt hat und im Sessel sitzt, bedankt er sich, daß er zur Beratung hierher kommen könne. Herr Dr. A habe es sehr empfohlen, und er lebe hier in S. mit seiner Tochter allein und kenne niemanden, mit dem er die jetzige Situation besprechen könne.

Ich sage Herrn L, daß ich Zeit hätte und bereit wäre, ihm zuzuhören. Ich erkundige mich, ob er über diese Dienststelle und meine Tätigkeit informiert sei. Er berichtet, daß er von mir seit langem über seine Fa. Kenntnis habe, wegen der Betreuung ihrer griechischen Gastarbeiter. Herr Dr. A habe von mir erzählt und gesagt, er würde häufiger in schwierigen Fällen hier um Hilfe bitten.
Ich bestätige dies durch Kopfnicken und frage, ob auch er der Meinung sei, daß ich ihm in seiner Situation behilflich sein könne.

Herr L: Ich brauche jemanden, der mir überlegen hilft, wie ich mit meiner Tochter zurechtkommen soll, und wenn die Angelegenheit bei Ihnen vertraulich behandelt wird, möchte ich gern mit Ihnen sprechen.

Sozialarbeiterin: Herr L, ich bin zur Verschwiegenheit beruflich verpflichtet, und sollten Erkundigungen oder andere fachliche Beratungen notwendig werden, werde ich Sie um Ihr Einverständnis bitten.

Er nickt intensiv; ich fasse das als Zustimmung auf. Es entsteht eine Pause.

Herr L: Meine Tochter hat im Krankenhaus noch nicht mit mir gesprochen, sie macht die Augen zu, wenn ich komme, und Herr Dr. A und die Stationsschwester bringen sie auch nicht zum Reden.

SA: Ich habe den Eindruck, daß das Schweigen Sie sehr belastet. (Herr L nickt und stützt seinen Kopf mit der Hand ab.) Haben Sie selbst eine Erklärung für das Schweigen Ihrer Tochter?

Herr L (überlegt lange): Eigentlich wüßte ich keine Erklärung. Wir haben gut miteinander gelebt, nur ist sie seit zwei Jahren schlechter in der Schule geworden, und ich habe überlegt, ob sie Nachhilfeunterricht in den Sprachen haben müßte.

SA: Sehe ich es richtig, wenn ich den Eindruck habe, die Schulschwierigkeiten sind nicht der primäre Grund des Handelns Ihrer Tochter?

Herr L: Ja, vielleicht belastet sie etwas, und sie ist deshalb schlechter in der Schule geworden. – (Lange Pause) – Vielleicht möchte sie auch von mir fort. – (Pause) – Vor etwa einem Jahr hat sie mich schon einmal gebeten, zu ihrer Großmutter nach B. ziehen zu dürfen. Ich habe es damals strikt abgelehnt.

SA: Sie sagten vorhin, Sie lebten gut miteinander, und doch hat Ihre Tochter den Wunsch, von Ihnen fortzugehen, was sie ja auch mit dem Selbstmordversuch deutlich gemacht hat.

Herr L wird sehr unruhig, steht auf, geht im Zimmer umher, setzt sich wieder, fragt, ob er rauchen könne.

Herr L: Sie haben auch den Eindruck, sie hat etwas gegen mich?

SA: Ich nehme das an, nachdem Sie erzählten, daß Ihre Tochter schon vor einem Jahr von Ihnen fort wollte. Hat sie Ihnen damals Gründe genannt?

Herr L: Konkrete Gründe hat sie damals nicht genannt. Wir hatten Auseinandersetzungen nach unserem gemeinsamen Urlaub zu Weihnachten. Wir waren in Wien, sind dort viel ins Theater gegangen; haben an einem Sylvesterball teilgenommen, und ich meinte, alles gut getan zu haben, und trotzdem hat sie gesagt, sie würde nicht wieder mit mir verreisen.

SA: Sie meinen, alles für Ihre Tochter zu tun.

Herr L: Ich versuche, ihr jeden Wunsch von den Augen abzulesen. Sie hat die schönsten Kleider, ich bestehe darauf, daß sie jede Woche zum Friseur geht. Sie ist ein hübsches Mädchen.

Herr L zieht seine Brieftasche und zeigt verschiedene Fotos seiner Tochter vom letzten Sommerurlaub auf einer griechischen Insel: Tochter im Badeanzug, im tollen Hausanzug, im eleganten Abendkleid an einer Bar ... Ich bestätige ihm, daß er eine attraktive Tochter habe, und bitte ihn, mir zu berichten, wie er zu Hause mit ihr lebe.
Er berichtet dann, sie besäßen ein hübsches Haus, und seit dem Tod seiner Frau käme jeden Tag eine Wirtschafterin, die den Haushalt und die Wäsche besorge. Abends ginge er meistens mit seiner Tochter zum Essen, manchmal würden sie sich auch zu Hause eine Kleinigkeit selbst bereiten. Er bestände darauf, daß sie ihre Schulaufgaben erledigt habe, wenn er gegen 18 Uhr nach Hause käme, damit sie den Abend für sich hätten.

Herr L: Sie sehen, wir führen ein gutes Leben, es gibt keine Gründe für Unzufriedenheit und Beanstandungen. (Beim letzten Satz wird er etwas lauter.)

SA: Sie wollen mir zu verstehen geben, Ihre Tochter könne mit ihrem Vater zufrieden sein.

Herr L bekommt einen roten Kopf, greift nervös zur Zigarette und verliert seine Beherrschung, indem er laut sagt: Fragen Sie doch Annegret selbst danach!

SA: Herr L, Sie werden ungehalten, weil Sie das Gefühl haben, Sie würden hier zuviel von sich und Ihrer Tochter erzählen müssen – (Pause) – Sie sagten zu Anfang unseres Gespräches, Sie brauchten jemanden, der Ihnen überlegen hilft, wie Sie mit Ihrer Tochter zurechtkommen sollten, und aus diesem Grund bat ich Sie, mir von Ihrem Zusammenleben mit Ihrer Tochter zu erzählen. So ist es leichter, sich ein Bild zu machen, und vielleicht auch für Sie verständlicher.

Herr L: Entschuldigen Sie bitte, Sie haben recht, es kommt auf mein Verhältnis zu Annegret an. Ich bitte Sie zu versuchen, mit meiner Tochter zu reden. Sie wollte schon lange mal auspacken.

SA: Würden Sie es Ihrer Tochter erlauben?

Herr L: Mir bleibt nichts anderes übrig. Ich komme nicht gut dabei weg.

SA: Herr L, Sie sagen das sehr resigniert. Vielleicht sollten wir versuchen, gemeinsam mit Ihrer Tochter zu sprechen.

Herr L: Ich möchte nicht dabei sein! Ich komme dann danach wieder zu Ihnen.

SA: Wenn aber Ihre Tochter darum bittet, daß Sie bei dem Gespräch dabei sind, würden Sie es dann tun?

Herr L: Wir müssen ja wieder miteinander reden. Wenn es Annegrets Wunsch ist, bin ich dabei. – Ich werde ihr auch erlauben, von mir fortzugehen. (Er sieht auf die Uhr.) Ich möchte mich dann verabschieden.

SA: Ich werde morgen mit Herrn Dr. A telefonieren und ihn bitten, mich bei Ihrer Tochter anzumelden.

Herr L: Darf ich Sie dann wieder anrufen, um mich zu erkundigen?

SA: Aber natürlich, ich kann jedoch den Besuch erst am Sonnabend im Krankenhaus machen. Würde es Ihnen, wenn es zu einem gemeinsamen Gespräch kommt, auch am Sonnabend passen?

Herr L: Ich kann mir zu jeder Zeit dazu freinehmen.

Wir verabschieden uns dann, und Herr L bedankt sich an der Tür.

16. 1. Anruf bei Herrn Dr. A: Ich bitte ihn, mich für Sonnabendvormittag bei Frl. L anzumelden und mir Nachricht zu geben, wenn mein Besuch unerwünscht sei.

16. 1. Anruf von Herrn Dr. A: Er teilt mir mit, daß Frl. L

gewillt ist, mit mir zu sprechen. Ihr wurde gesagt, daß ihr Vater bei mir zur Rücksprache war. Nach Auskunft von Herrn Dr. A hat sie das sehr erstaunt aufgenommen und gemeint: «Das ist doch wohl nicht möglich.»

Über den Besuch des Vaters wird nicht diskutiert. – Nach kurzer Pause beginnt unser gemeinsamer Besuch im Krankenhaus.

17. 1. Krankenhausbesuch bei A L 10.30–11.30 Uhr
Die Stationsschwester bringt mich ins Zimmer und sagt laut: «Fräulein L, Besuch für Sie, und zwar Frau F.»
A L liegt im Bett, die Zudecke bis zum Kinn gezogen. Sie erwidert meinen Gruß nicht und nimmt auch meine ausgestreckte Hand nicht zur Kenntnis.
Ich nehme mir einen Stuhl und setze mich ans Fußende des Bettes.

SA: Sie wissen, daß Ihr Vater vorgestern bei mir war und mich gebeten hat zu helfen, mit Ihnen wieder in Verbindung zu kommen.

AL: Ich möchte zufriedengelassen werden.

SA: Sie wollen zur Zeit keinen Kontakt mit Ihrem Vater ...

AL (unterbricht mich): Nicht nur zur Zeit, sondern für immer. Wenn man mich hier nicht so bewachen würde, wäre ich schon fort.

SA: Sie haben also immer noch das Gefühl, von Ihrem Vater fortlaufen zu müssen?

AL: Wenn ich nur wüßte, wo ich hingehen könnte. Zu meiner Großmutter kann ich nicht gehen, denn sie würde wissen wollen, warum ich von meinem Vater fortgegangen bin.

SA: Und Sie meinen, es ihr nicht erzählen zu können?

AL: Weder ihr noch einem anderen – (Pause) – Es ist nicht so leicht, darüber zu reden. Ich möchte meinen Vater nicht vor meinen Verwandten und auch nicht vor anderen Leuten schlechtmachen. Es ist ja auch eine Angelegenheit zwischen meinem Vater und mir, und ich muß es mit ihm abmachen.

SA: Ich hatte bei dem Gespräch mit Ihrem Vater auch den Eindruck, daß er bereit ist, alles mit Ihnen zu besprechen.

AL: Hat er denn gemerkt, daß ich es so nicht mehr aushalte?

SA: Das kann ich nicht so genau beurteilen. Er überlegt aber wohl sehr, wo seine Schuld liegt. Aber es geht ihm auch wie Ihnen, er möchte nicht gern mit anderen Leuten darüber reden, und ich kann es auch verstehen.

AL: Er hat sicher erzählt, wie gut wir es haben, wo wir überall hinfahren und daß er bestimmt ein guter Vater ist.

SA: Sie kennen Ihren Vater gut.

AL: O ja – so enden alle unsere Gespräche.

Sie setzt sich im Bett auf, zupft an ihrer Zudecke, und dann purzelt es aus ihr heraus.

AL: Ich darf keinen Freund haben, nicht einmal meine Schulfreundinnen dürfen zu uns nach Hause kommen. Wenn wir ausgehen, darf ich nur «Reinhard» zu ihm sagen. Es gibt im ganzen Haus nur einen Schlüssel, und zwar den Hausschlüssel, selbst unser Badezimmer geht nicht abzuschließen. Wir haben keine Schlafanzüge. (Sie erschrickt über das Gesagte und zieht sich wieder unter ihre Zudecke zurück.)

SA: Das ist nicht leicht für Sie. Wie stellen Sie es sich vor, wie es weitergehen soll?

AL: Zuerst muß ich noch etwas erklären: Ich möchte nicht, daß Sie meinen, mein Vater würde mich mißbrauchen.

So ist es nicht. – (Sie überlegt einen Moment) – Er sagt, es würde ihm genügen, wenn er mich sähe ... Und dann geht er ins Badezimmer. Können Sie verstehen, in welchen Ängsten ich lebe und wie er mich quält?

SA: Ja, ich glaube schon. Haben Sie versucht, mit Ihrem Vater über Ihre Ängste zu sprechen?

AL: Ja, er hat mir versprochen, mir nie zu nahe zu kommen.

SA: Und doch empfinden Sie es immer als eine Bedrohung.

AL: Ich halte es nicht mehr aus, und ich will fort von ihm!

SA: Ich hatte den Eindruck, daß Ihr Vater auch damit einverstanden ist.

AL: Meinen Sie, ich könnte mit ihm reden, er ließe mich zu meiner Großmutter nach B.?

SA: Ihr Vater ist sehr erschrocken, und er hat das Gefühl, daß ihm nichts anderes übrigbleibt. Es wird ihm nicht leichtfallen.

AL: Sicher nicht, denn er hat mich nicht nur für seine Bedürfnisse gern.

SA: Da Sie dieses wissen, könnte es vielleicht die Grundlage für ein Gespräch sein?

AL: Er ist gestern und auch heute noch nicht da gewesen.

SA: Und Sie warten eigentlich auf ihn.

AL: Sicher hätte ich wieder nicht mit ihm geredet, aber gewartet hab ich trotzdem.

SA: Ein unguter Zustand für beide.

AL: Ich werde ihn anrufen und ihn bitten, daß er herkommt. Könnten Sie bei dem Gespräch dabei sein?

SA: Meinen Sie, es wäre dann leichter für Sie und Ihren Vater?

AL (überlegt und lächelt): Wir werden es allein schaffen. Und ich werde auf alle Fälle von ihm fortgehen. Wir können Freunde bleiben, und ich werde in B. mein Ab-

itur machen und darüber nachdenken, was ich studieren kann.
SA: Sie machen Zukunftspläne.
AL: Gut, nicht wahr?
SA: Ganz sicher. – Ich überlege, ob es nicht richtig wäre, wenn Sie Ihrem Vater auch erzählen können, was Sie mir berichtet haben. Es wäre sonst zu beunruhigend, nicht zu wissen, was wir gesprochen haben. Oder sind Sie anderer Meinung?
AL: Daran habe ich nicht gedacht, aber ich glaube, es ist so. Ich werde es tun.
SA: Vielleicht ruft er mich dann an, wenn er es noch für erforderlich hält.
AL: Kann ich Ihre Telefonnummer auch haben? Man kann ja nie wissen ...
Sie bekommt meine Visitenkarte, und wir verabschieden uns, diesmal mit Handschlag, voneinander.

18. 1. Anruf von Herrn L. Er berichtet, daß seine Tochter morgen aus dem Krankenhaus entlassen wird und daß sie dann gemeinsam nach B. fahren würden. Sie hätten schon mit der Großmutter telefoniert. Er sagt: Mit meiner Schwiegermutter werden wir zurechtkommen.
Er bedankt sich für die Hilfe und bestellt Grüße von seiner Tochter.

Wahrscheinlich sind einige Leser überrascht, daß diese Übung ohne Kritik und Bewertung von seiten der Trainer funktionieren soll.

Jeder Teilnehmer identifiziert sich intensiv mit der Kranken. Auf diesem Hintergrund erlebt er seine eigenen Interventionen wie auch die Interventionen der anderen Übungsteilnehmer. Daran korrigiert er sich laufend während des ganzen Falles. Dieses Erleben macht den Lernprozeß aus. Er ist sehr anstrengend und darf nicht gestört werden durch eine intellektuelle Argumentation. – Zum Schluß haben alle Teilnehmer gelernt, wie ein guter verbaler Spiegel funktionieren kann. Sie sind fähig, in kleinen Gruppen zu üben und mit einem Kollegen zu arbeiten.

2 Theorie zum Begriff «Störung der Lage» und zur Therapie

2.1 Einführung in den Begriff «Störung der Lage»

Bei der Einführung der «Lage» haben wir den Begriff zunächst in der Analogie eines Feldes verstanden, in dem verschiedenartige und auf verschiedene Ziele gerichtete Kräfte Potentiale bilden. Diese Potentiale verändern sich «im Laufe der Zeit». Diese Veränderungen ließen sich am leichtesten erfassen im Analogon einer spiralförmigen Entwicklung, die uns zu einer räumlichen Vorstellung führt. Aus ihr ergibt sich nun eine unübersehbare Vielzahl von Möglichkeiten, Lage und Störungen der Lage zu untersuchen.

Zur Einführung in den Begriff «Störungen» wollen wir Lage zuerst lediglich unter drei Aspekten betrachten:

a) dem einer Theorienbildung im Sinne kybernetischer Systeme,
b) dem einer empirischen Untersuchung von Lage und
c) dem des subjektiven Erlebens der eigenen Lage.

a) Zunächst begeben wir uns auf die Ebene kybernetischen Denkens, denn dort gewinnen wir Distanz und erhalten zugleich einen Überblick. Ich empfehle Ihnen, das Denken in Funktionen und Systemen, einige Prinzipien der Kybernetik und die entsprechende Terminologie kennenzulernen. Als relativ gut lesbare Literatur eignen sich hierzu Kanfer/Phillips 1975 und Klaus/Liebscher 1974.

Denken Sie nun noch einmal an die Skizze auf Seite 37. Sie erkennen die Dynamik in der intrapersonalen Lage einer Person und die unmittelbare Entsprechung in ihrer interpersonalen Lage. Sie erkennen weiter, daß in der Kommunikation intra- und interpersonale Dynamik einer Person die gesamte Dynamik einer zweiten Person betrifft und beeinflußt. In der Interaktion entsteht so ein neues dynamisches Feld, das aus der Lage aller beteiligten Personen gestaltet wird und gleichzeitig neue Impulse in der intra- und interpersonalen Lage jeder Person auslöst.

Es bieten sich hier zwei verschiedene Möglichkeiten zur Betrachtung an: Einmal können wir die Dynamik in der intrapersonalen Lage, die Dynamik in der interpersonalen Lage und die Dynamik im Interaktionsfeld gedanklich voneinander trennen. Wir können jede von ihnen jeweils in einem geschlossenen Feld analog darstellen. Wir können schließlich in jedem dieser Felder die Dynamik als ein isoliertes System betrachten. Zum zweiten können wir die gesamte Dynamik aller Felder in einem einzigen gemeinsamen Feld darstellen. In einem solchen Feld erkennen wir, wie sich die einzelnen Teil- bzw. Subsysteme in ihrer Dynamik gegenseitig bedingen, so daß ein gemeinsames übergeordnetes System entsteht. Die Dynamik innerhalb solcher Systeme kann in Funktionen beschrieben, dargestellt und berechnet werden. Eine solche Betrachtungsweise entspricht Denkprozessen nach kybernetischem Vorbild.

Auch im Alltag können wir unser Leben begreifen als abhängig von Kausalität und Finalität oder aber als eingeordnet in Systeme.

Nehmen wir an, eine peinliche Szene gibt Ihnen Anlaß zum Nachdenken: Sie haben sich auf der Geburtstagsfeier Ihrer Schwiegermutter mit Ihrem Ehepartner gestritten.

Diese Situation können Sie mit negativen Erfahrungen begründen: Ihre Schwiegermutter war schon in der Verlobungszeit gegen Sie eingenommen. Ständig versuchte sie, Ihren Mann für sich selbst zu vereinnahmen. Der merkt nicht einmal, was gespielt wird, aber Sie sind nicht mehr bereit, sich die Einmischung seiner Mutter gefallen zu lassen. Sie fürchten, daß auch Ihre Kinder eines Tages gegen Sie beeinflußt werden könnten. Sie werden in Zukunft um Ihre Familie kämpfen müssen. – Bei derartigen Überlegungen erfassen Sie die Ereignisse im Hinblick auf Vergangenheit, Gegenwart und Zukunft. Sie denken im Sinne von Kausalität und Finalität.

Sie können die gleiche Szene aber auch aus der Konstellation gegenwärtiger Bedingungen erklären: Ihrer Übermüdung – der schlechten Laune Ihres Ehepartners – der mißglückten Geburtstagsfeier – der verwöhnenden Haltung Ihrer Schwiegermutter gegenüber Ihren Kindern – dem schlechten Benehmen Ihrer Kinder – (vielleicht vergaß sogar Ihr Hund, daß er stubenrein ist). – In einer solchen Zusammenschau erfassen Sie die Situation auf der Ebene des Denkens in Systemen, die sich gegenseitig bedingen.

In der Kybernetik erkennen und unterscheiden wir Systeme nach ihren Funktionen. Ein relativ einfaches System kann sich unter bestimmten Voraussetzungen erweitern und differenzieren. Ein solcher Prozeß ist nur möglich, wenn das System «offen» bleibt für neue Eingaben (Reize). Reize werden häufig aus den Bereichen anderer Systeme übernommen. Dabei kann sich zwischen zwei Systemen ein neuer Funktionskreis bilden. (Sie haben das im Zusammenhang mit der Entstehung eines Interaktionsfeldes erlebt.) In einem solchen Fall wird in der Kybernetik von *vermaschten Systemen»* gesprochen. – Aus der Vermaschung mehrerer Systeme entsteht unter bestimmten Voraussetzungen ein übergeordnetes System. (In unseren Überlegungen zur Therapeutensituation werden wir darauf zurückkommen.)

Kybernetische Systeme finden ihre logische, mathematische und physikalische Begründung in ihrer Funktion. Jede Unterbrechung des funktionalen Geschehens hebt ein System auf.

Jede Einschränkung seiner Funktionsfähigkeit bedeutet Störung. Die Funktionsfähigkeit vermaschter Systeme ist abhängig von der Funktionsfähigkeit ihrer Teilsysteme.

Nach diesen Vorüberlegungen wird es relativ einfach, Störungen der Lage zu definieren.

Unter dem kybernetischen Aspekt bedeutet *Störung der Lage* mangelhafte Funktionsfähigkeit der Potentiale. Mangelhafte Funktionsfähigkeit kann durch Ausfälle und Einschränkungen in der intrapersonalen Lage begründet sein.

Mangelhafte Funktionsfähigkeit kann ebenso bedingt werden durch Störungen der interpersonalen Lage (einem vermaschten System, in das man als Teilsystem einbezogen wird).

Diese Unterscheidung setzt lediglich Schwerpunkte für eine bessere therapeutische Orientierung. In der Systemtheorie werden intra- und interpersonale Lage, Teilsysteme und vermaschte Systeme in ihren Funktionen reziprok aufeinander bezogen definiert.

Mit diesen Überlegungen wollen wir die Ebene kybernetischen Denkens verlassen. Zunächst sollten Sie nur eine allgemeine Vorstellung von Störungen der Lage entwickeln. Später werden wir auf der gleichen Ebene eine umfassende Störungstheorie zum KIM erarbeiten.

b) Wir wenden uns nun empirischen Untersuchungen zu. Sie haben in einem einfachen Denkmodell nach der Kybernetik gelernt, Störungen der Lage als Einschränkungen von Funktionen zu definieren. Versuchen Sie nun, sich anstelle der entsprechenden Analogie (Skizze S. 37) eine lebendige Situation vorzustellen!

In einem Raum befinden sich mehrere Personen. Sie sind zusammengekommen, um eine Arbeit gemeinsam zum Abschluß zu bringen. Zunächst «funktioniert» die Teamarbeit. Plötzlich kommen jedoch divergierende Beiträge von den einzelnen Gruppenmitgliedern:

Ich möchte mehr die große Linie beachten.
Ich möchte mehr ins Detail gehen.
Ich möchte die Entwicklung in der Vergangenheit betonen.
Ich möchte Zukunftsperspektiven erstellen.
Ich möchte gesellschaftliche Aspekte beachten.
Ich möchte vom einzelnen ausgehen.
Ich möchte ideelle Werte herausheben.
Ich möchte auf realistischer Ebene diskutieren.
Ich möchte die Fenster öffnen.
Ich vertrage keinen Durchzug.
Ich möchte die Heizung abstellen.
Mir ist kalt.
Ich möchte durcharbeiten.
Ich habe Hunger und brauche eine Pause.
Ich möchte in kleinen Gruppen weiterarbeiten.
Ich halte eine effektive Arbeit nur im Plenum für möglich.
Ich setze großes Vertrauen in jeden von Ihnen.
Ich traue keinem über den Weg.
Ich halte uns alle für kompetent.
Ich erlebe uns hier als Fachidioten.
Ich bin bereit, mit dieser Gruppe etwas zu wagen.
Ich gehe grundsätzlich kein Risiko ein.
Ich habe das Gefühl, verstanden zu werden.
Ich meine, wir reden aneinander vorbei.

Stellen Sie sich vor, diese Beiträge werden alle deutlich kommuniziert, sie werden alle gleichzeitig kommuniziert, sie werden alle von Personen kommuniziert, die ihr Anliegen in ähnlicher Stärke durchsetzen können.

Mit ihren Beiträgen senden die Teilnehmer Impulse in die Gruppe, die sich gegeneinander richten oder auf entgegengesetzte Ziele gerichtet sind. Jeder Beitrag wird vom nächsten Beitrag negiert, ausgeschlossen, aufgehoben, kurz: außer Funktion gesetzt. Die Beiträge kommen aus extremen Standpunkten, sie lassen sich nicht gleichzeitig verwirklichen. So entstehen hohe, ineffektive Spannungen. Sie ergeben ein gebundenes Potential, das der Gruppe nicht zur freien Verfügung steht: Zur Gestaltung einer Pause, zur sinnvollen Auseinandersetzung oder zur Beendigung der Arbeit. Die Gruppe ist arbeitsunfähig. Für die intrapersonale Lage einer Person lassen sich ähnliche Beispiele finden. Anstelle von Personen kann man verschiedene Persönlichkeitsbereiche eines Menschen annehmen und untersuchen, welche Impulse seine jeweilige Lage beeinflussen. Man erkennt dann, wie sich diese Impulse zueinander verhalten, ob sie sich, wie im Beispiel oben, gegenseitig binden oder nur mehr oder weniger behindern. Man kann schließlich ein Meßinstrument entwickeln, um die Intensität des gebundenen Potentials festzustellen.

Wenn diese Überlegungen zutreffen, müssen sie in der Praxis ihre Entsprechung haben. Es muß dann möglich sein, Funktionsfähigkeit und Funktionsunfähigkeit (freies und eingeschränktes Potential) in der Lage von Personen zu untersuchen. Der Zusammenhang von gestörter Lage mit einer ihr entsprechenden Symptomatik muß nachweisbar werden. Anhand empirischer Untersuchungen kann er überprüft werden.

Man kann Angaben der Person dazu, wie sie sich selbst und ihre Situation sieht, was sie erstrebt, was sie fürchtet usw., systematisch erheben und sammeln. Das heißt, man kann die subjektive Sicht der Person registrieren. Ordnet und vervollständigt man diese Angaben, so kann man die Lage in Zahlen und Formeln charakterisieren. Sie läßt sich dann mit der Lage anderer Personen (oder der gleichen Person zu einem anderen Zeitpunkt) exakt vergleichen. Der Vergleich wird mit Hilfe von psychologischer Statistik wissenschaftlich präzisiert, die Signifikanz von Unterschieden und Gemeinsamkeiten wird ermittelt. Auf diesem Weg werden Gesetzmäßigkeiten erarbeitet.

Nach diesem Muster haben mein Mann und ich in den Jahren 1954 bis 1961 gearbeitet. Die Untersuchungen wurden in der Klientel der Sozialarbeit durchgeführt. Sie bezogen sich auf die Symptomatik von Dissozialität und Kriminalität. Wir führten den Begriff «Lage» ein und erfaßten erstmalig intra- und interpersonale Lage gleichzeitig. Aus der Dissertation meines Mannes über «Intrapersonale und interpersonale Spannungen bei dissozialen und sozial angepaßten Jugendlichen» gebe ich einige Ergebnisse wieder:

«1. Die Untersuchung erfaßte dreißig dissoziale Jugendliche im Alter von fünfzehn bis zwanzig Jahren, die lehrfähig waren, und eine Kontrollgruppe unauffälliger Jugendlicher. Ferner wurde für jeden Jugendlichen eine «Beziehungsperson» erfaßt, die von ihm selbst genannt wurde.

2. Jeder Jugendliche gab seiner subjektiven realen Lage durch Herstellung des ‹Bildes von der Wirklichkeit› und seiner gewünschten Lage durch Herstellung des ‹Wunschbildes› Ausdruck. Entsprechende weitere ‹Bilder› wurden sowohl von Beziehungspersonen als auch den Jugendlichen hergestellt. – Die Beziehungen zwischen den verschiedenen ‹Bildern› waren Gegenstand der Untersuchung.

3. Die ‹Bilder› wurden im Q-sort-Verfahren durch die Einstufung vorformulierter Aussagen hergestellt. Die erhaltenen Daten ergaben die Grundlage für statistische Berechnungen.

4. Das durchschnittliche Bild von der Wirklichkeit der dissozialen Jugendlichen unterschied sich stärker von dem Bild von der Wirklichkeit der sozial unauffälligen Jugendlichen, als sich die Wunschbilder voneinander unterschieden. Die Bilder von der Wirklichkeit waren sich in beiden Versuchsgruppen weniger ähnlich als die Wunschbilder. – Die gewünschte Lage wird danach einheitlicher und gleichförmiger von Jugendlichen erlebt als ihre reale Lage.

5. Das Wunschbild und das Bild von der Wirklichkeit lagen bei den dissozialen Jugendlichen weiter auseinander als bei den sozial unauffälligen Jugendlichen. ‹Negativistische› Aussagen über die Wirklichkeit waren bei den dissozialen Jugend-

lichen häufiger. Sie erleben relativ starke Spannungen zwischen Wirklichkeit und Wunsch in ihrer Lage.

6. Bei den dissozialen Jugendlichen waren die Streuungen im Bild von der Wirklichkeit größer als bei den sozial angepaßten Jugendlichen. Nach diesen und ähnlichen anderen Ergebnissen läßt sich sagen, daß sich die dissozialen Jugendlichen in ihrer subjektiven realen Lage stärker voneinander unterscheiden als die sozial unauffälligen Jugendlichen.

7. Die Jugendlichen schätzten das durchschnittliche Bild von der Wirklichkeit ihrer Versuchsgruppe ein. Den dissozialen Jugendlichen gelang das weniger gut als der Kontrollgruppe. Sie täuschen sich hiernach über die subjektive Lage anderer relativ häufig.

8. Jeder Jugendliche benannte die Person, mit der er sich am besten verstand. Diese ‹Beziehungsperson› schätzte durch die Herstellung zweier Bilder das Bild von der Wirklichkeit des Jugendlichen und sein Wunschbild ein. Den Beziehungspersonen der dissozialen Jugendlichen gelang diese Einschätzung weniger gut als den Beziehungspersonen der sozial unauffälligen Jugendlichen. Dieses Ergebnis wurde so aufgefaßt, daß dissoziale Jugendliche von ihren Beziehungspersonen weniger gut verstanden werden als andere Jugendliche.

9. Die Jugendlichen stellten die Bilder her, die ihrer Meinung nach die Beziehungspersonen herstellen würden (8). Die Unterschiede zwischen dem Bild von der Wirklichkeit und dem Wunschbild einerseits und deren vermeintlicher Einschätzung durch die Beziehungsperson andererseits waren bei den dissozialen Jugendlichen größer als bei den Jugendlichen der Kontrollgruppe. – Dieses Ergebnis wurde so aufgefaßt, daß die dissozialen Jugendlichen sich von ihren Beziehungspersonen weniger oder seltener gut verstanden fühlen als die sozial unauffälligen Jugendlichen.

10. Der Unterschied zwischen dem Bild, das die Beziehungsperson herstellte (8), und dem Bild, das nach Meinung des Jugendlichen hergestellt werden würde (9), wurde festge-

stellt. Den dissozialen Jugendlichen gelang es weniger gut als den unauffälligen Jugendlichen, die Bilder ihrer Beziehungspersonen einzuschätzen. – Dieses Ergebnis wurde so aufgefaßt, daß bei dissozialen Jugendlichen Täuschungen über das Urteil der Beziehungsperson in Fragen, die die eigene Welt der Jugendlichen betreffen, stärker bzw. häufiger vorkommen als bei sozial unauffälligen Jugendlichen.

11. Die genannten Ergebnisse waren auf dem 1%-Niveau der Verläßlichkeit gesichert. Sie zeigen, daß sich die intrapersonale Lage und die interpersonale Lage dissozialer Jugendlicher signifikant von der Lage sozial unauffälliger Jugendlicher unterscheidet. – Die Unterschiede weisen auf Bedingungen hin, die für das Leben der Jugendlichen in der Gesellschaft wichtig sind. Sie können zur Erklärung von dissozialen bzw. delinquenten Verhaltensweisen herangezogen werden.»*

Wenn wir die Ergebnisse etwas verallgemeinern und stark vereinfacht formulieren, können wir sagen: Für die intrapersonale Lage von Jugendlichen ist nachgewiesenermaßen die Zufriedenheit, das Sich-Verstanden-Fühlen und die Übereinstimmung mit anderen wichtig. Für die interpersonale Lage ist das gegenseitige Sich-Kennen und Verstehen und die faktische Übereinstimmung in den Ansichten wesentlich. Alle diese Merkmale der Lage sind durch die Stärke von «Spannungen» definierbar und bei Anwendung entsprechender Verfahren meßbar.

Sie stehen übrigens in korrelativem Zusammenhang miteinander und lassen sich faktorenanalytisch untersuchen.

Es gibt viele Untersuchungen zu diesem Thema im deutschen und besonders auch im anglo-amerikanischen Sprachbereich, die nicht den Terminus «Lage» verwenden. Er ist je-

* Vgl. W. Schumann 1961, S. 133ff. Eine sehr kurze Darstellung dieser Untersuchung finden Sie in W. Schumann 1973, und dort auch Hinweise auf neuere Literatur.

doch ein allgemeiner Begriff, der vieles zusammenzufassen erlaubt. (Vgl. Thomae 1943.) Wir haben uns darum für ihn entschieden.

Überblicken wir nun abschließend die empirischen Arbeiten, die von Rogers, Heimler, Laing und vielen anderen Autoren geleistet wurden, so kommen wir zu folgender Zusammenfassung:

> Zahlreiche Untersuchungen haben ergeben, daß Konflikte, Neurosen, psychosomatische Erkrankungen ebenso wie Dissozialität und Kriminalität ihre Entsprechung in intra- und interpersonalen Bedingungen haben. Diese Bedingungen sind als «Spannungen» in der Lage von Personen meßbar und damit nachweisbar.

c) Nun wenden wir uns dem subjektiven Erleben von Lage zu. Den unmittelbarsten Bezug haben wir alle zu unserer eigenen Lage. Sie können in Ihrer Lage leben, empfinden und fühlen. Sie können sie bewußt erleben, durch spontane Impulse verändern, nach Ihrem Willen gestalten, im Denken erfassen, aus der Vergangenheit begründen, für die Zukunft kreativ entwerfen. Sie können Ihre Lage auch in einem transzendenten Sinnzusammenhang verstehen. – Nur eines können Sie nicht: sich aus Ihrer Lage lösen. Jedes Verlassen der konkreten Lage führt in eine neue aktuelle Lage.

Wir sagen: «Jeder ist sich selbst der Nächste» und müssen diese Einsicht manchmal resignierend verteidigen, manchmal akzeptieren.

Solange Sie relativ abgeschlossen von anderen Personen bleiben, erleben Sie Ihre Lage als System für sich.

Wir sagen jedoch auch: «Es kann der Frömmste nicht in Frieden leben, wenn es dem bösen Nachbarn nicht gefällt» und erfassen auch damit unsere Realität.

Sobald Sie durch die Interaktionen anderer Personen betroffen werden, erleben Sie Ihre Lage als Subsystem in einem vermaschten System. So fühlen wir alle uns zugleich als Subjekt und Objekt unserer Lage. Beide Positionen können mit Befriedigung oder Frustration verbunden sein.

Solange die Potentiale in Ihrer Lage frei bleiben, d. h. Ihnen zur Verfügung stehen, erleben Sie sich als Herr Ihrer Lage. Sie fühlen sich fähig, kompetent und befriedigt. Sobald jedoch verschieden gerichtete Impulse Potentiale in Ihrer Lage binden und sie ineffektiv werden lassen, erleben Sie sich als Gefangener Ihrer Lage. Sie fühlen sich unfähig, inkompetent, belastet. – Sie leiden.

Ein hohes ineffektives Potential entsteht unter anderem, wenn über längere Zeit disharmonierende Impulse die Lage einer Person bestimmen oder wenn solche Impulse aus inneren Bereichen kommen, die für die Person von wesentlicher Bedeutung sind.

In einer Person A könnten z. B. «kindliche» Bedürfnisse, die in der Vergangenheit nicht befriedigt wurden, Bedürfnissen begegnen, die darauf drängen, das Wunschbild einer selbständigen, erwachsenen Person zu verwirklichen. Wünschen nach Geborgenheit und Wärme stehen Wünsche nach Geltung und Durchsetzung gegenüber. Beide Bedürfniskomplexe melden sich gleichzeitig, und jeder verhindert die Befriedigung des anderen. Die Person kann handlungsunfähig werden. Sie fühlt sich zunehmend deprimiert und wird aggressiv gestimmt.
Ein solches Potential drängt zur Veränderung, denn es belastet die Balance innerhalb der intra- und interpersonalen Lage. Die Lösungen ergeben sich aus der Regulierung und Veränderung der Impulse. Dadurch kommt es zu Umzentrierungen innerhalb des Potentials. Gebundene Kräfte werden überführt in Kräfte, die der Person zur Verfügung stehen. Im allgemeinen erfolgt eine solche Umzentrierung spontan und wenig reflektiert.

Person A fühlt sich hin- und hergerissen zwischen depressiver Verstimmung und aggressiven Ausbrüchen. Sie leidet in diesem Zustand sowohl an sich selbst als auch an der Umwelt. Darum sucht sie mehr oder weniger bewußt Wege, beide Bedürfnisse zu verwirklichen.

A merkt, daß «das Kind in ihr» einen Raum braucht, um das zu tun, was ihm gemäß ist: Zu wachsen und glücklich zu sein. Sie lernt, zu bestimmten Zeiten kindliche Bedürfnisse so zu befriedigen, daß auch die Umwelt ihr Verhalten akzeptieren kann. – Zu anderer Zeit läßt sie «dem Erwachsenen» Raum. Sie übt, seine Bedürfnisse adäquat gegenüber anderen Bedürfnissen in ihrer Umwelt zu befriedigen.

Person A erlebt, daß «Kind» und «Erwachsener» in ihr keine Feinde mehr sind, sondern Partner werden können, die sich akzeptieren, verstehen und vielleicht sogar ergänzen. In ihrem neuen Arrangement erlebt A eine neue Chance.

Versagt eine solche Regulierung, so ist die Person nicht mehr fähig, ihr ineffektives Potential adäquat zu verändern. Sie weicht dann in psychosomatische, neurotische oder dissoziale Lösungsversuche aus.

Wenn A keine Möglichkeiten mehr sieht, ihre Bedürfnisse nach Wärme und Geborgenheit zu verwirklichen, so kann sie unter anderem mit «vegetativer Dystonie» reagieren. Der Kreislauf versagt, der Blutdruck sinkt ab, ihr wird übel, sie bekommt Kopfschmerzen, am liebsten würde sie sich im Bett pflegen lassen. A kann auch mit Depressionen reagieren: sie grübelt, fühlt sich völlig überflüssig auf der Welt, kann sich nicht konzentrieren und wird arbeitsunfähig. Sie kann schließlich versuchen, ihre Umwelt wie ein Kind in Anspruch zu nehmen: Sie «macht Rabbatz» in einer Gruppe, schlägt um sich, greift andere an, beutet die Umwelt aus; sie benimmt sich «unverantwortlich».

In entsprechender Weise könnte auch der «Erwachsene» seine spezifischen Bedürfnisse zu befriedigen suchen.

Diese «Lösungen» bringen jedoch nur beschränkt und meist nur kurzfristig Entspannung. Häufig beginnt im Zusammenspiel von intra- und interpersonaler Situation ein Circulus vitiosus, der immer mehr Kräfte bindet und immer weitere Bereiche der Lage beeinträchtigt.

In ihrem Verhalten stellt die Person A ihre intrapersonale Lage dar. Häufig tut sie das mit Hilfe von Analogien, die ihr selbst nicht bewußt sind. Jemand, der sich schwach fühlt und sich am liebsten ins Bett verkriecht, jemand, der nicht arbeiten kann, jemand, der unverantwortlich handelt und anderen etwas wegnimmt, verhält sich ähnlich wie ein Kind. Personen in der Umwelt erkennen in den Symptomen den Anspruch eines Kindes. Nur selten sind sie bereit, über längere Zeit darauf so zu reagieren, daß diese Bedürfnisse befriedigt werden. Im Gegenteil, sie fordern, daß die Person endlich «erwachsen» wird.

Besonders aggressiv aber reagieren diejenigen, die selbst wünschten, ab und zu als Kind akzeptiert zu werden.

Aufgrund solcher und ähnlicher Umweltreaktionen werden ineffektive intrapersonale Spannungen verstärkt, die Balance wird weiter negativ beeinträchtigt, kurz: die Lage verschlechtert sich. Das Verhalten ist symptomatisch für eine solche Lage.

Abschließend fassen wir unsere Einführung in Störungen, die Sie zunächst unter verschiedenen Aspekten gesehen haben, zusammen:

Von der Kybernetik ausgehend, begreifen wir die innere und äußere Situation eines Menschen als Funktion von Systemen, die sich zu einem vermaschten System zusammenschließen. Störungen bedeuten hier mangelnde Funktionsfähigkeit in den Systemen. Die äußere und innere Situation einer Person kann als Lage bezeichnet und untersucht werden. Dabei erkennen wir Störungen als Potentiale, die infolge ihrer gebundenen Kräfte ineffektiv geworden sind. Ein solches Potential steht der Person nicht zur Befriedigung ihrer Bedürfnisse zur Verfügung. Sie erlebt es darum unmittelbar als Hemmung, Belastung und Frustration. Ihr Verhalten entspricht ihrer gestörten individuellen Lage. In ihren Interaktionen wird die Person wiederum in das interpersonale Zusammenspiel von Kräften einbezogen. Damit wird sie zum Subsystem in umfassenden Systemen, in denen und durch die sie Störungen erlebt und auslebt.

2.2 Einführung in den Begriff «therapeutisches Interaktionsfeld»

Unsere Zusammenfassung im letzten Absatz wirkt unter Umständen entmutigend auf manchen, der anderen helfen möchte. Vermaschte Systeme beinhalten Macht. Entziehen wir uns dem System, dann bleiben wir «außen vor» und unser Einfluß kann nur gering sein. Begeben wir uns hinein, so besteht die Gefahr, eingefangen zu werden in die Dynamik der Systeme und festgehalten zu werden im Circulus vitiosus. Was also können wir tun?

Eine Antwort finden Sie beim Überdenken des Interaktionsschemas (1.2). Wir erinnern uns daran, daß gestörte Interaktionen mit Frustrationserlebnissen verbunden sind und daß jeder bemüht ist, Frustrationen zu vermeiden und Befriedigung zu suchen. Versuchen Sie darum, als Therapeut ein neues Interaktionsfeld für den Klienten zu gestalten, das von ihm als zweckmäßiger und befriedigender, kurz als «reizvoller» erlebt wird. Der Begriff «reizvoll» beschreibt sowohl im ursprünglichen wie im übertragenen Sinne dieses Anliegen. Die neuen therapeutischen Aktionen sollen die Lage des Klienten gezielt erreichen. Sie müßten Potentiale, die Sie verändern wollen, durch bestimmte Eingaben aktivieren. Ihre Aktionen müssen den Weg des geringsten Widerstandes nehmen, damit sich die volle Wirksamkeit der Reiz-Reaktions-Abläufe in der gestörten Lage entfalten kann und nicht durch

Abwehrmechanismen behindert wird. In diesen Aktionen müssen vorwiegend solche Reize übermittelt werden, die das durch die intrapersonale Disposition gebundene Potential in freies Potential umwandeln können. Der Klient wird sich entlastet und belohnt fühlen. In den meisten Fällen wird er bereit sein, ein derart intensives und zugleich befriedigendes Angebot zu akzeptieren und entsprechend darauf reagieren. Hierzu ein sehr einfaches Beispiel:

Eine Klientin (27 Jahre) ist im ganzen Sozialamt gefürchtet, weil sie ihre Forderungen, Rechtfertigungen und Anschuldigungen ihrem jeweiligen Gesprächspartner nur noch entgegenschreit. Je mehr sie schreit, desto weniger wird sie verstanden. Je mehr sie fordert, desto zurückhaltender reagiert ihre Umwelt. Ihre Anschuldigungen prallen auf eine Wand des Schweigens. Die Mutter der Klientin hat nun einen Antrag auf Entmündigung gestellt. Im Circulus vitiosus steigert sich die Hilflosigkeit zum Crescendo.
Ein therapeutisch orientierter Sozialarbeiter hat sich vorgenommen, dieses seit Monaten praktizierte Verhaltensmuster aller Beteiligten zu durchbrechen. Er übt seine Stimme, um sie zu ähnlicher Lautstärke wie die Klientin entfalten zu können. Als die Klientin erwartungsgemäß erscheint und losbrüllt, brüllt er sofort dagegen: «Ich will Sie verstehen ...» Verdutzt macht die Klientin eine Pause. Der Sozialarbeiter erklärt ihr an einer zeichnerischen Analogie, wie er ihre Lage zur Zeit sieht. Die Klientin nimmt den Stift, korrigiert und ergänzt. Schließlich malt sie ein neues Bild. Sie sagt, daß sie zu Hause häufig malt, was sie empfindet. Zwei Tage später liegt eine Serie von Bildern auf dem Tisch, die als Abbild ihrer Lage Diagnose und Prognose, vor allem aber intensive Weiterarbeit ermöglicht. Heute kann die Klientin normal reden, und niemand denkt mehr daran, sie zu entmündigen.

Derartige therapeutische Aktionen entwickeln wir im allgemeinen nicht aus naiver Betroffenheit und aus naiven Reaktionen. Darauf muß der Therapeut verzichten. Seine Aktionen gestalten sich vorwiegend aus einem neuen therapeutischen Bewußtsein. Hier hat er Wissen über Systeme und ihre Gesetzmäßigkeiten, über Lage und ihre Störungen, über therapeutische Funktionen und ihre Wirksamkeit gespeichert. Er entwirft geeignete Interventionen, die er als Funktionsträger einsetzen kann.

Unsere Skizze auf Seite 40 zeichnet in der gestrichelten Linie ein naives Interaktionsfeld auf, so, wie es in 🕮 1.2 beschrieben ist. Dieses Feld bleibt für jede menschliche Begegnung ursprüngliche und zugleich umfassende Grundlage. Innerhalb des naiven Interaktionsfeldes können jedoch neue Interaktionsfelder bewußt gestaltet werden. Das geschieht immer dann, wenn Personen in ihrer Lage naive Betroffenheit und Reaktionen zurückstellen, um einen bestimmten Plan zu verwirklichen. Sie reagieren dann nicht mehr primär aus der Betroffenheit ihrer gesamten Lage, sondern aus einem Teilbereich bzw. einem Subsystem, das sie in Lernprozessen installiert und funktionalisiert haben. Aus einem solchen Subsystem agieren unter anderem Ärzte, Erzieher, Seelsorger, Psychologen und auch Sozialtherapeuten.

Jedes System hat bestimmte Funktionen, es verwirklicht ein «Programm». Dieses dient dazu, Ziele zu realisieren. Das Programm des Pädagogen richtet sich z. B. auf Lernprozesse. Sein Ziel ist die Entwicklung der Person im Sinne von Erweiterung, Vertiefung und Differenzierung von Wissen und Können.

Das Programm des Therapeuten richtet sich auf Prozesse, die ineffektive Potentiale verändern. Sein Ziel ist es, Personen zu befähigen, derartige Prozesse selbst zu vollziehen.

Sozialtherapeutische Aktionen werden also in einem Subsystem der Lage des Therapeuten entworfen. Sie richten sich in der Lage des Klienten auf die Bereiche, die gestört sind. Die

Reaktionen des Klienten wiederum werden im therapeutischen System aufgefangen und bearbeitet. Neue Aktionen werden geplant und verwirklicht.

Erinnern Sie sich an das Beispiel der jungen Frau, die nur noch schreiend kommunizieren konnte. Alle ihre Partner, ihre Mutter, ihr Kind, die Nachbarn, die Ärzte, die Verwaltungsbeamten, die Sozialarbeiter reagieren spontan mit Abwehr. Sie versuchen, ihre eigene Person zu schützen, entweder durch Flucht oder durch Angriff. Im Amt verbarrikadiert man sich hinter verschlossenen Türen, dringenden Telefonaten, wichtigen Besprechungen und Hausbesuchen und, wenn diese «Abwehr» durchbrochen wird, hinter Desinteresse und Schweigsamkeit. Die Mutter der Klientin geht zum Angriff über. Sie reagiert mit Anschuldigungen, sie versucht, der Klientin das Kind wegzunehmen, sie stellt einen Antrag auf Entmündigung. Der Sozialtherapeut findet die Klientin genauso «unsympathisch» wie alle anderen. Er entschließt sich jedoch, auf seine Spontanreaktionen zu verzichten. Er setzt seine Kraft (sein Potential) nicht zur Befriedigung eigener Bedürfnisse, sondern zum therapeutischen Handeln für die Klientin ein. Er findet eine Möglichkeit, die Lage der Klientin zu externalisieren. In gemeinsamer Arbeit entstehen Bilder (Sie finden eine Reproduktion dieser Bilder in 🕮 4.3). Die Therapie beginnt.

Das therapeutische Interaktionsfeld darf niemals isoliert vom naiven Interaktionsfeld gesehen werden. Zwischen beiden Feldern besteht ein funktionaler Zusammenhang.

Beim Therapeuten verhält sich das Therapeutensystem zu anderen Systemen in seiner Lage wie ein Subsystem zum vermaschten System.

Auch ineffektive Potentiale bilden Systeme. Beim Klienten verhalten sich Störungssysteme zu anderen Systemen der Lage ebenfalls wie Subsysteme zum vermaschten System. (Vgl. 🕮 2.1.)

Manchmal bemühen sich Therapeuten, eine «nicht persönliche», «sachliche» Therapie zu praktizieren. Derartige Versuche sind zum Scheitern verurteilt, denn die Klienten werden dann in einem isolierten therapeutischen Feld angesprochen. Sie entziehen sich dem Ansinnen, nicht als Person, sondern als Störungspotential behandelt zu werden. Ebenso wollen sie gerade in der Therapie keinem Therapeutensystem, sondern einem Menschen begegnen. Im allgemeinen erkennt der Therapeut bald, wie sich hinter seinem Bemühen um «Reinheit in Lehre und Praxis» Unsicherheit und Ängste, d. h. eigene naive Reaktionen verbergen. Gefährlich wird es, wenn Therapeuten die Einsicht in den Zusammenhang zwischen dem naiven und dem therapeutischen Interaktionsfeld verlorengeht. Eine solche Entwicklung führt zwangsläufig zu einer «un-menschlichen» Therapie.

So begegnen sich Therapeut und Klient stets in einer Doppelrolle. Beide stehen sich zunächst als Partner in einem unreflektierten Interaktionsfeld – also naiv – gegenüber. Dabei wird jeder durch die Aktionen des anderen in seiner gesamten intra- und interpersonalen Lage betroffen. Die therapeutische Situation führt beide gleichzeitig in ein zweites Interaktionsfeld. Hier wird das therapeutische Geschehen funktionalisiert. Es aktiviert das Störungssystem in der Lage des Klienten und das Therapeutensystem in der Lage des Therapeuten. In der Therapie lernen wir, die Funktionen beider Systeme – des naiven und des Therapeutensystems – zu erkennen und einsichtig zu machen. Wir lernen, aus der Polarität zwischen naivem und Therapeutensystem für den therapeutischen Prozeß Dynamik freizusetzen.

2.3 Einführung in die Lage des Therapeuten

Ich beginne diesen Abschnitt mit Fragen, die häufig in Seminaren gestellt werden:

«Wie gehe ich als Therapeut mit meiner eigenen Lage um?»
«Was mache ich mit Störungen in meiner Lage?»
«Wie verhalte ich mich zu meinen eigenen Normen?»
«Wo bleibt die Befriedigung meiner eigenen Bedürfnisse?»
«Woher gewinne ich die Kraft für eine fortlaufende therapeutische Arbeit mit anderen?»
«Wie gewinne ich Distanz zu meiner Arbeit?»

Auch für Sie ist es vielleicht eine existentielle Frage, wie sich der therapeutische Anspruch und der Anspruch auf Selbstverwirklichung vereinen lassen.

Auf diese Fragen gibt es viele Antworten. Zu einer eigenen Antwort kommen Sie, wenn Sie selbst Einblick in Ihre Lage als Therapeut gewinnen, Zusammenhänge sehen, Abläufe registrieren, Funktionen erfassen und Gesetzmäßigkeiten erkennen. Versuchen Sie es!

Zunächst soll uns die intrapersonale Situation des Therapeuten interessieren. – Wir können intrapersonale Lage in interpersonalen Zusammenhängen betrachten. Dann definieren wir sie als ein Subsystem im vermaschten System. Wir können aber auch intrapersonale Lage für sich selbst betrachten. Dann erkennen wir sie als vermaschtes System, das verschiedene Subsysteme funktional einschließt. Vermaschte Systeme sind außerordentlich differenzierte und komplizierte dynamische Gebilde. Im menschlichen Bereich entziehen sie sich exakten Untersuchungen. Wenn wir jedoch bereit sind, Vereinfachungen und Vergröberungen in Kauf zu nehmen, können wir aus der Vielzahl der Subsysteme in der Lage einige herausgreifen, darstellen und ihren funktionalen Zusammenhang verdeutlichen. Mit Hilfe einer Skizze wird das leichter.

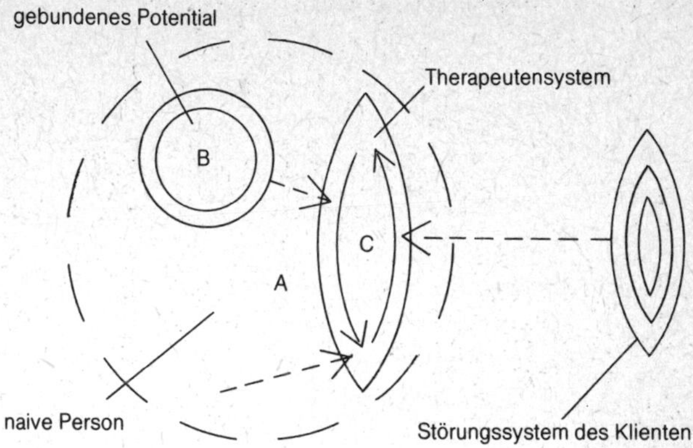

In der Skizze stellen wir in dem gestrichelten Kreis die intrapersonale Lage des Therapeuten zunächst als naives System A dar. Innerhalb dieses Systems haben sich zwei Subsysteme gebildet. Der Kreis B schließt ein gebundenes Potential ein. Die Systeme A und B sind funktional miteinander verbunden. Sie folgen jedoch verschiedenen Programmen. Das naive System entwickelt sich in einem Rhythmus zwischen Veränderung und Homöostase. In der Kybernetik finden wir für einen entsprechenden Ablauf den Terminus *Multistabilität.* *

Das Störungssystem versucht dagegen, den Zustand der Homöostase aufrechtzuerhalten. Trotz ihrer unterschiedlichen Programme haben beide Systeme ein letztes gemeinsames Ziel. Sie suchen einen Zustand möglichst großer Befriedigung in der eigenen Person zu erreichen bzw. zu stabilisieren.

Daneben funktioniert das Therapeutensystem C, denn es richtet sich, ohne Rücksichtnahme auf die eigene Person, auf die Lage fremder Personen. Das Therapeutensystem ist stets auf Veränderung programmiert. Sein Ziel ist, die Lage des

* Vgl. Klaus/Liebscher 1976.

Klienten zu verändern, um ihm Befriedigung zu ermöglichen. Doch auch das Therapeutensystem kann nicht unabhängig von der gesamten Lage des Therapeuten funktionieren.

Und so beginnen in der intrapersonalen Lage des Therapeuten Unruhe und Auseinandersetzungen, die sowohl inhaltlich als auch formal erfaßt werden können. Die Systeme A und B funktionieren für den Therapeuten und seine eigene Befriedigung. Das System C richtet sich auf andere Personen, die Klienten, und sucht deren Befriedigung. System A erstrebt die Balance zwischen Veränderung und Homöostase, System B «verbarrikadiert» sich in der Homöostase, und System C «kämpft» um Veränderung.

In dieser Situation ist die Lage des Therapeuten alles andere als befriedigend. Zum besseren Verständnis verfolgen Sie ihre Entstehung an einem Beispiel.

Zunächst eine nicht-therapeutische Normalsituation: Der Sozialarbeiter Herr M. hat im Tagesablauf eine gewisse Balance gefunden. Er war ausgeglichen und hat sich als «naive» Person wohlgefühlt. Sein Subsystem B (Störungssystem) bindet nur ein geringes Potential. Herr M. fühlte sich dadurch nicht behindert. Er konnte Reizen, die B verstärken, ausweichen. Sein Subsystem C (therapeutisches System) wurde nicht gefordert. Es blieb darum «ausgeschaltet».

Am Abend des gleichen Tages sitzt Herr M. einem Klienten gegenüber und wird nun als Therapeut gefordert. Der Klient gilt im allgemeinen als schwierig, doch zu Herrn M. hat er Vertrauen gefaßt. Er bewundert dessen Kompetenz und kommuniziert eigene Hilflosigkeit. So versucht der Klient, die Verantwortung für seine eigene Entwicklung auf den Sozialarbeiter abzuschieben. – Diese Kommunikation trifft auf alle Systeme in der Lage von Herrn M.: Sie aktiviert das Störungssystem B, wo die Diskrepanz zwischen überhöhtem Anspruch an eigene Leistung und Einsicht in eigene Grenzen Potential bindet. B reagiert darum mit Abwehr. «Hier gehört ein wirklicher Könner her!» – «Du schaffst das nie!» – «Ziehe dich zurück, ehe du dich blamierst!»

Aus dem naiven System A schalten sich unbewußt normative Impulse ein. «Du darfst dir nicht untreu werden!» – «Setze dich für den anderen ein, sonst hast du doch ein schlechtes Gewissen!» – «Nur, wenn du deine Aufgabe erfüllst, kannst du ohne Angst leben!»

Das Therapeutensystem C ist auf die Lage des Klienten gerichtet. Es registriert in dem, was der Klient sagt, dessen inneren Anspruch. «Tu du etwas für mich, damit ich mich nicht verändern muß und meine Homöostase halten kann!» Im Therapeutensystem erkennt Herr M. Abwehr und Angst aus der Kommunikation des Klienten. Er ist bereit zur therapeutischen Aktivität.

Um im Sinne des Therapeutensystems arbeiten zu können, braucht Herr M. Energie. Die kann er nur aus den Potentialen seiner eigenen Lage gewinnen. Doch diese Potentiale sind ihm zur Zeit nicht frei verfügbar. Gegensätzliche Impulse innerhalb eines Störungssystems sowie auch zwischen Störungssystem und naivem System halten sie gebunden. So gerät Herr M. unversehens mit seinem therapeutischen System in einen «Zweifrontenkrieg». Auf der einen Seite begegnen ihm Widerstände aus der Lage des Klienten, auf der anderen Seite Widerstände aus ineffektiven Spannungspotentialen seiner eigenen Lage.

Diese und entsprechende Situationen fordern eine Lösung. Der Therapeut kann sie nur in sich selbst finden. Er muß zunächst gebundenes Potential in seiner Lage freimachen. Hierzu muß er Auseinandersetzungen führen: zwischen Zentren, deren Impulse sich gegeneinanderrichten, und zwischen Subsystemen, die entgegengesetzten Zielen folgen. Im KIM setzen wir hierzu Dialoge ein. Der Sozialtherapeut übt sie und lernt, ein neues Arrangement in seiner Lage zu finden. Aus dem freigewordenen Potential erhält er die Energie für den therapeutischen Prozeß.

> Intrapersonale Dialoge des Therapeuten sind eine Voraussetzung für effektive therapeutische Arbeit.

Diese Dialoge sind der Anfang einer Therapie, sie begleiten den Verlauf, und sie bilden auch ihren Abschluß. Sie sind Voraussetzung für körperliche Gesundheit, psychische Stabilität und die Leistungsfähigkeit des Therapeuten.

In 🕮 9 finden Sie die Theorie und ein Beispiel für solche Dialoge. Anschließend können Sie mit sich selbst derartige Therapeutendialoge üben. Sie werden ihre Gesetzmäßigkeiten erkennen und Lösungen finden.

⚇ *3 Übung für drei Personen*

⚇ 3.1 Einführung in die Übung

Sie beginnen nun, das therapeutische System in Ihrer eigenen Lage auszubilden. In Ihre Überlegungen nehmen Sie all das mit hinein, was wir bisher erarbeitet haben. Versuchen Sie, entsprechend zu handeln. Wie in der zweiten Übung ⚇ 2.3 setzen Sie dazu den verbalen Spiegel ein. Ihre besondere Aufmerksamkeit richten Sie im folgenden auf ineffektive Spannungspotentiale in der Lage Ihres «Klienten». Sie machen sich Frustrationen, Befriedigungen und Auseinandersetzungen in Ihrer eigenen Lage als Therapeut bewußt. So schaffen Sie ein therapeutisches Interaktionsfeld, das sich deutlich von einem naiven Feld abhebt.

Die Übung hat drei Ziele: Als Therapeut lernen Sie, den verbalen Spiegel im therapeutischen Prozeß sicherer zu handhaben. Als Klient erleben Sie die Wirksamkeit, aber auch die

Grenzen des verbalen Spiegels an Ihrer eigenen Person. Schließlich haben Sie die Chance, Hilfe zur Lösung eigener Probleme zu finden.

3.2 Anweisung zur Durchführung

Jeder von Ihnen besinnt sich zunächst auf eigene Probleme. Er wählt ein Problem aus, mit dem er als «Klient» in die Übung gehen will. Achten Sie darauf, daß es sich um ein Problem handelt, das Ihre intrapersonale Situation stört, weil es Potential bindet.

Für das Problem «mein Auto springt morgens nicht an» brauchen Sie aller Wahrscheinlichkeit nach eher einen Automechaniker als einen Therapeuten. Dagegen hat das Problem «mein Mann redet morgens nie mit mir» sicher eine intrapersonale Entsprechung in Ihrer Person, die gegebenenfalls verändert werden könnte.

Die Übung kann nicht funktionieren, wenn Sie ein Scheinproblem ansprechen, wenn Sie zum Beispiel ein Problem simulieren oder ein bereits gelöstes Problem einbringen.

Wenn Sie in einem normalen Spiegel Ihr Spiegelbild sehen, an dem alles soweit «in Ordnung» ist, das weitgehend Ihren Erwartungen und Wünschen entspricht, werden Sie keine Aktivitäten entwickeln. Genauso werden Sie bei der Konfrontation mit ungestörter Lage im verbalen Spiegel keine Motivation zur Veränderung erleben. Ihr Gespräch kann sehr schnell sinnlos werden.

Wie in der ersten Übung finden Sie sich in Dreiergruppen zusammen. Wählen Sie Partner, zu denen Sie Vertrauen haben. Vermeiden Sie jedoch Partner, die Ihnen sehr nahestehen! Sie machen es sich sonst unnötig schwer, eine Klienten-Therapeuten-Beziehung herzustellen.

In Ihrer Dreiergruppe finden Sie nun jeweils eine Person B, die als Klient ihr Problem einbringt, eine Person A, die als

Therapeut mit B arbeitet, und eine Person C, die als anteilnehmender Beisitzer fungiert, das heißt, immer dann Hilfe leistet, wenn es im therapeutischen Interaktionsfeld Schwierigkeiten gibt.

Die Positionen werden gewechselt. Jeder von Ihnen ist einmal Person A, einmal Person B und einmal Person C.

Von jetzt an arbeiten Sie mit dem Tonband. Es hat verschiedene Aufgaben: Während der Übung können Sie es gebrauchen, wenn Sie als Therapeut oder Klient «den Faden verloren» haben, «immer auf der Stelle treten» oder «in eine Sackgasse geraten». Spielen Sie dann das Tonband so weit zurück, wie Ihrer Meinung nach die Störung reicht! Hören Sie die letzten Gesprächsminuten vor der Störung noch einmal ab! Suchen Sie einen neuen Weg! (In Seminaren steht Ihnen die Hilfe eines Trainers zur Verfügung.)

Nach der Übung wird es Ihnen wichtig sein, das gesamte Tonband noch einmal abzuhören. Für den Therapeuten wird es zum wichtigsten Instrument der Reflexion, also auch ein Spiegel seiner eigenen Arbeit. Meist war Ihre Arbeit ganz anders, und häufig war sie besser, als Sie annahmen.

Für den Klienten wird das Tonband zu einem zusätzlichen Spiegel, in dem er mit neuer Distanz seine gesamte Lage und seine Art, mit ihr umzugehen, erlebt. So wird der therapeutische Prozeß im Abhören vervollständigt.

Das Band bleibt Eigentum des Klienten. Er entscheidet, was damit gemacht wird. Diese Regel gilt nicht nur in den Seminaren, sondern sollte auch in der Alltagspraxis des Sozialtherapeuten befolgt werden.

Sie beginnen nun mit dem Gespräch: Person B fängt an, von ihrem Problem zu sprechen, Person A reagiert genauso, wie Sie es in der zweiten Übung gelernt haben. Als Therapeut suchen Sie aus der gesamten Kommunikation von Person B Lage zu erfassen. Sie spiegeln in eigenen Worten die Lage des Klienten wider und vermeiden subjektives Beiwerk aus Ihrer eigenen Lage.

Im Verlauf des Gesprächs richten Sie Ihre Aufmerksamkeit besonders auf Störungen in der Lage des Klienten. Diese Störungen und die mit ihnen verbundenen Gefühle des Klienten nehmen Sie bevorzugt in den Spiegel hinein. Dabei müssen Sie sehr behutsam mit Ihrem Klienten umgehen. Für den therapeutischen Prozeß kann es höchst uneffektiv und in Grenzfällen sogar gefährlich werden, wenn der Klient ständig mit aussichtslos erscheinenden Schwierigkeiten und den damit verbundenen negativen Gefühlen konfrontiert wird. Machen Sie es sich darum zur Aufgabe, neben den frustrierenden Inhalten stets so zu kommunizieren, daß dem Klienten ein Schritt aus der Frustration ermöglicht wird. Zu dieser wichtigen Regel ein Beispiel:

Klient: «Ich weiß einfach nicht mehr weiter. Manchmal hängt über meinem Leben eine schwarze Wolke.» – (Pause) – «Wenn ich nur wüßte ...»

Therapeut: «Manchmal wissen Sie nicht weiter, aber Sie suchen ...»

Falsch wäre es, die Gefühle des Klienten, «nicht weiter zu wissen» und «von einer schwarzen Wolke bedroht zu sein», zu verstärken. Die Betonung des Wortes «manchmal» sowie die Reflexion der offengebliebenen Situation ermutigen den Klienten zu einer weiterführenden Frage. Er bleibt nicht länger unter der momentanen Depression stehen.

Klient: «Ja, die Wolke muß doch irgendwoher kommen?»

Therapeut: «Sie fragen sich jetzt, woher die Wolke kommt. – Am Anfang unseres Gespräches erlebten Sie eine ähnliche Situation ...»

Klient: «Ja, das stimmt. Da hatte ich das gleiche Gefühl – vielleicht war da sogar die gleiche Wolke. Nur damals hing sie über meinem Elternhaus, und jetzt ... daran habe ich noch gar nicht gedacht.»

Therapeut: «Sie sehen da einen Zusammenhang.»
Klient: «Natürlich, das ist so ...»

Sie beenden das Gespräch, wenn der Klient selbst meint, daß es für ihn abgeschlossen ist, wenn er an einer bestimmten Stelle nicht mehr weiterarbeiten möchte, oder aber, wenn Sie merken, daß Sie sich immer wieder mit ähnlichen Verbalisierungen im Kreis drehen (anstatt sich in einer Spirale vorwärts zu bewegen).

Im letzten Fall kann es sowohl in der Übung als auch in der beruflichen Situation hilfreich sein, wenn Sie den Klienten fragen (eventuell nach Abhören des Tonbandes), was für ihn im Augenblick das Wichtigste ist. Versuchen Sie als Therapeut zu verstehen, welche Ambivalenzen oder Paradoxien Sie unter Umständen übersehen haben. Vielleicht entscheidet sich Ihr Klient, das Gespräch danach fortzuführen.

Im allgemeinen sollte Ihr Gespräch nicht länger als etwa eine Stunde dauern. Zum Abschluß bitten Sie den Klienten, das zusammenzufassen, was er in der vergangenen Stunde als besonders wichtig erlebt hat. Sie fordern ihn auf, eine offene Frage zu formulieren, und helfen ihm gegebenenfalls dabei. Mit einer offenen Frage (vgl. 🕮 7.2) können Sie ihn dann getrost entlassen.

3.3 Erfahrungsbericht im Plenum

Ich bedauere, daß ich hier nur wenige repräsentative Beispiele der Übungsergebnisse von Tonbändern übernehmen und darstellen kann. Für Ihren Lernprozeß wäre es wichtig, an einer möglichst großen Anzahl von Erfahrungen teilhaben zu können. In den Seminaren bitten wir darum, möglichst viel aus den Übungen mitzuteilen, ohne jedoch über das jeweilige Problem und seine Lösung zu sprechen.

Die Mehrzahl der Teilnehmer war am Anfang skeptisch.
«Ich habe gedacht, was soll das schon helfen, wenn der Therapeut bloß die Lage widerspiegelt! Die kenne ich doch schon lange, und nicht erst seit gestern.» – «Ich habe ein möglichst einfaches Problem gesucht, so ein richtiges Problemchen, denn so viel Vertrauen zu einem fremden Menschen zu haben, ist doch ein bißchen viel verlangt.» – «Mir tat bloß der arme Klient leid, der mir [als Therapeut] in die Hände fällt.» – «Ich habe gesagt, die überfordert uns [gemeint ist die Kursleiterin].»

Die meisten Teilnehmer hatten zunächst Angst.
Als Therapeut: «Ich hatte Angst, mit dem Tonband zu arbeiten – die Lage nicht zu verstehen – nicht die richtigen Worte zu finden – steckenzubleiben – zuviel zu sagen – zu interpretieren – nicht hilfreich zu sein – daß ich keine Lösung finde ...»

Als Klient: «Ich hatte Angst, daß ich kein Problem finde – daß mein Problem kein richtiges ist – davor, was die anderen von mir denken – daß ich plötzlich viel weiter gehe als ich möchte – daß ich eine Lösung finde, die ich eigentlich gar nicht will ...»

Alle Teilnehmer sind überrascht über den Verlauf.
«Das Tonband haben wir überhaupt nicht mehr bemerkt.» – «Es war unheimlich anstrengend.» – «Ich habe nicht gedacht, daß der Klient so viel allein tun kann.» – «Es macht gar nichts, wenn der Therapeut mal schief liegt, der Klient sorgt schon dafür, daß es weitergeht.» – «Ich fand mich als Therapeut miserabel, aber der Klient hat es gar nicht gemerkt, er hatte so mit sich selbst zu tun.» – «Es ging so schnell, daß ich gar nicht mehr mitkam.» – «Die Lösung kam so plötzlich.»

Für die meisten Teilnehmer ist die Übung erfolgreich verlaufen, besser gesagt, sie haben positive Erfahrungen in bezug auf ihre eigene Lage gemacht.
«Ich habe mich plötzlich ganz anders gesehen.» – «Ich habe meine Lage von einem neuen Standpunkt aus betrachtet.» – «Ich habe Dinge erkannt, die ich sonst immer ausgeklammert habe.» – «Mir ist meine Lage noch nie so deutlich geworden.» – «Ich habe plötzlich gemerkt, daß mein Hauptproblem ganz woanders liegt.» – «Mir ist klargeworden, woher mein Problem kommt.» – «Ich bin der Lösung nähergekommen.» – «Ich habe wirklich eine Lösung gefunden.»

Einige wenige Teilnehmer sind enttäuscht.
«Wir sind einfach nicht weitergekommen, das Gespräch drehte sich immerzu im Kreis.» – «Ich habe nichts erlebt, aber schließlich hatte ich auch kein echtes Problem.» – «Ich bin wütend, zum Schluß hat mir der Therapeut eine Lösung angeboten.» – «Na ja, nun habe ich wieder mal mein Problem gesehen, und nun?» – «Ich werde es nie lernen, als Therapeut so passiv zu sein.»

Alle Teilnehmer haben Fragen.
«Welche Klienten eignen sich für diese Art der Gesprächsführung?» – «Was mache ich, wenn Klienten nicht verbalisieren können?» – «Wie funktioniert solch ein Gespräch bei Klienten mit niedrigem IQ?» – «Kann man auch mit Kindern so arbeiten?» – «Muß erst eine Beziehung da sein, ehe ich so arbeiten kann?» – «Ist der Klient nicht enttäuscht, wenn ich so anders reagiere, als er es gewöhnt ist?» – «Ist der Klient nicht überfordert, wenn er selbst Lösungen finden soll?» – «Was mache ich, wenn ich nicht weiter weiß?» – «Kann man Klienten die Arbeit mit dem Tonband zumuten?»

Wir sammeln diese und andere Fragen, um sie in den folgenden Lernabschnitten im Zusammenhang mit theoretischen Überlegungen zu beantworten.

3 Theorie zum verbalen Spiegel

3.1 Kriterien für die Effektivität des Spiegels

Jeder therapeutische Prozeß beginnt mit dem Externalisieren von intrapersonaler Lage oder dem Darstellen von interpersonaler Lage. Sie haben das Externalisieren mit Hilfe von verbaler Kommunikation geübt. Im folgenden wollen wir gemeinsam überlegen, wie wir es lernen können, einen möglichst brauchbaren verbalen Spiegel im therapeutischen Prozeß einzusetzen.

Vielleicht erwarten Sie an dieser Stelle bestimmte Regeln: Rede so wenig wie möglich. Sprich in einfachen Sätzen. Gebrauche die indirekte Aussage. Konzentriere dich darauf, Gefühle zu erkennen und widerzuspiegeln. Vermeide es, durch direkte Stellungnahme Klienten zu einer Einsicht zu führen. Vielleicht hoffen Sie auf eine Liste vorformulierter Redewendungen, die für viele Situationen passen.

Seien Sie nicht enttäuscht, wenn Sie vielleicht schon jetzt, sonst aber später erkennen, daß Ihren eigenen verbalen Fähigkeiten nur eine untergeordnete Bedeutung im therapeutischen Prozeß zukommt.

Nicht selten begegnen mir Therapeuten, die relativ viel Zeit brauchen, um Lage zu erkennen; die nicht gewandt sind im Verbalisieren; die auch in der inhaltlichen Darstellung der Lage Fehler machen und die doch in relativ kurzer Zeit zu intensiven therapeutischen Gesprächen kommen. Andererseits erlebe ich auf Tonbandaufnahmen sehr «gekonnte», d. h. methodisch perfekt geführte Gespräche, die den Klienten nicht erreichen.

Diese und ähnliche Erfahrungen lösen ambivalente Gefühle in uns aus. Wir sind gleichzeitig erleichtert und verunsichert: Wie finden wir Kriterien, an denen wir die Brauchbarkeit unserer Interventionen messen können? Wie können wir kompetent werden?

Sicherheit können wir nur gewinnen, wenn wir die Funktionen des verbalen Spiegels erkennen und in der Therapie verwirklichen. Diese Funktionen machen wir uns am besten deutlich, indem wir feststellen, wie wir im Alltag mit normalen Glasspiegeln umgehen. So wird es uns leicht, die Funktionen eines Spiegels in den Varianten seines Gebrauches zu erkennen und zu gestalten.

Als erstes wird uns eines ganz deutlich: Ein Spiegel erfüllt nur dann adäquat seine Funktion, wenn er etwas widerspiegeln kann und wenn dieses Spiegelbild aufgenommen wird.

Es hat keinen Sinn, einen Blinden oder einen Schlafenden mit einem Spiegel zu konfrontieren oder aber einen Spiegel in einem dunklen Raum aufzuhängen. Auch wenn der Spiegel sehr vollkommen ist, kunstvoll gerahmt, kristallklar geschliffen, kann er unter diesen Bedingungen seine Funktion nicht erfüllen.

Darum üben Sie als erstes, den verbalen Spiegel nur dann einzusetzen, wenn er aufgrund äußerer Voraussetzungen seine Funktion erfüllen kann.

Ein Spiegel kann zu hoch hängen, so daß ihn mein Bild nicht erreicht. Er kann so weit entfernt sein, daß ich mein Bild nicht mehr erkenne. Er kann einen Winkel zu mir bilden, der mein Bild ausschließt.

Darum üben Sie als Sozialtherapeut, den verbalen Spiegel so «anzubringen», daß er das Bild des Klienten «einfängt». Das Bild darf nicht über dem Klienten, nicht zu weit entfernt von ihm und nicht an ihm vorbei gestaltet werden.

Ein Spiegel sollte mein Bild nicht verzerren, er sollte nicht mit blinden Flecken oder durch ein aufgetragenes Muster überdeckt sein.

Sie üben, den verbalen Spiegel freizumachen von Impulsen

aus der eigenen subjektiven Lage und deren Anschauungen, Interpretationen und Darstellungen.

Ein Spiegel sollte mir gefallen. Er sollte zu mir passen, d. h. die richtigen Proportionen haben, einen Rahmen, der mir entspricht. Kurz: er sollte sich ohne großen Aufwand in meine «Einrichtung» einfügen.

Sie suchen darum für jeden Klienten von neuem einen verbalen Spiegel, der ihm persönlich entspricht, in Worten, die ihn erreichen, in Sätzen, die er festhalten kann, in Bildern, die er erkennt.

Geben Sie darum Ihre Suche nach einem genormten verbalen Spiegel auf, denn Sie werden bald entdecken, daß sie ihn sehr häufig nicht gebrauchen können. Der Klient ist es, der zu Ihrem Angebot (auch wenn es Ihnen persönlich unzulänglich erscheint) die notwendigen Ergänzungen, d. h. den «passenden Rahmen», den «besten Platz» und eine «zweckmäßige Beleuchtung» findet. So gestaltet er mit Ihrer Hilfe seinen eigenen Spiegel, in dem er sich erkennt.

Wir fassen noch einmal zusammen: Der verbale Spiegel ist als therapeutische Intervention nicht von sich aus existent. Er erhält nur als Träger therapeutischer Funktionen seine Bedeutung. Kriterium für seine Brauchbarkeit ist die Reaktion des Klienten.

3.2 Möglichkeiten der Variation durch den Therapeuten und den Klienten

Für Sie als Therapeut bieten sich beim funktionalen Gebrauch des verbalen Spiegels eine Fülle neuer Variationsmöglichkeiten an.

Sie können den Spiegel in die richtige Position bringen: «Ich glaube, ich habe Sie noch nicht verstanden, wie Sie [der Klient] es sehen. Ich will es noch einmal neu versuchen.» – «Sie meinen ... Sehe ich es jetzt richtig?»

Sie können das Bild im Spiegel vergrößern: «Das ist Ihnen [dem Klienten] so wichtig, ich möchte es darum noch einmal betonen ...»

Sie können die Lage anderer Personen in das Spiegelbild mit hineinnehmen: «Sie haben von Ihrem Vater gesprochen und den Ängsten, die Sie ihm gegenüber haben. Ihr Vater aber ist unsicher, weil ...»

Sie können die Vergangenheit und die Zukunft in das Spiegelbild mit hineinnehmen: «Vorhin waren Sie unglücklich über Erfahrungen in Ihrer Kindheit. Jetzt haben Sie genau das gleiche Gefühl ...» – «Sie sehen im Augenblick keinen Ausweg, aber vorhin bemerkten Sie eine offene Tür ...»

Sie können Spannungen in der Lage besonders beachten: «Auf der einen Seite fühlen Sie ... auf der anderen Seite sehen Sie ...»

Sie können das Wunschbild des Klienten mit erfassen: «Jetzt erscheint Ihnen Ihre Situation ... Aber gleichzeitig wünschen Sie ...»

Sie können Ergänzungen anbieten: «Da fällt mir ein, was Sie vorhin sagten ...»

Sie können Ausschnitte isolieren: «Das scheint Ihnen besonders wichtig, wollen wir es noch einmal für sich betrachten.»

Sie können Ausschnitte in einen neuen Zusammenhang stellen: «Darf ich das, was Sie eben sagten, zu dem setzen, was wir vor einer Woche erarbeitet haben?»

Sie können einen ganzen Zeitabschnitt in einem Spiegelbild konzentrieren: «Am Anfang fühlten Sie ... dann erlebten Sie ... jetzt sagen Sie ...» – «Vor einem Jahr waren Sie unglücklich, daß ... Heute werden Sie ungeduldig, weil ... Für die Zukunft hoffen Sie auf ...»

Sie können sogar Ihre eigene Person mit in den Spiegel hineinnehmen, wenn es für den Klienten eine therapeutische Funktion hat: «Sie fühlen sich sehr allein. Ich kenne das. Sie handeln dann so ... Ich versuche es so ... Aber wir zweifeln beide, ob das der richtige Weg ist.»

Alle Variationsmöglichkeiten, die wir für Ihre therapeutische Initiative formuliert haben, könnten genausogut vom Klienten selbst verwirklicht werden. Je mehr er es lernt, intrapersonale Lage bewußt zu erleben, Erfahrungen zu formulieren, Gefühle auszudrücken, kurz: zu verbalisieren, desto freier wird er im Umgang mit dem therapeutischen Spiegel.

Ich möchte Sie darum ermutigen, den verbalen Spiegel mit dem Klienten zusammen zu funktionalisieren. Je «lockerer» Sie ihn zunächst anbieten, desto schneller lernt der Klient, ihn zu benutzen und zu variieren, und das hilft Ihnen beiden.

Sie werden am Anfang eines Gespräches Lage nur ausschnittsweise erkennen und spiegeln. – Der Klient wird die Lage ergänzen, wo es ihm wichtig ist.

Sie werden die Lage hier und da nur verschwommen erkennen und darstellen. – Der Klient wird sie verdeutlichen.

Sie werden hier und da das Bild verzerren. – Der Klient wird korrigieren.

Sie werden leere Stellen und blinde Flecken im Spiegel erkennen. – Der Klient selbst wird entscheiden, wo er ergänzen will. Er wird überraschende neue Konstellationen finden.

Sie werden hoffen, zu einem möglichst vollständigen Bild zu kommen. – Der Klient wird entscheiden, wann für ihn das Bild abgerundet ist.

Der Klient wird sich zurückziehen, wenn ihn das Bild im verbalen Spiegel bedrängt, und wenn er es nicht erkennt, wird er näher herangehen. Der Klient wird entscheiden, wie zweckmäßig der verbale Spiegel für ihn ist. Er wird ihn fallen lassen oder ihn als wertvolles Geschenk mit nach Hause nehmen.

🕮 3.3 Grenzen im Umgang mit dem verbalen Spiegel

Beim Erlernen einer Intervention, einer Methode oder Therapie wird häufig nach deren Grenzen gefragt. Auch Ihre letzte Übung schlossen Sie damit ab. Ich halte diese Frage für sehr wichtig. Sie hat zur Entstehung des KIM beigetragen.

Das spiegelnde Gespräch läßt sich so vertreten und üben, daß es eine sehr wirksame therapeutische Möglichkeit wird. An Beispielen könnte ich Grenzen dieser Methode, die erlebt und beschrieben werden, in Frage stellen. Ich weiß aus eigener Erfahrung, daß diese Gesprächsform auch erfolgreich angewandt werden kann bei Klienten, die im allgemeinen für wenig oder gar nicht geeignet für diese oder irgendeine andere Therapie gelten.

Ich denke dabei an Klienten, die einen sehr geringen IQ haben, Klienten, die nicht motiviert sind, kein Setting einhalten können, Klienten, die nicht verbalisieren können und nicht fähig sind, verbale Kommunikation sinngemäß zu erfassen. Ich denke sogar an Klienten, deren Diagnose die Depression einschließt.

Die Erfolge in dieser Arbeit rechtfertigen ein großes Engagement für die nicht-direktive Gesprächsführung.

Die Frage nach der Grenze einer Intervention ersetzen wir im KIM grundsätzlich durch eine andere Frage. Sie lautet: Wo verliert eine Intervention ihre größte Effektivität? Damit liegt die Grenze einer therapeutischen Intervention nicht länger dort, wo sie aufhört zu funktionieren, sondern dort, wo andere, neue Interventionsformen effektiver werden. Die Zweckmäßigkeit einer Intervention muß darum in jeder neuen Situation neu geprüft und beurteilt werden.

So können die nachfolgenden drei Beispiele lediglich Streiflichter sein, die Erfahrungen aufzeigen. Der verbale Spiegel wurde aufgegeben, weil andere Formen der Interaktion zweckmäßiger für den therapeutischen Prozeß schienen.

Erstes Beispiel:
In der therapeutischen Arbeit mit einem Priester ist der verbale Spiegel zunächst eine gute Möglichkeit, Lage zu externalisieren. Im Verlauf der Therapie gewinnt die christliche Metapher «Ich nehme mein Kreuz auf mich» eine zentrale Bedeutung. Der Priester wendet sie gleichzeitig auf zwei völlig verschiedene Bereiche seines Lebens an, zum einen auf seinen Beruf, zum anderen im Hinblick auf das Zusammenleben mit seiner Cousine, die ihm den Haushalt führt.
Dem Therapeuten wird zunehmend deutlich, daß zwischen dem kirchlichen Dienst und dem häuslichen Leben Diskrepanzen bestehen, die ein hohes Potential binden. So kommt es zu schweren psychosomatischen Störungen.
Der Therapeut nimmt die gesamte innere Situation in den verbalen Spiegel – ohne Erfolg. Der Priester quält sich um Erkenntnis und scheint gleichzeitig blind für den Zusammenhang.
Zögernd nimmt der Therapeut einen Stift und malt nach der verbalen Darstellung des Priesters einige Linien, die sich zu einer Skizze zusammenfügen. Spontan erkennt der Priester Zusammenhang und Diskrepanz. Er beginnt, sein «Kreuz» anders zu sehen und in veränderter Konstellation zu seinen verschiedenen Lebensbereichen zu verstehen. Dadurch werden Veränderungen und Lösungen möglich.

Zweites Beispiel:
Ein Bewährungshelfer erhält die Mitteilung, daß einer seiner Probanden neu einsitzt. Wieder einmal haben sich Szenen nach einem altbekannten Muster aneinandergereiht: Pech bei der Arbeitsuche – Langeweile – neue Kumpel – Sauferei – Schlägerei in der Kneipe – Mißhandlung der Familie – Bedrohung der Nachbarschaft – Festnahme durch die Polizei – Untersuchungshaft ... Der Klient grübelt,

warum es immer wieder zu derartigen Eskalationen kommt. Gleichzeitig versucht seine Frau, unterstützt von Kindern und Nachbarn, sich zu einer Scheidung durchzuringen.
Der Bewährungshelfer steht zwischen den Parteien. Er kann sowohl im Gefängnis mit dem Mann wie auch am Familientisch mit der Frau mit dem verbalen Spiegel arbeiten. Jeder der beiden erkennt seine eigene Lage, doch er weiß nur sehr wenig von der Lage seines Partners. Der Bewährungshelfer erlebt beim Vergleich der Gespräche Entsprechungen und Ergänzungen. Er erkennt, daß beide, Mann und Frau, an gleicher Stelle einen «blinden Fleck» haben. Der Mann sagt: «Manchmal ist Hilde ganz nahe, und dann ist sie plötzlich ganz weit weg, die siehste gar nicht mehr – und dann hau ich ab, haue auf den Putz.» Die Frau sagt entsprechend: «Manchmal kann ich wohl mit ihm, denn er ist im Grunde kein schlechter Kerl. Aber auf einmal, hui, ist er weg, dann kennt er keinen mehr, dann geht nichts mehr. Das halte ich nicht aus.» Das isolierte individuelle Bild der Lage führt den Prozeß nur langsam weiter. Ein gemeinsames Gespräch mit beiden Ehepartnern ist jedoch zur Zeit nicht möglich. Der Bewährungshelfer wechselt nun die Interventionen.
Zunächst läßt er von dem Mann die Lage aufzeichnen: Der Klient malt sich selbst als einen Kreis und seine Frau als einen zweiten Kreis unmittelbar neben sich. Er zögert und malt dann in großer Entfernung einen dritten Kreis, den er auch als «seine Frau» bezeichnet. – «Denn manchmal ist sie nahe und manchmal weit weg!» – Zwischen den beiden auseinanderliegenden Kreisen ist keine Verbindungslinie. Der Sozialarbeiter deutet auf die Lücke und fragt: Und was ist dazwischen? Spontan kommt die Antwort: «Herr Müller!» Es folgt eine lange Geschichte über einen Nachbarn. Schließlich setzt der Klient auf der Zeichnung Herrn Mül-

ler als Kreuzchen zwischen seinen eigenen Kreis und den seiner Frau. Neben das Kreuzchen malt er eine Flasche Korn.

Beim nächsten Hausbesuch bittet der Bewährungshelfer die Frau, ebenfalls ein Bild zu malen. Zu seiner Überraschung entsteht ein außerordentlich ähnliches Bild. Auch hier deutet der Sozialarbeiter fragend auf die Lücke und erhält die gleiche Antwort: Herr Müller.

Nun kann der Bewährungshelfer die Bilder beider Partner nebeneinanderlegen, sowohl am Familientisch wie auch in der Haftanstalt. Beide Klienten sind sehr betroffen durch die unmittelbare Einsicht in die gemeinsame Lage. Sie erkennen den eigentlichen Konfliktherd als Ursprung für die Symptomatik. Auch der Bewährungshelfer ist betroffen, weil er in jahrelanger Betreuung niemals auf dieses Problem gestoßen ist. Trotz der räumlichen Trennung der beiden Partner wird intensive sozialtherapeutische Arbeit mit der ganzen Familie möglich, denn die zeichnerische Analogie schlägt auch weiterhin eine Brücke zwischen Haftanstalt und Wohnlaube.

Drittes Beispiel:

Eine Sozialtherapeutin hat mehrere Wochen mit der Mutter eines gestörten Jungen zusammengearbeitet. Der Junge selbst schien mit Hilfe verbaler Möglichkeiten nicht an sprechbar. So konzentrierte sich die Arbeit zunächst auf die Mutter. Eines Tages stellte die Sozialtherapeutin betroffen fest, daß sie sich im Hinblick auf die Störungen des Jungen immer mehr in diagnostischen Überlegungen verliert. Sie erklärt darum Mutter und Sohn, daß sie in Zukunft anders als bisher arbeiten wollen.

Sie wendet sich dem Jungen zu, sie sagt ihm, daß sie ihn verstehen möchte, und bittet ihn, dabei zu helfen. Sie fordert ihn auf, ihr deutlich zu machen, was er fühlt, was er erlebt, kurz, was «in ihm ist und herauswill», wenn er seine Wutanfälle bekommt. Der Junge zögert einen Augenblick, dann sagt er: «Das kann man nur malen.» – Innerhalb von dreißig Minuten entsteht eine sehr differenzierte Zeichnung des Jungen von seiner intrapersonalen Situation. Störungspotentiale werden erstmalig, sowohl für den Jungen wie auch für die Sozialtherapeutin, einsichtig. Die Zeichnung bietet sich als wertvolle Grundlage für weitere therapeutische Arbeit an.

Sie haben an den Beispielen erkannt, wie wir mit der Grenze umgehen. In keinem der Beispiele sind die Möglichkeiten, mit dem verbalen Spiegel zu arbeiten, ausgeschöpft. In jedem Beispiel liegt jedoch die größere Effektivität für die Dynamik der therapeutischen Prozesse in anderen Interventionen. Es ist kein Zufall, daß ich hier auf solche Beispiele zurückgegriffen habe, in denen der verbale Spiegel von der zeichnerischen Analogie abgelöst wird. Im nächsten Kapitel werden Sie lernen, mit derartigen Analogien selbst umzugehen.

3.4 Der verbale Spiegel in der non-direktiven Therapie und der Gesprächspsychotherapie

Es gibt zwei Richtungen einer Therapie, in denen der verbale Spiegel als Hauptintervention im gesamten therapeutischen Prozeß eingesetzt wird.

Carl R. Rogers begründete um 1940 die non-direktive Therapie. Therapeutisches Handeln beschreibt er in den Therapeutenvariablen 1. anerkennende Wertschätzung; 2. Verstehen und Mitteilen des Verstehens; 3. Echtheit im Empfinden und Verhalten des Therapeuten selbst.

Durch seine ersten Veröffentlichungen im angloamerikanischen Sprachbereich habe ich 1956 sein Konzept kennengelernt. Bald danach habe ich non-direktive Gesprächsführung in der Ausbildung von Sozialarbeitern und in der eigenen therapeutischen Arbeit eingesetzt. Ich habe außerordentlich positive Erfahrungen damit gemacht.

Seit Jahren liegen Übersetzungen der Werke Rogers' auch in der BRD vor. Ich führe einige im Literaturverzeichnis an und verzichte hier auf weitere Ausführungen.

Im deutschen Sprachbereich hat Reinhard Tausch das non-direktive Konzept Rogers' als «Gesprächspsychotherapie» (GT) in den therapeutischen Bereich eingeführt. Außerdem hat er weitergehende Untersuchungen zu dieser Therapie durchgeführt und dargestellt (vgl. Tausch/Tausch 1979).

Teilnehmer an Trainingsseminaren, die bereits eine Ausbildung nach Tausch absolviert haben, erleben einen deutlichen Unterschied zwischen den dort durchgeführten Übungen und unseren Übungen. Im Gegensatz zum KIM wird in der GT der Form des Verbalisierens ein sehr hoher Wert beigemessen. Verbalisieren wird darum in vielen Variationen, nach Übungstexten wie auch im Rollenspiel, geübt, korrigiert und systematisiert.

Der von Rogers entwickelten klientenzentrierten Methode verdankt das KIM wesentliche Anregungen. Dem interessierten Leser sei besonders die Lektüre von Rogers 1972, 1976 und 1977 empfohlen.

ꝏ *4 Übung für zwei Personen*

ꝏ 4.1 Einführung in die Übung

In der letzten Übung haben Sie das Externalisieren von Lage mit Hilfe des verbalen Spiegels geübt. Sie haben dabei positive Erfahrungen sowohl als Klient wie auch als Therapeut gemacht. Im letzten Abschnitt haben Sie anhand von Beispielen erkannt, daß es neben dem verbalen Spiegel andere Interventionen gibt, die im therapeutischen Prozeß eingesetzt werden können. Eine dieser Möglichkeiten ist die zeichnerische Analogie.

Im folgenden werden Sie üben, als Klient und als Therapeut mit der zeichnerischen Analogie umzugehen. Als Klient werden Sie unmittelbar erfahren, welche Fähigkeiten Sie entwikkeln können, Ihre Lage analog darzustellen. Sie werden dabei erleben, was die Konfrontation mit einem von Ihnen selbst gestalteten Abbild Ihrer Lage in Ihnen bewirkt. Darüber hinaus können Sie feststellen, welche weiteren Funktionen zeichnerische Analogien im therapeutischen Prozeß auslösen.

Als Therapeut werden Sie die Angst verlieren, mit diesem zunächst noch ungewohnten Medium zu arbeiten. Sie werden die Chance wahrnehmen, mit dem Klienten zusammen eine Form zu finden und zu gestalten, die Sie beide in gleicher Weise zur Einsicht in die Lage und zur Veränderung von Lage gebrauchen können. Sie können dem Klienten die Initiative im therapeutischen Prozeß überlassen und neue Erfahrungen mit seinen Fähigkeiten machen. Sie werden bewußter als bisher Ihre eigene Betroffenheit als Therapeut durch die Lage des Klienten erleben.

Dabei wird Ihnen der Begriff der Funktion so deutlich, daß Sie ihn anschließend theoretisch erfassen können. Dieser

Lernprozeß wird es Ihnen möglich machen, sich von vorgegebenen Interventionsmustern zu lösen bzw. sie neu zu gestalten.

⚘ 4.2 Anweisung zur Durchführung

Suchen Sie sich zunächst eine Person, mit der Sie im folgenden als Klient (B) und als Therapeut (A) zusammenarbeiten wollen.

Zunächst arbeiten Sie etwa dreißig Minuten allein. Sie wählen wiederum ein Problem aus Ihrer eigenen intrapersonalen Lage aus, das Sie als Klient in die Übung einbringen wollen.

Sie können auch an Ihrem Problem aus der Übung mit dem verbalen Spiegel weiterarbeiten, soweit es noch nicht gelöst ist bzw. sich neue Aspekte ergeben haben.

Danach überlegen Sie, wie Sie Ihr Problem möglichst umfassend und genau Ihrem Therapeuten in Worten darstellen können. – Nach kurzer Pause treffen Sie sich mit Ihrem Übungspartner. Jeder von Ihnen ist einmal Therapeut und einmal Klient. Vergessen Sie nicht, das Tonbandgerät anzustellen. Sie gebrauchen es während der ganzen Übung.

In der zweiten Arbeitseinheit schildern Sie als Klient so deutlich wie möglich Ihr Problem. Der Therapeut verzichtet darauf, durch Exploration oder Konfrontation das Gespräch weiterzuführen. Er hilft Ihnen lediglich dabei, Ihre Lage moglichst klar zu verbalisieren.

Danach nehmen Sie ein Blatt Papier und beginnen, das, was Sie verbal ausgedrückt haben, aufzuzeichnen. Auch bei dieser Arbeit verhält sich der Therapeut äußerst zurückhaltend. Er verzichtet auf Vorschläge, er kommuniziert nicht seine «Aha-Erlebnisse», er macht nicht auf Lücken aufmerksam und drängt nicht auf Vervollständigung des Bildes. Vor allem aber enthält er sich jeder Interpretation. Sie können als Klient an Ihrem Bild so lange arbeiten, wie Sie wollen. Sie können es verändern, Sie können völlig neu anfangen oder auch eine ganze Bildserie schaffen.

Bei dieser Anweisung werden bei Seminarteilnehmern und vielleicht auch bei Ihnen häufig Zweifel, Unlustgefühle und hier und da auch Ängste deutlich. Als einer der häufigsten Einwände kommt: «Ich kann nicht malen – ich habe es noch nie gekonnt.» Aus diesem Grunde gebe ich ein paar weitere Hilfen.

Ihre Zeichnungen können völlig verschieden gestaltet werden. Der Primitivität sind keine Grenzen gesetzt. Am leichtesten ist es im allgemeinen, Sie stellen eine Skizze her, auf der Sie das Abbild lediglich in einigen Kreisen und Linien festhalten. Und wenn Ihnen zunächst gar nichts einfallen sollte, so setzen Sie einen Kreis auf das Papier (er braucht nicht einmal rund und schön zu sein) und sagen dazu: «Das bin ich.»

Auch dem Leser möchte ich an dieser Stelle dringend empfehlen, diese Übung zunächst mit sich selbst, eventuell sogar allein ohne einen Partner durchzuführen. Sie funktioniert und ist ungefährlich. Nur wenn Sie an sich selbst erfahren haben, welche Dynamik durch die Konfrontation mit einer zeichnerischen Analogie in Ihrer Lage ausgelöst wird, können Sie die Auswertung verstehen, die weiteren Lernschritte mitvollziehen und danach erste Erfahrungen mit Ihren Klienten wagen. Auch Ihnen möchte ich, wie den Seminarteilnehmern, zureden: Haben Sie Mut, holen Sie sich Papier und Bleistift, und fangen Sie an!

Nach der Übung gönnen sie sich eine längere Pause. Aller Voraussicht nach machen Sie in dieser Übung Erfahrungen, die Sie nicht durch neue Eindrücke in der nächsten Arbeitseinheit überdecken oder gar löschen sollen. Nehmen Sie Ihr Tonband und hören Sie es am Abend noch einmal an. Betrachten Sie Ihre Zeichnung und korrigieren Sie sie, falls Sie das Bedürfnis haben. Legen Sie Ihre Zeichnung sichtbar hin und rechnen Sie in den nächsten Tagen mit weiteren Veränderungen und neuen Einfällen.

⚮ 4.3 Erfahrungsberichte im Plenum

Eine überraschende Erfahrung ist es immer wieder für alle, Trainer und Teilnehmer, Therapeuten und Klienten, daß die Arbeit mit der zeichnerischen Analogie ohne viel Aufwand funktioniert, daß sie umfassend Lage externalisiert, zur Weiterarbeit motiviert, die therapeutischen Prozesse intensiviert, kurz gesagt, daß sie so befriedigend ist. Doch hören Sie dazu anhand von Tonbandbeispielen Teilnehmer selbst (sicher werden Sie auch eigene Erfahrungen wiederfinden).

Die Arbeit mit der zeichnerischen Analogie hat funktioniert:
«Ich habe zunächst gedacht: Das ist doch primitiv. Ich kann doch sprechen. Was soll die Zeichnung Neues bringen? ... Ich kann sowieso nicht zeichnen! ... Mein Problem kann man zeichnerisch nicht darstellen!»
«Ich war dann überrascht, wie das ging ... wie sich das Bild entwickelte, fast von selbst ... was so ein paar Striche alles aussagen ... wie gut mich der Therapeut verstand ... wie gut ich den Klienten verstehen konnte ...daß das Bild ganz anders war als die verbale Darstellung.»

Die zeichnerische Analogie hat Lage umfassend externalisiert:
«Ich habe meine Lage viel klarer als vorher erkannt, da war viel mehr als in meinen Erzählungen.» – «Das Bild war viel abgerundeter.» – «Ich hatte plötzlich eine ganz andere Distanz.» – «Ich sah, daß da noch eine Lücke war.» – «Ich war überrascht, daß mein eigentliches Problem ganz woanders liegt.» – «Ich habe Zusammenhänge aufgezeichnet, die mir vorher gar nicht so bewußt waren.» – «Ich habe den Klien-

ten viel besser verstanden als vorher.» – «Da war zwischen uns [Klient und Therapeut] eine viel größere Nähe.» – «Da hatten wir endlich etwas Handfestes, daran konnte man sich halten, das ließ sich nicht so leicht vom Tisch fegen.»

Die zeichnerische Analogie hat zur Weiterarbeit motiviert: «Als ich erst mal angefangen hatte, machte es richtig Spaß.» – «Ich war selbst gespannt, wie das weitergeht.» – «Am liebsten hätte ich gleich nach Lösungen gesucht.» – «Ich muß das mal mit meinem Freund zusammen machen.» – «Irgendwie läßt das einen nicht wieder los.» – «Ich hänge mir das im Zimmer auf.» – «Ich habe Mut bekommen, weil ich sehe, daß sich mein Problem ändern läßt.»

Die zeichnerische Analogie hat Prozesse intensiviert: «Ich sah da einen Zusammenhang mit anderen Personen.» – «Plötzlich war da noch ein Stück Vergangenheit im Bild.» – «Ich hatte das Bedürfnis, mein Wunschbild daneben zu setzen.» – «Mir wurde ein ineffektives Potential so richtig deutlich.» – «Beim Zeichnen ging es immer mehr in die Tiefe.» – «Ich bin zuletzt auf mein Hauptproblem gestoßen, das wollte ich eigentlich gar nicht.» – «Ich habe hinter allem ein neues, größeres Problem entdeckt.» – «Die Zeichnung hat sich fortlaufend verändert.» – «Ich habe sofort angefangen, Lösungen zu suchen.» – «Ich habe einen ganz anderen Weg zur Lösung gesehen als bisher.» – «Bei mir ist das ganze Problem in Bewegung gekommen, einerseits bin ich froh darüber, andererseits ...» – «Ich denke immer noch über das Ganze nach.»

Auch nach dieser Übung haben die Teilnehmer Fragen: «Ich weiß nicht, ob ich meine Klienten dazu bringen kann, etwas aufzumalen ... die sind von mir etwas anderes gewöhnt ... die denken, ich nehme sie nicht ernst ... dazu sind sie zu intelligent!» – «Meine Klienten würden gar nicht

begreifen, was ich meine.» – «Wie soll jemand seine Lage aufmalen, wenn er gar nicht weiß, wie sie ist?» – «Wie erkenne ich, ob die zeichnerische Analogie echt ist oder ob der Klient mir etwas vormacht?»
«Und was soll ich machen, wenn der Klient sein Bild gemalt hat ... wenn die Lage aussichtslos aussieht ... wenn der Klient keinen Ausweg sieht ... wenn der Klient in Depressionen fällt?» – «Ich habe Angst, daß ich da nicht weiter weiß!»

4 Theorie zur zeichnerischen Analogie

4.1 Zwei Beispiele von zeichnerischen Analogien

Die beiden folgenden Analogien berühren existentielle Fragen der Klienten. In beiden Fällen führte das Externalisieren mit Hilfe der zeichnerischen Analogie zu neuen Einsichten und entsprechenden ersten Lernschritten. Formal sind die Bilder völlig verschieden.

Die erste Analogie entstand während eines Trainingsseminars. Die «Klientin» ist eine Sozialarbeiterin, die in der Gruppe beliebt ist. Sie fällt durch gutes Aussehen, lebhaftes Temperament, vielseitiges Interesse und intelligente Mitarbeit auf. Sie zeigt die Fähigkeit, wesentliche Fragen zu stellen und brauchbare Lösungen zu entwerfen. Hier und da verletzt sie andere in ihrer Spontaneität. In Übungen ist sie eine gesuchte Partnerin. Um so überraschter ist ihr «Therapeut», als in der vierten Übung beim Externalisieren folgendes Bild ihrer Lage entsteht.

Leider kann hier die Entstehung des Bildes nicht gleichzeitig mit den dazugehörigen Erklärungen wiedergegeben werden. Betrachten Sie darum zunächst die Analogie.

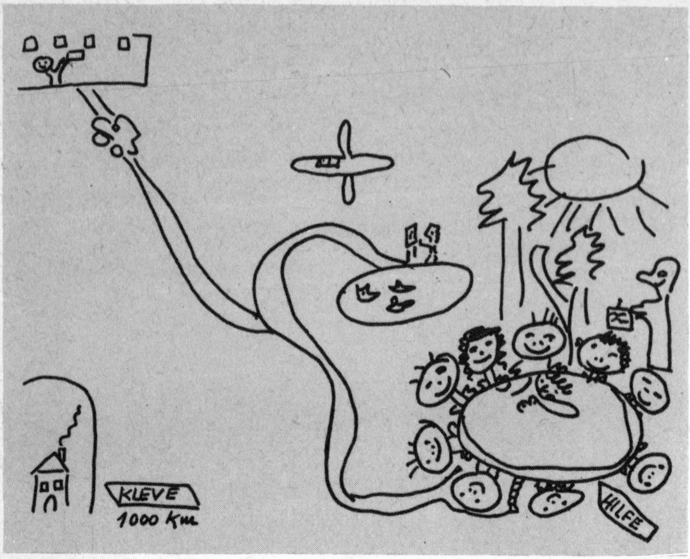

Jetzt bitte ich Sie, zu Übungszwecken etwas zu tun, was Sie in der sozialtherapeutischen Realität unter allen Umständen vermeiden sollen: Halten Sie fest, wie das Bild in Ihrer Lage ankommt. – Sie dürfen das Bild beschreiben, seinen Inhalt deuten, seine Aussagen interpretieren und auch Ihre subjektiven Gefühle beim Ansehen äußern! Danach machen Sie eine kurze Pause und lesen die Erklärungen der Klientin.

Die Klientin bezeichnet den Kreis als «eine Art Sprungtuch». In der Mitte befindet sich ein kleines «embryonales Wesen». Es will wachsen und die Welt kennenlernen. Dieses schutzlose Wesen ist die Klientin selbst. Rings um das Sprungtuch stehen «Menschenfresser», die gierig darauf warten, daß das kleine Wesen ausschlüpft. Sie wollen es fressen. In der linken unteren Ecke steht das Elternhaus der Klientin. Es ist «unendlich weit entfernt», so weit, daß kein Weg mehr dorthin zurückführt. In die obere Hälfte setzt die Klientin ihr jetziges Zuhause. – Die Klientin konzentriert ihre Aufmerksamkeit auf das kleine Wesen. Sie ist erschüttert, wie schutzlos es der Macht und Gier seiner Umwelt ausgeliefert ist. Dabei erinnert sie sich an Traumszenen, die diesem Gefühl entsprechen.

Vielleicht geht es Ihnen jetzt wie seinerzeit dem Therapeuten: Sie sind überrascht, denn Sie haben einen völlig anderen Eindruck von der Analogie.

Der Therapeut sieht «lauter Mainzelmänner», die sich über das kleine Wesen in der Mitte freuen. Er sieht lachende Gesichter, eine strahlende Sonne, einen freundlichen Wald, ein Auto, ein Flugzeug und Wege, die in verschiedene Richtungen führen. Kurz, eine Welt, in der es sich gut leben läßt. Die große Diskrepanz zwischen den Erklärungen der Klientin und seinem eigenen Eindruck beim Betrachten der Analogie ist für ihn so überraschend, daß er seine Funktion als Therapeut vergißt und naiv reagiert: «Aber die sind doch nicht böse, die sind doch alle mächtig lieb und vergnügt!» Und damit beginnt ein Streitgespräch. Die Klientin sitzt schließlich grübelnd vor ihrer Analogie. Bei distanzierter Betrachtung erkennt sie, daß die Männer lachen. Gleichzeitig erlebt sie jedoch ihre ängstlichen Gefühle. Sie fragt sich, wie diese Diskrepanz zwischen analoger und verbaler Darstellung ihrer Lage zustande kommt. Während sie auf das Bild schaut, fällt ihr ihre Kindheit ein. Schon damals war sie sich ihrer körperlichen Vorzüge und ihrer geistigen Fähigkeiten bewußt. Sie hatte Freude am Leben und am Kontakt zu anderen Menschen. Ihre Mutter litt häufig unter Depressionen. Die Klientin entwickelte Schuldgefühle, weil es ihr selbst so gut ging, während ihre

Mutter leiden mußte. Aus diesem Grund faßte sie eines Tages den Entschluß, sich niemals im Leben glücklicher zu fühlen als ihre Mutter. Diese Entscheidung hat sie bisher noch niemals bewußt in Frage gestellt.
Bei dieser Erinnerung verändert sich für die Klientin der Ausdrucksgehalt ihrer Analogie. Sie beginnt, das Bild zu verstehen, und kann es ohne ablehnende Gefühle betrachten. Sie beschließt, es an die Wand zu hängen, um sich so weiter mit ihrem Problem auseinanderzusetzen.

Das zweite Beispiel kommt aus einer völlig anderen Situation. Eine Sozialarbeiterin hat nach dem ersten Seminar unter Supervision begonnen, sozialtherapeutisch mit der zeichnerischen Analogie zu arbeiten.

Als die Sozialarbeiterin Frau K. kennenlernte, hatten diese und ihr Mann zu ihren beiden sechs- und zehnjährigen Mädchen einen sechzehn Monate alten Jungen, Sascha, in Dauerpflege übernommen.
Frau K's leiblicher Sohn Stefan war 1¼ Jahr zuvor bei einer gemeinsamen Autotour plötzlich verstorben. Er war damals vier Monate alt. Erst vor der Haustür, als Frau K. das, wie sie meinte, schlafende Kind aus dem Wagen nahm, merkte sie, daß es tot war.
Die Kripo beschlagnahmte den Leichnam. Dadurch verstärkte sich bei Frau K. das Gefühl, irgend etwas falsch gemacht zu haben. Die genaue Todesursache blieb jedoch ungeklärt.
Da Frau K. bei Stefans Geburt aus medizinischen Gründen sterilisiert wurde, versprach sie sich durch die Aufnahme eines fremden Kindes ein schnelleres Vergessen und einen «Ersatz für ihren Verlust». – Mit Saschas Aufnahme in die Familie trat jedoch keine Normalisierung des Familienlebens ein.

Die Sozialarbeiterin entschließt sich, mit der Pflegemutter nach dem KIM zu arbeiten. Frau K. fühlt sich von ihrem Mann innerlich allein gelassen. Traurig schildert sie noch einmal ihre Erlebnisse während der Schwangerschaft, der Geburt Stefans und bei seinem Tod. (Das Sprechen über dieses Thema ist für Frau K. nicht neu, sie hatte nach dem Tod des Kindes mit einer Psychologin Gespräche geführt.) Dic Sozialarbeiterin beobachtet, daß Frau K. beim Sprechen zunehmend trauriger und gereizter wird. Deshalb fragt sie:

Sozialarbeiterin: «Wie empfinden Sie das Sprechen darüber, Frau K.?»

Klientin: «Ach, ich empfinde das an sich als wohltuend, und wenn mir danach ist, spreche ich auch mit irgendeinem darüber.» Frau K.'s Stimme schwankt, sie weint fast.

SA: «Aber ich sehe jetzt auch, daß Sie traurig sind.»

KL: «Hm ... ich beschäftige mich oft damit, bloß, das dreht sich im Kreis, weil ich ja nicht weiterkomme.» Dabei lacht sie ein wenig, es klingt hoffnungslos.

SA: «Wenn Sie mal versuchen, Ihre Gefühle, Ihre Situation, Ihre Stellung dazu aufzumalen.»

Kleine Pause. Papier und Stifte werden auf den Tisch gelegt.

KL: «Ja, das ist eigentlich ganz einfach.» Sie lacht.

SA: «Ja?»

KL: «Ein Mensch im Käfig. Eigentlich ein Mensch ohne Ausweg.»

Frau K. malt die folgende Analogie, die sie im Verlauf des Gespräches vervollständigt. (s. S. 104)

SA: «Der Mensch in der Mitte, wer ist das?»

KL, ernst: «Ich.»

SA: «Ja, und der Käfig besteht woraus?»

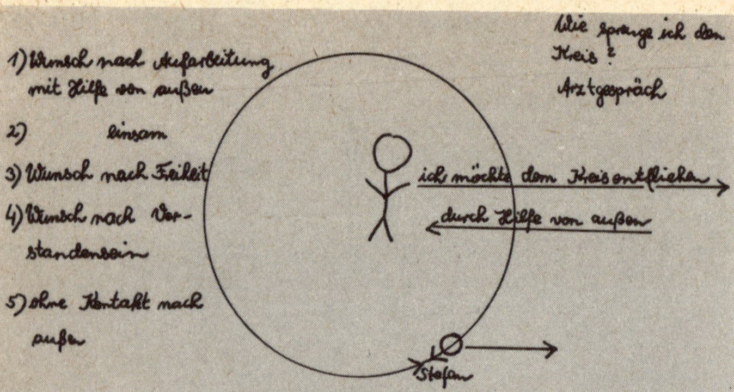

KL: «Ja, das sind meine Gedanken und Gefühle, die kreisen; ohne Ziel, ohne Öffnung nach draußen.»

Kurze Pause.

SA: «Ja – wie hätten Sie es gerne, Frau K.?»

KL: «Raus und abgeschlossen.»

SA: «Wie fühlt sich der Mensch im Kreis?»

KL: «Ja, verlassen. – Er möchte raus, er möchte sich befreien. – (Kurze Pause) – Verarbeiten, und vielleicht auch Einfluß von außen zur Klärung.»

SA: «Hm, also haben Sie jetzt zwei Möglichkeiten genannt. Einmal, der Mensch kommt aus dem Käfig raus, oder es kommt jemand von draußen rein.»

KL, überlegend: «Hm, ja.»

SA: «Wenn jemand von außen reinkommt, was würde dann sein?»

KL: «Dann würde der Käfig zersprengt, dann würde das offen, frei werden und damit Freiheit bedeuten.»

SA: «Der Mensch in der Mitte, allein im Käfig, fühlt sich verlassen. Ist da vielleicht noch mehr?»

Pause.

KL: «Na, eigentlich, verraten und verkauft in dem Bereich.»
SA: «Wenn Sie mal die Gefühle des Menschen aufschreiben ...»
KL: «Hm, die der hat, der da drin sitzt?»
Während des Schreibens sagt Frau K. nichts, anschließend läßt sie die Sozialarbeiterin das Geschriebene laut vorlesen.

SA liest vor: «Einsam, ohne Kontakt nach außen, Wunsch nach Verstandensein, Wunsch nach Freiheit, Aufarbeitung mit Hilfe von außen, dem Kreis entfliehen.»
Die Sozialarbeiterin macht eine Pause und sagt dann: «Wo ist Stefan, wenn Sie ihn mit aufmalen würden?»
KL malt, traurig lachend: «Halb drinnen, halb draußen.»
SA: «Wo wünschen Sie ihn hin, Frau K.?»
KL: «Der Wunsch ist ja nicht zu erfüllen.»
SA: «Es geht jetzt nicht so sehr um Sachlichkeit; wo wünschten Sie ihn hin, Frau K.?»
KL: «Ja, ich möchte ihn an sich nicht zu sehr nach draußen wünschen, weil er für mich Realität ist oder Realität war. – Und es ist ja auch nicht so, daß ich andauernd an ihn denke, oder so, nicht?»
SA: «Wir werten nicht, Frau K., also ich werte nicht.»
KL: «Ja ja, dann würde ich schon doch sagen, dann müßte er zwangsläufig nach draußen, sonst würde dieser Kreis nicht durchbrochen werden.»
SA: «Haben Sie das jetzt widerwillig gesagt oder ist das wirklich ein Wunsch von Ihnen?»
KL, mit Nachdruck: «Nee, das müßte zwangsläufig so sein, sonst würde sich die Situation ja nicht ändern.»
SA: «Hm, wenn Sie das Bild betrachten, wie empfinden Sie das jetzt?»
KL, ernst: «Das finde ich gut. Das ist so eine Verdeutlichung der Situation, und das entspricht der Realität.»

SA: «Wenn Sie jetzt eine Frage daraus formulieren, um einen Anfang zu schaffen ...»

KL: «Ja, einfach: Wie schaffe ich den Ausbruch? Oder: Wie könnte der aussehen?»

Pause. Frau K. schreibt: «Wie sprenge ich den Kreis?» Dann spricht sie weiter:

«Na ja, das wäre vielleicht doch ganz sinnvoll, wenn das Gespräch zwischen mir und dem Arzt stattfinden würde.»

SA: «Ihnen ist jetzt eine Möglichkeit dazu eingefallen, das Gespräch mit dem Arzt.»

KL: «Ja.» – (Längere Pause) – «Ja, das wäre vielleicht der Anfang und das Ende. Ich könnte mir den Bericht rein von der medizinischen Seite erklären lassen, ob ich an der Sache etwas hätte ändern können. Vielleicht deutet etwas auf die Ursache hin.»

Ende des Tonbandprotokolls. Erläuternd muß hinzugefügt werden: Frau K. besaß seit 1½ Jahren einen Obduktionsbericht über Stefan, den sie, seitdem sie ihn hatte, mit ihrem Hausarzt besprechen wollte. Sie hatte sich aber bisher dazu nicht durchringen können. Statt dessen sammelte sie Zeitungsausschnitte mit Berichten über gestorbene Kinder, um mehr über die mögliche Todesursache ihres Sohnes zu erfahren.

Vier Tage nach dem oben wiedergegebenen Gespräch kommt Frau K. zur Sozialarbeiterin und berichtet, daß sie in der Zwischenzeit mit dem Arzt gesprochen hat. Jetzt ist sich Frau K. sicher, daß sie für Stefan alles getan hat, was sie tun konnte. Sie äußert unter anderem: «Ich habe Gedanken an meine Schuld aufgegeben ... und Stefan ganz aufgegeben.»

Anschließend malt sie sich selbst außerhalb des Käfigs «erleichtert und glücklich» und Stefan im geschlossenen Kreis.

In der darauffolgenden Woche verschenkt Frau K. Stefans Kinderwagen, stellt das Fotoalbum ihres Sohnes fertig und packt seine Babywäsche weit weg. Nach etwa zwei Monaten spricht die Pflegemutter Sascha nicht mehr, wie vorher, aus Versehen mit «Stefan» an; sie akzeptiert jetzt das Pflegekind. Ein halbes Jahr später beginnen Herr und Frau K. mit einer Ehetherapie.

4.2 Die Bedeutung der zeichnerischen Analogie im therapeutischen Prozeß

Die zeichnerische Analogie kann im therapeutischen Prozeß verschiedene Aufgaben übernehmen. In diesem Abschnitt werden wir sie unter dem Aspekt des Externalisierens betrachten.

Die Analogie entspricht als Kommunikationsmittel einem ursprünglichen Bedürfnis und einer frühentwickelten Fähigkeit des Menschen. Ich denke dabei sowohl an die Menschheitsgeschichte wie auch an die Entwicklung des Individuums.

Anthropologische Forschung hat gezeigt, wie sich aus der analogen Verständigung der Menschen miteinander die digitale Kommunikation entwickelte (d. h. eine Kommunikation, die ein Zeichen für eine Aussage setzt, das nicht mit dem Inhalt der Aussage identisch sein muß). Der Übergang von der analogen zur digitalen Kommunikation ist für die Entwicklung des Menschen zweckmäßig, weil diese den Informationsfluß konzentriert, kanalisiert und normiert, d. h. ihn unter allgemeingültige Bedingungen stellt.

Diese allgemeine Entwicklung spiegelt sich in der Entwicklung des Individuums wider. Wir wissen, daß ein Kind zunächst Welt in ganzheitlichen Bildern begreift. Wir erleben täglich, wie sich der Eindruck dieser Bilder analog in der Aussage von Kindern widerspiegelt. (Lange bevor ein Kind weiß, was ein Hund ist, drückt es diese Erscheinung seiner Umwelt spontan mit «wau, wau» aus.)

Zunächst wird das Kind für seine Fähigkeiten zur analogen Kommunikation durch Reaktionen seiner Umwelt belohnt, doch dann wird seine Spontaneität abgelöst von einer Kommunikation, die in der jeweiligen Gesellschaft nach allgemeiner Übereinkunft funktioniert.

Das Kind lernt, mit Hilfe der Sprache digital zu kommunizieren.

Kinder haben durch verschiedene Umweltbedingungen in diesem zweiten Lernprozeß außerordentlich unterschiedliche Chancen. Während die einen durch Vorbild und Belohnung eine kontinuierliche Weiterentwicklung ihrer kommunikativen Fähigkeiten erfahren, werden andere zunehmend im Lernprozeß allein gelassen. Bei ihnen entsteht ein Defizit im gesamten Kommunikationsverhalten. Für dieses Defizit werden die Benachteiligten zusätzlich «bestraft»; da sie eigene Lage nur bruchstückhaft kommunizieren und andere Personen nur unvollkommen verstehen, fehlen wesentliche Voraussetzungen zu intelligentem Verhalten. So entsteht eine «geistige Unterschicht».

Diese gestörten Interaktionen haben ihre Entsprechung in der intrapersonalen Lage der Beteiligten. Einer Person, deren Lage nicht mehr angesprochen wird und die ihre Lage nicht aussprechen kann, fehlen wesentliche Impulse zur Entwicklung des logischen Denkens, der Differenzierung von Gefühlen und des einsichtigen Handelns. Mit ihren Reaktionen setzt die Gesellschaft diese Personen ständig neuen Frustrationen aus, denen sich die Betroffenen schließlich zu entziehen suchen. Es entstehen Subkulturen mit einer Fülle von Symptomen, die dem gebundenen Potential seiner einzelnen Mitglieder entsprechen.

Die Verantwortlichkeit der Gesellschaft für eine solche Entwicklung steht außer Frage. Sie wird heute von vielen festgestellt. In diesem Buch können wir unseren Teil zur Verbesserung beitragen, indem wir aus dem therapeutischen Bereich praktikable Möglichkeiten zur Veränderung anbieten.

Die konventionellen Therapien setzen digitale Fähigkeiten bei ihren Patienten voraus. Damit wird bisher die soziale Unterschicht als «ungeeignet» von diesen Therapien ausgeschlossen. Dieses Muster wollen wir durchbrechen. Es muß uns gelingen, therapeutische Funktionen in einer Form zu verwirklichen, die jeweils der entwicklungsbedingten Lage des Klienten entspricht, d. h. alle, auch gesellschaftlich benachteiligte Klienten, zu erreichen. Da diese Klienten mit hohen ineffektiven Potentialen in intra- und interpersonaler Lage belastet sind, können hier therapeutische Prozesse besonders dynamisch und effektiv verlaufen.

Der Ablauf der Funktionen ist in jedem therapeutischen Prozeß der gleiche. Therapie beginnt mit dem Externalisieren von Lage. Hier hat die Analogie bei allen Klienten die gleiche und vielleicht auch größte Chance. Im folgenden wollen wir ihre besonderen Möglichkeiten zusammentragen:

Das erste Kreuz, der erste Kreis, die erste Linie auf dem Papier ist ein Fixum, auf das sich der Klient konzentrieren kann. Mit diesem ersten Zeichen rückt der Klient sich selbst in den Mittelpunkt des Geschehens.

Vielen Klienten fällt es zunächst schwer, einen Anfang zu finden, von dem aus sie sich in ihre Lage hineindenken können. Sie beginnen häufig, sich selbst in ihrer Lage zu entdecken, indem sie sagen: Das bin ich! und dazu ein Zeichen setzen.

Der Klient ist interessiert daran, auf dem Papier ein zweites Zeichen zu setzen, das etwas über Verhältnisse in seiner Lage aussagt. Aus der Konstellation dieser einfachen Darstellung können sich bereits sehr verschiedene Aussagen ergeben. Verschiedene Größenordnungen, unterschiedliche Formen, die Plazierung auf dem Blatt sowie der Abstand der Zeichen voneinander machen unmittelbar die Befindlichkeit des einzelnen und seine Beziehung zu anderen einsichtig.

Klienten haben diese Verhältnisse häufig nicht durchdacht. Beim Zeichnen ergeben sich Zusammenhänge, die ihnen bisher nicht bewußt waren. Nun sind sie erstaunt, daß sie sich so klein, so groß, so leer, so eckig, so allein, so unterdrückt, so an den Rand gedrängt fühlen. Sie beginnen über die eigene Person nachzudenken.

Das Papier hält jede «Aussage» fest. Der Klient kann den Zusammenhang erkennen zwischen dem, was er am Anfang einer Arbeitseinheit äußerte und dem, was er im weiteren Fortgang entwickelt hat. Auf dem Papier ist alles gegenwärtig, überschaubar und damit handhabbar.

Der Klient hat häufig nicht gelernt, einem Gespräch so zu folgen, daß ihm sein Inhalt als Ganzes bewußt wird. Er verliert sich darum in Auseinandersetzungen mit einzelnen Sachverhalten und Aussagen. Die Analogie gibt ihm die Möglichkeit, seine Situation zu übersehen.

In der zeichnerischen Analogie werden «Lücken» unmittelbar einsichtig.

Ohne analysierende Denkprozesse erkennt der Klient seine «blinden Flecke» und ist zu Ergänzungen motiviert.

Der Klient erkennt im Überblick zunehmend Krisenherde. Im Gesamtzusammenhang seiner Lage sieht er, wie sich diese ineffektiven Potentiale zwangsläufig ergeben. Er erlebt dadurch zunächst eine Entlastung von Schuldgefühlen. Widerstände werden abgebaut.

Klienten reagieren «verschlossen», «uneinsichtig», «depressiv» oder «aggressiv», solange sie von diffusen Schuldgefühlen belastet sind. Sie fürchten dann, den Normen nicht zu entsprechen und verurteilt zu werden. Die Analogie versachlicht diese diffuse Gefühlslage.

Der Klient erkennt in der zeichnerischen Analogie, wie er von anderen Personen beeinflußt wird und wie er selbst durch sein Verhalten andere stört. Damit wird ihm der funktionale Zusammenhang zwischen seinem Leben und dem Leben anderer deutlich. Er durchschaut den Circulus vitiosus.

Klienten neigen dazu, im Sinne einer vordergründigen Kausalität zu denken. Sie begründen ihre Misere häufig mit dem Verhalten anderer. Der Anspruch auf Veränderung wird dann stets bei anderen Personen gesetzt. Die Einsicht, selbst eine bedeutsame Größe in einem vermaschten System zu sein, verändert ihr Selbst- und Fremdbild und schafft neues Realitätsbewußtsein.

In der zeichnerischen Analogie lassen sich Vergangenheit, Gegenwart und Zukunft auf einem Blatt zusammenfassen. Ebenso wie zeitliche Distanz können auch räumliche Entfernungen in wenigen Strichen überbrückt werden.

Der Klient lernt, seine augenblickliche Situation im Zusammenhang mit seiner gesamten Entwicklung zu verstehen. Er verliert das Gefühl, daß seine augenblickliche Misere Ausdruck seines schwierigen Charakters oder seiner mangelhaften Intelligenz sein muß. Er erkennt, daß auch seine Schwierigkeiten entwicklungsbedingt, d. h. in Lernprozessen erworben sind. Er zieht unbewußte Folgerungen, daß jemand, der einmal etwas erlernt hat, auch in Zukunft lernfähig ist. Der Klient wird motiviert, bewußt Lernprozesse zu planen.

Neben oder in das Bild von der Realität kann der Klient sein Wunschbild zeichnen. Solange das Bild von seiner Realität Grundlage bleibt, wird sich der Entwurf seines Wunschbildes nicht in unrealisierbaren Träumen verlieren. Lernschritte von der Realität hin zum Wunschbild werden unmittelbar einsichtig.

Älteren Klienten fällt es oft schwer, ihr Wunschbild zu entwickeln. Hier und da sind sie durch jahrelange Frustrationen so entmutigt, daß sie nicht mehr fähig sind, Wünsche zuzulassen und zu äußern. Jugendliche Klienten dagegen neigen dazu, utopische Wunschvorstellungen zu pflegen und sich in unrealistischen Hoffnungen zu verlieren. Mit Hilfe der analogen Zeichnung können sowohl aus dem Bild von der Realität langsam Wunschvorstellungen entwickelt, als auch utopische Wunschbilder der Realität angenähert werden. Der Klient beginnt, seine Möglichkeiten und Fähigkeiten zur Veränderung einzuschätzen und einzusetzen.

Die zeichnerische Analogie nimmt Lösungsmöglichkeiten vorweg. Der Klient erkennt «offene Türen» und «neue Wege». Mit dem Stift in der Hand kann er ausprobieren, wie seine Schwierigkeiten am besten zu überwinden sind.

Der Klient hat häufig gelernt, daß er zur Bewältigung seines Lebens oder zu dessen Veränderung Menschen braucht, die kompetent sind. Die Analogie läßt in ihm das Gefühl entstehen, selbst Manager seiner Lage sein zu können.

Die zeichnerische Analogie wird im therapeutischen Interaktionsfeld zum Medium, das zwischen dem Therapeuten und dem Klienten den Kommunikationskreis schließt. Therapeut und Klient kommunizieren mit dem gleichen Mittel. Sie arbeiten unter gleichen Bedingungen und mit ähnlichen Voraussetzungen. So entsteht Partnerschaft. Zunehmend rückt dabei die Analogie in den Machtbereich des Klienten, und der Therapeut beginnt, der sich verselbständigenden Entwicklung seines Klienten zu folgen.

🕮 4.3 Variationsmöglichkeiten im Umgang mit der zeichnerischen Analogie

In der zweiten und dritten Übung haben Sie mit dem verbalen Spiegel gearbeitet und anschließend (vgl. 🕮 3.2) über seine Variationsmöglichkeiten sowohl durch Klienten als auch Therapeuten nachgedacht. Was wir dort beschrieben haben, gilt grundsätzlich auch für die zeichnerische Analogie.

Bei der Arbeit mit der zeichnerischen Analogie ergeben sich zusätzliche neue Aspekte, die wir meist erst in der Praxis näher kennenlernen. Einige wollen wir im folgenden aufgreifen.

Vielen von uns erscheint es selbstverständlich, im täglichen Leben zeichnerische Analogien zu Hilfe zu nehmen. Wenn wir z. B. einem anderen einen Weg beschreiben, wenn wir einen Verkehrsunfall darstellen, wenn wir eine Wohnungseinrichtung planen, greifen wir fast immer zu Papier und Bleistift. Einige von uns gebrauchen dieses Mittel darüber hinaus, um für sich selbst etwas «festzuhalten» oder um es sich erneut zu vergegenwärtigen. Manche «spielen», während sie zuhören oder reden, mit dem Bleistift und sind zum Schluß überrascht, wenn sich in ihren Kritzeleien, die «gedankenlos» entstanden sind, ihre Gefühle widerspiegeln. Meistens nehmen wir jedoch diese Ausdrucksform weniger ernst als unsere verbalen Äußerungen. Und obwohl uns die zeichnerische Analogie ausgezeichnete Dienste leistet, halten wir unsere eigenen Versuche für «primitiv», für «naiv» und ein wenig «lächerlich». So fällt es den meisten von uns zunächst schwer, die zeichnerische Analogie als Therapeutikum anzubieten, denn aufgrund eigener ambivalenter Gefühle werden wir in der therapeutischen Situation häufig unsicher:

Wir geben dem Klienten lange theoretische Erklärungen – er versteht uns nicht und ist irritiert.

Wir entschuldigen uns beim Klienten, daß wir ihm ein solches Angebot zumuten – der Klient wird unsicher.

Wir agieren besonders ernsthaft, in angespannter Haltung – der Klient bekommt Angst und wird gehemmt.

Wir geben eine zu knappe, dürftige Anweisung – der Klient weiß nicht, was er machen soll.

Wir bieten so zögernd Papier und Bleistift an, daß der Klient es kaum bemerkt – er schiebt beides beiseite und redet weiter.

Den unbefangenen und kompetenten Gebrauch der zeichnerischen Analogie lernen Sie, indem Sie sich deren Funktion in der therapeutischen Situation ständig vergegenwärtigen. In dem Bild soll nur die Lage des Klienten sichtbar werden. Es wird um so deutlicher, stimmiger und vollständiger, je mehr es aus der Intuition bzw. Kreativität des Klienten gestaltet wird. Die Analogie muß der Klient als sein eigenes Werk erleben. Zu diesem Ziel sollten wir ihm jede mögliche Hilfe anbieten. Hierzu einige Vorschläge:

Wir können ihn bitten, seine Situation aufzumalen, weil es uns dann leichter wird, ihn zu verstehen.

Wir können ihn bitten, zu malen, weil er selbst damit einen besseren Überblick gewinnt.

Wir können die Analogie im allgemeinen aufwerten (durch Hinweis auf ihre Bedeutung in Rechtsprechung und Wissenschaft).

Wir können die Analogie als eine Möglichkeit, die uns persönlich besonders anspricht, dem Klienten nahebringen.

Wir können ihm sagen, daß eine Analogie keine zeichnerischen Fähigkeiten voraussetzt, wie sie etwa in der Schule gefordert werden.

Wenn der Klient trotz unserer Bemühungen hilflos vor dem Papier sitzt, können wir einen ersten Punkt setzen, eine erste Linie ziehen.

Wir können den Klienten bitten, uns zu sagen, was wir für ihn malen sollen.

Wir können versuchen, während des Gespräches dessen Inhalt in einer Analogie Schritt für Schritt nachzuvollziehen.

Wir können sogar ein Bild von der Lage des Klienten, so wie wir sie verstanden haben, skizzieren und ihn fragen, ob er damit einverstanden ist. Wir können ihm dieses Bild zur Korrektur anbieten.

Letztlich ist es gleichgültig, wer den Stift führt – entscheidend ist, daß jeder Strich, jedes Zeichen dort sitzt, wo der Klient es wünscht. In den meisten Fällen wird es uns nicht gelingen, seinen Vorstellungen völlig zu entsprechen. Er wird uns darum den Stift aus der Hand nehmen, uns korrigieren oder neu beginnen.

Hierzu ein Beispiel:
Sie haben die Vorgeschichte bereits in 📖 2.2 erfahren. Eine Klientin hat sich angewöhnt, nur noch laut schreiend ihre Anliegen vorzubringen. Einem Sozialtherapeuten gelingt es, dieses Kommunikationsmuster zu durchbrechen. Die Klientin beginnt, zunächst noch sehr schnell, in normaler Lautstärke zu reden. Aus ihrem Wortschwall hebt sich ein Bild heraus, das die Klientin mehrmals gebraucht: Sie fühlt sich wie ein Hund mit einem eisernen Gliederhalsband an ihre Mutter gekettet. Der Sozialarbeiter ist sehr beunruhigt. Er malt das folgende Bild.

Die Klientin betrachtet das Bild kritisch und sagt: «So stimmt das nicht, es ist noch viel schlimmer.» Sie nimmt dem Sozialarbeiter Papier und Stift aus der Hand und malt in kurzer Zeit die folgende Bilderserie.

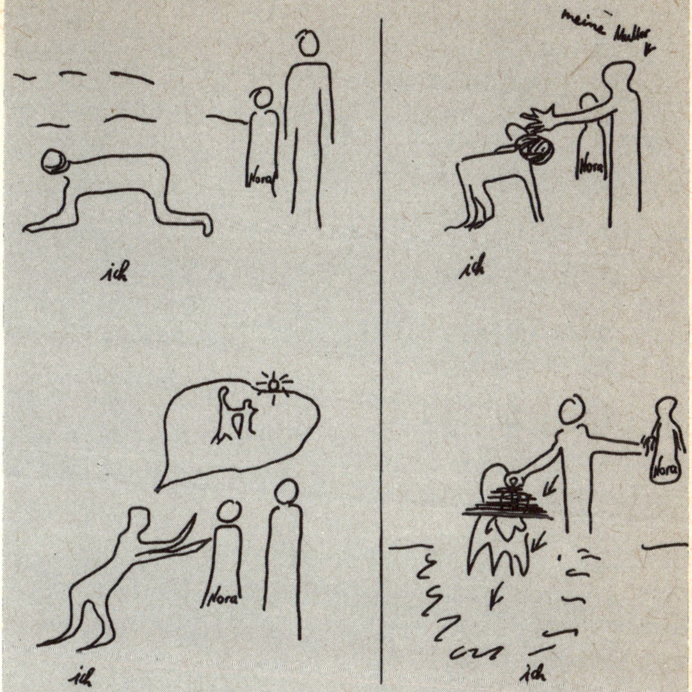

Die Klientin kommentiert:
Zu Bild 1: «Das ist meine Mutter [die große Gestalt]. Sie hält Nora [die Tochter der Klientin] fest.»
Zu Bild 2: «Ich krieche auf meine Mutter zu. Aber sie wendet sich ab. Ich bin allein.»
Zu Bild 3: «Ich hebe meine Hände empor und bitte meine Mutter, daß sie mich liebt. Sie schlägt mich auf den Kopf.»
Zu Bild 4: «Meine Mutter nimmt ihre Faust und knallt sie auf meinen Kopf. Ich gehe zu Boden. Sie nimmt mir Nora fort.»

Die Klientin erzählt dann, daß sie zu Hause oft malt, wenn sie unglücklich ist. Aus der Analogie ergibt sich anschließend ein Gespräch, in dem es die Klientin erstmalig wagt, ihre sehr aggressiven Gefühle ihrer Tochter gegenüber auszusprechen und sogar differenziert zu beschreiben. Danach konnte der Sozialarbeiter einer Kindesmißhandlung durch intensive Arbeit mit der Klientin vorbeugen.

Im letzten Beispiel wird gezeigt, wie die Klientin mehrere Bilder aneinanderreiht, um bestimmte Zusammenhänge und Prozesse deutlich zu machen. Häufig gebrauchen Klienten mehrere Blätter Papier, um die eigene Lage und die Lage ihrer Partner darzustellen.

Der Klient nimmt auch ein zweites Blatt, wenn ihm sein Wunschbild so weit entfernt oder so andersartig erscheint, daß er es nicht auf einem Blatt mit seinem Bild von der Realität vereinen kann.

Ein Jugendlicher ist nicht arbeitsfähig. Es gelingt ihm weder, regelmäßig am Arbeitsplatz zu erscheinen, noch hält er es bei einer mehrstündigen Beschäftigung aus. Mit Vorgesetzten und Arbeitskollegen kann er sich nicht arrangieren. In einem Gespräch mit seinem Schutzhelfer entsteht ein Bild seiner Lage, das von ineffektiven Potentialen bestimmt wird. Das abgebildete gestörte System scheint so geschlossen, daß sich kein Ausweg für Veränderungen abzeichnet. Der Schutzhelfer bittet den Klienten, sein Wunschbild daneben zu setzen. Das Wunschbild hat einen absolut utopischen Charakter. Es hat keinerlei Beziehung zum Bild seiner subjektiven Realität. Der Jugendliche zeichnet es darum auf ein besonderes Blatt und legt es in die äußerste Ecke des Gesprächsraumes. Er erkennt, daß er für die Entfernung Realität – Wunschbild «Zwischenstationen» schaffen muß. Mehrere Stunden bemüht er sich um eine «Übergangslösung» in der Nähe des Realitätsbildes. Zunächst vergeblich. Dann hat er eine Idee. Er weiß, daß er als nächstes einen Terminkalender und einen Wecker braucht. Nur so kann es ihm seiner Meinung nach gelingen, eine gewisse Ordnung in seinen Tageslauf zu bringen. Nachdem er sich beides gekauft hat, macht er ohne weitere Hilfe von sich aus einen nächsten Schritt. Er sucht sich eine Arbeit in einer Gärtnerei und erlebt erstmalig in seinem Leben eine befriedigende Arbeitssituation. Dann erkennt er, daß diese Arbeit genau in der Mitte zwischen seiner Ausgangssituation und seinem Wunschbild liegt. In dem Maße, wie er befriedigt ist, verblassen seine unrealistischen Vorstellungen. Schließlich sagt er zum Schutzhelfer: «Ich glaube, jeder Mensch hat einen Punkt in sich, den muß er finden. Und wenn er diesen Punkt erst mal gefunden hat, dann geht es auf einmal wie von selbst weiter.»

Manchmal schafft ein Klient eine Bildfolge, in der sich der gesamte therapeutische Ablauf widerspiegelt. In Teil 4 wird ein solcher Fall dargestellt.

Der Klient liebt es, großzügig mit Stiften umzugehen. Mit Hilfe verschiedener Farben unterscheidet er Personen, Bereiche, Zeitabschnitte, Beziehungen, Gedanken und Gefühle.

Der Klient betrachtet die Analogie selbstverständlich als sein Eigentum, das er mit nach Hause nimmt. Sie ist ihm wertvoll, solange sie seiner Lage entspricht. Die Bilder werden vom Klienten meist sehr sorgfältig aufbewahrt und nur ungern aus der Hand gegeben. Häufig werden sie an einer Stelle angebracht, wo sie gut sichtbar sind, z. B. gegenüber dem Bett oder am Küchenschrank. Ein Klient malte das Bild seiner Lage hinter Glas und hing es ans Fenster. Manchmal legt sich der Klient eine Sammlung an, weil es ihn interessiert, anhand der Bilder seine Entwicklung zu verfolgen. Nicht selten erleben wir, daß er eines Tages mit aller Bestimmtheit feststellt: «Das ist mein letztes Bild.» Mit dieser Entscheidung schließt er dann unter Umständen einen Therapieabschnitt ab.

Wenn sich die Situation eines Klienten verändert, vergißt er häufig sein Bild und erkennt es unter Umständen einige Jahre später nicht wieder.

5 Arbeitsgruppe für vier Personen

5.1 Aufgabenstellung für die Arbeit

Sie haben drei Übungen durchgeführt, in denen Sie in unterschiedlicher Weise anderen Ihre Lage dargestellt haben. Zunächst haben Sie von Ihrer Lage erzählt und erlebt, daß Ihre Partner konzentriert zuhörten und Sie zu verstehen versuchten. Als zweites haben Sie ein Problem aus Ihrer Lage einem Sozialtherapeuten mitgeteilt. Der Sozialtherapeut hat Ihre Lage in einem verbalen Spiegel aufgefangen und Sie damit zur Arbeit mit Ihrer Lage aktiviert. Als drittes haben Sie ein Bild Ihrer Lage in einer zeichnerischen Analogie geschaffen und daran den Beginn Ihres therapeutischen Prozesses erlebt. – Allen Übungen war eines gemeinsam: Sie gaben Ihnen eine immer neue Möglichkeit, Ihre Lage zu externalisieren.

Sie haben jedoch beim Externalisieren verschiedenartige Erlebnisse gehabt, und auch die Ergebnisse unterscheiden sich voneinander.

Für uns als Therapeuten ist es wichtig zu wissen, wie eine bestimmte therapeutische Intervention «funktioniert», d. h. unter anderem, welche Reiz-Reaktions-Abläufe sie in einer Person auslöst. Wir müssen es lernen, *jede* Intervention nach ihrer Funktion zu hinterfragen. Im folgenden können Sie das anhand analoger Zeichnungen üben.

Je genauer wir die Funktionen von Interventionen verstehen, desto leichter können wir entscheiden, bei welchen

Klienten, in welcher Situation, in welchem Potential wir sie gebrauchen können.

So gewinnen wir zunehmend Sicherheit im Umgang mit bekannten Interventionen und Kompetenz, neue unkonventionelle «Funktionsträger» in der Therapie einzusetzen.

5.2 Anweisung zur Durchführung

Sie können am leichtesten Funktionen erfassen, wenn Sie sich zunächst auf Ihre Eigenerfahrung konzentrieren. Versuchen Sie sich an die vorangegangenen Übungen zu erinnern. Wo wurden Sie in Ihrer Lage von Interventionen getroffen? Wie fühlten Sie sich betroffen? Welche Reaktionen erlebten Sie unmittelbar in Ihrer Lage und welche Wirkungen hatten sie weiterhin? Wie wurde Ihr Verhalten durch diese inneren Prozesse modifiziert?

Diese Überlegungen sind eine Hilfe, die Theorie der intrapersonalen Reiz-Reaktions-Abläufe (🕮 1.2) im therapeutischen Interaktionsfeld (🕮 2.2) aus dem eigenen Erleben zu verstehen.

In dieser Arbeitseinheit beschäftigen Sie sich nicht mit der Lage des Therapeuten, obwohl diese in die Definition einer therapeutischen Funktion eingeschlossen ist. Ihre Überlegungen befassen sich allein mit der Lage des Klienten.

Wenn Sie Ihre Erfahrungen aus den drei verschiedenen Übungssituationen miteinander vergleichen, werden Funktionen besonders deutlich:

1. Ich als Klient teile meine Lage einem anderen verbal mit. Der andere hilft mir beim Verbalisieren, und er vergewissert sich, daß er mich verstanden hat. – Welche Reize erlebe ich in mir und welche Reaktionen lösen sie aus?

2. Ich als Klient teile meinem Therapeuten ein Problem aus meiner Lage mit. Der Therapeut reagiert, indem er meine Lage in einem verbalen Spiegel auffängt und mich damit kon-

frontiert. – Welche Reize erlebe ich in mir, und welche Reaktionen lösen sie aus?

3. Ich als Klient zeichne ein Bild von meiner Lage und erkläre es einem Therapeuten. Der Therapeut nimmt Anteil und hilft mir, doch er überläßt mir allein Initiative und Verantwortung im Prozeß des Externalisierens. – Welche Reize erlebe ich in mir und welche Reaktionen lösen sie aus?

Nehmen Sie sich viel Zeit. Es fordert Konzentration und Geduld, Abläufen therapeutischer Funktionen auf die Spur zu kommen.

5.3 Ergebnisbericht im Plenum

Die Teilnehmer werden gebeten, die erarbeiteten Reiz-Reaktions-Situationen so kurz wie möglich darzustellen. Danach werden die Aussagen gesammelt, geordnet, ergänzt und wie folgt zusammengefaßt.

1. Der selbständige Umgang mit Papier und Bleistift setzt im Klienten Reize, die zu klar definierbaren Gefühlsreaktionen führen. So entstehen Gefühle wie: selbständig sein, frei sein, etwas wert sein, das Richtige wissen, das Rechte tun, Macht haben, erfolgreich sein. Beim Zeichnen verstärken sich diese Reaktionen zu einer bestimmten positiven Gefühlslage, die auch nach der Therapiestunde anhält. Der Klient erlebt Befriedigung.

2. Der Klient sieht das Entstehen, das Wachsen und die Veränderungen seines analogen Bildes. Dieses Erlebnis erregt in ihm positive Spannung, die zur Weiterarbeit und Vervollständigung am Bild drängt. Auch nach der Therapiestunde bleibt es für den Klienten «reizvoll», er wird zur Fortsetzung der therapeutischen Arbeit motiviert.

3. In der Zeichnung entsteht ein Bild von der Lage des Klienten. Dieses Bild trifft in einer Konfrontation seine reale La-

ge Zwischen beiden erlebt die Person räumliche und inhaltliche Distanz. Dadurch gewinnt der Klient ein neues Verhältnis zu seiner Lage. Das distanzierte Verhältnis gibt ihm Freiheit.

4. In der distanzierten Betrachtung seines Bildes fühlt sich der Klient angeregt, einen neuen Überblick zu gewinnen. Er erkennt Zusammenhänge und stößt auf Disharmonien, Widersprüche und Paradoxien im Bild seiner Lage. Diese Einsicht regt den Klienten an und mobilisiert Kräfte zur Auseinandersetzung mit dem Bild.

5. Die Einsicht in Störungspotentiale im Bild seiner Lage fordert den Klienten zum Vergleich mit seiner realen Lage auf. Findet er dabei Ähnlichkeiten und Entsprechungen, so reagiert er mit «Auseinandersetzungen» in seiner intrapersonalen Lage. Häufig distanziert sich dabei sein Wunschbild von seinem Störungspotential. So entstehen neue Diskrepanzen zwischen dem »analogen Bild», dem «Realbild» und dem «Wunschbild» des Klienten. Seine Lage wird bestimmt durch Spannungsfelder, die sich überlagern und ein hohes Potential bilden. (s. S. 124)

6. In dieser Phase gewinnt die Analogie erneut einen starken Aufforderungscharakter. Das Bild regt den Klienten an, Störungen im Zusammenhang der gesamten Lage zu betrachten. Da im Bild Vergangenheit und Gegenwart gleichzeitig festgehalten werden, werden frühere Entwicklungs- und Lernphasen unmittelbar einsichtig. Er erkennt die Ausgangssituation für seine Störung.

7. Die analoge Zeichnung stellt intra- und interpersonale Lage im Zusammenhang dar. Der Klient wird dadurch angeregt, seine Realität nicht länger isoliert aus nur einer Blickrichtung zu erklären. Er lernt, Störungen in funktionaler Abhängigkeit zur Umwelt zu sehen und zu begreifen.

8. Die analoge Zeichung enthält häufig Lösungen, die sich aus der Konstellation der Lage ergeben. Der Klient wird angeregt, derartige Lösungen zu suchen, zu prüfen und gegebenenfalls zu entwerfen.

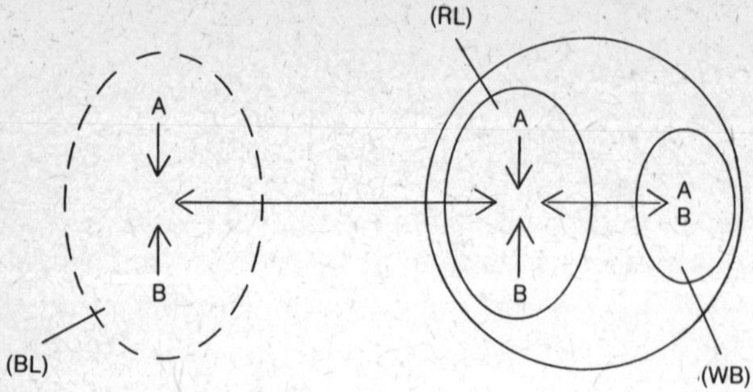

Der Klient erkennt ineffektive Spannungspotentiale (A–B) im Bild seiner Lage (BL). Er erkennt Ähnlichkeiten und Abweichungen der Potentiale in seiner realen Lage (RL). Er erlebt, daß ineffektive Potentiale nicht seinem Wunschbild entsprechen (WB). Er erlebt und erkennt Spannungen zwischen (BL) und (RL), (RL) und (WB), (BL) und (WB).

9. Der Klient hat sich ein neues Verständnis von seiner Lage erarbeitet. Er erkennt Begrenzungen, Störungen und Chancen. Potentiale zur Veränderung sind geortet und bereitgestellt worden. Die Analogie hält dieses Ergebnis fest. Sie gibt weiter kontinuierlich die Möglichkeit, die Situation distanziert zu betrachten und dadurch «Freiheit» zu erleben. Diese Freiheit regt den Klienten dazu an, Verantwortung für seine eigene Lage wahrzunehmen. Damit gerät er in eine Situation, die Entscheidungen von ihm fordert.

10. Falls sich der Klient zur Veränderung seiner Lage entscheidet, gewinnt die analoge Zeichnung eine neue Bedeutung im therapeutischen Prozeß. Sie wird zu einem Feld, in dem der Klient ausprobieren kann. Er wird angeregt, Wege zu suchen, Teilziele festzulegen, einzelne Schritte zu durchdenken, Hindernisse zu erkennen, Widerstände zu bewältigen. Das Handeln im Bild der Lage korrespondiert mit intrapersonaler Dynamik. So vollziehen sich, ausgelöst und gesteuert durch die

Analogie, Lernprozesse. Die Erfolge reizen den Klienten zu neuen Begegnungen und Interaktionen im interpersonalen Raum. Die Analogie hat damit als therapeutische Brücke in die Realität ihre Funktionen erfüllt.

In der letzten Arbeitseinheit haben Sie versucht, eigene Erfahrungen zu durchdenken, zu kontrollieren und zu theoretisieren – mit dem Ziel, therapeutische Funktionen zu erfassen.

Zum Abschluß wollen wir es uns gönnen, diese abstrakten Theorien erneut mit Leben zu füllen. Ich habe darum Teilnehmer gebeten zu sagen, was bei der Übung mit der zeichnerischen Analogie für sie das Eindrucksvollste war. Einem Tonband entnehme ich wörtlich einige Berichte:

«Dieses Gefühl fand ich bei der Erstellung der Analogie so herrlich: daß ich mir selbst den Spiegel vorhalten kann, mit einem Mittel, das ich sonst nie angewandt hätte – denn ich dachte, ich kann überhaupt nicht malen.»

«Durch das Bild teilt man sich sein Problem selber mit – dadurch hat man keine Angst – man fühlt sich frei – der Therapeut ist gar nicht mehr wichtig.»

«Ich fand es so doll, weil bei mir jedes Strichlein oder Häkchen, das ich machte, zu einer Auseinandersetzung führte – das war also ganz irre, daß das Problem dadurch immer kleiner wurde und sich einengte und auch verdichtete – und ich dabei ganz auf mich zurückgeworfen wurde – alles andere waren Folgeerscheinungen – so daß ich plötzlich weiß, wo ich es in mir habe.»

«Für mich war die Erregung beim Malen genau so, wie ich sie erlebe, wenn ich vor dem Problem stehe – ich spürte die psychosomatischen Beschwerden, die ich sonst auch habe – und ich weiß nicht, wie ich damit umgehen soll. Nachdem ich es gezeichnet hatte, war ich erstaunt, daß da etwas ganz anderes herausgekommen war, so als ob ich durch die Erregung zu einem neuen Schritt gekommen bin – ich war erstaunt ...»

«Ich habe erstmalig wahrgenommen, was in einem abläuft, wenn man in sich reinguckt.»

«Ich fand es gut, daß man an seinem Problem so herumbasteln kann und dann Zusammenhänge erkennt – und so das Bewußtsein zu haben, das ist noch nicht zu Ende – das ist für mich eine Art von Entwicklung. In der kann ich weitermachen, da ist ein Stück Hoffnung, die Lösung zu finden.»

«Ich erlebte eine starke Aufforderung, eine Lösung zu suchen – dadurch daß man das Gesamtbild vor sich hat – ich habe vorher immer nur einen Teil gesehen.»

«Indem wir jetzt darüber sprechen, fängt mein Bild an, sich in mir weiterzuentwickeln.»

«Ich habe ganz irre geträumt. Ich habe mir nie träumen lassen, daß ich so etwas träumen könnte. Darf ich mal meinen Traum erzählen?»

«Ich merke, ich arbeite den ganzen Tag daran – ich merke, ich weiß das Ergebnis – es sind nur noch ein paar Schritte – ich finde das Gefühl ganz herrlich, so frei zu sein!»

🕮 *5. Theorie zu therapeutischen Funktionen und Funktionsträgern*

🕮 5.1 Zur Definition therapeutischer Funktionen.

Für die Sozialtherapie erweist es sich als eine gute Möglichkeit, den Funktionsbegriff aus der Kybernetik zu entwickeln. In der Übertragung kybernetischer Modelle auf therapeutische Abläufe gelingt es, ein tieferes Verständnis für diese zu erarbeiten.* Das bezieht sich nicht nur auf ein bestimmtes therapeutisches Konzept, vielmehr kann so die Dynamik aller Entwicklungs-, Lern- und Heilprozesse erklärt werden, die wir heute unter dem Begriff «Therapie» zusammenfassen.

* Vgl. Kaminski 1970.

Die Verwendung kybernetischer Modelle sowohl im technischen als auch im anthropologischen Bereich entspricht dem heutigen wissenschaftlichen Denken. Watzlawick hat in diesem Sinne seine Theorie konzipiert. Aus seinen Arbeiten wird deutlich, daß die kybernetische Betrachtungsweise, wenn sie in einen neuen Bereich übertragen wird, zweierlei fordert: einmal ein sorgfältiges Nachvollziehen des Modells, das gewählt wurde, zum anderen die kreative Entwicklung neuer Denkansätze, die sich aus veränderten Bedingungen ergeben können.

Wenn ich im Konzept Integrativer Methodik hier und da vom kommunikationstheoretischen Konzept Watzlawicks abweiche, so schränkt das die Gültigkeit keiner der beiden Theorien ein. Unterschiede zeigen lediglich, daß ich von einem etwas anderen kybernetischen Grundmodell ausgehe, das mir für die Sozialtherapie besser geeignet erscheint, und daß ich in der Übertragung und Entwicklung des Modells manchmal andere Konsequenzen ziehe.

Die Entwicklung des KIM hat in erster Linie nicht in theoretischen Überlegungen ihren Ursprung, sondern im therapeutischen Handeln. Darum möchte ich auch in der Darstellung der Theorie diesem Prinzip folgen. Das KIM ist in der Klientel der Sozialarbeit entstanden. Hier finden die bekannten Therapiekonzepte nur teilweise einen Zugang. Viele Klienten der sozialen Unterschicht können nicht erfaßt werden, nicht etwa, weil sie für Therapie ungeeignet sind, sondern weil die gängigen therapeutischen Formen diese Klienten nicht erreichen. Diese Situation belastet jeden, der in dieser Klientel verantwortungsbewußt arbeitet. Sie fordert den Praktiker heraus, jedes Hilfsangebot von soziologischer, medizinischer oder psychologischer Seite zu ergreifen, um zu prüfen, ob es eine brauchbare, praktikable Alternative eröffnet. Aus dem psychologischen Bereich sind es die Sozialpsychologie, die Lerntheorie und Verhaltensforschung und die Kommunikationstheorie, deren Inhalte und Ergebnisse für diese Arbeit interessant sind.

Für die Sozialtherapie mußten die verschiedenen therapeutischen Konzepte nach Arbeitsmöglichkeiten in der sozialen Unterschicht hinterfragt werden. Diese Arbeit ist von einer Anzahl von Praktikern jahrelang in ihrem Berufsfeld geleistet worden. Sie führte in den Methodenpluralismus. Aber Methodenpluralismus bleibt letztlich unbefriedigend. Einmal fehlt bei der pluralistischen Arbeit ein theoretisches Grundmodell, von dem aus begründet wird, in welcher Art und Weise therapeutische Interventionen aneinandergereiht werden können, zum zweiten fehlt die Erfahrung und damit die Sicherheit, ob eine Intervention, die einem bestimmten therapeutischen System entnommen wird, noch außerhalb dieses Systems in der erwarteten Weise wirksam werden kann. Diese und ähnliche Erfahrungen und Überlegungen führten mich dazu, ein neues Bezugssystem für sozialtherapeutisches Handeln zu suchen. Ein solches Bezugssystem mußte aus der Gesamtheit aller anerkannten therapeutischen Systeme abstrahiert werden.

Es ging darum, einen Faktor aufzufinden, der allen Therapien gemeinsam ist. Dieser Faktor mußte es möglich machen, verschiedene therapeutische Abläufe nicht mehr isoliert voneinander, sondern aus einer gemeinsamen zentralen Dynamik zu verstehen. Ein solches Verständnis eröffnet die Chance, vom pluralistischen Vorgehen abzusehen und zum integrativen Denken und Handeln zu finden.

Bei meinen Überlegungen ging ich zunächst davon aus, daß verschiedene Therapien ähnliche Störungen heilen können, daß also unterschiedliche Interventionen letztlich die gleiche Wirkung in der Person «entfalten», daß sie ähnlich «funktionieren». In dieser Folgerung kam ich erstmalig zu einem Funktionsbegriff, wie er im landläufigen Sinne gebraucht und verstanden wird. Ich hielt ihn fest, weil ich mit ihm den gemeinsamen, alle Theorien verbindenden Faktor gefunden hatte.

So führten sehr einfache, aber logisch zwingende Schlußfolgerungen schließlich zu einer Lösung. Wir wollen sie im folgenden noch einmal nachvollziehen:

Alle bekannten Psychotherapien heilen Störungen, die unter den Begriffen Verhaltensstörungen, Neurosen und psychosomatische Erkrankungen zusammengefaßt werden können. Die Heilungsprozesse werden mit Hilfe klar definierter Handlungsvollzüge bzw. «Interventionen» erreicht. Jede therapeutische Schule hat ihre eigenen Interventionsmodelle entwickelt, die sich deutlich von denen anderer Schulen unterscheiden. Jede dieser Schulen erbringt für sich den Nachweis, daß ihre Behandlung Erfolge hat. – Demnach führen völlig verschiedene therapeutische Interventionsformen zu ähnlichen bzw. gleichen Ergebnissen. Wir können daraus schließen, daß verschiedenartige therapeutische Interventionen gleichartige oder ähnliche Wirkungen auf Patienten ausüben, auf die diese mit entsprechenden Veränderungen reagieren.

Diese Dynamik kann zunächst in einem einfachen Reiz-Reaktions-Modell erfaßt werden. Unterschiedliche therapeutische Interventionen wirken danach als ähnliche Reize in der psychischen Organisation, auf die ähnliche Reaktionen erfolgen. Mit dieser Betrachtungsweise wird der erste Schritt auf die Ebene funktionalen Denkens vollzogen.

Zunächst haben wir den Funktionsbegriff nur im Zusammenhang mit Reiz-Reaktions-Abläufen in der intrapersonalen Lage einer Person, nämlich des Klienten, gesehen. Damit wird jedoch nur ein Teilbereich erfaßt. Da die intrapersonale und die interpersonale Lage einer Person miteinander korrelieren, muß die Funktion auch den interpersonalen Bereich miteinbeziehen. Im interpersonalen Bereich begegnen der Person andere Personen. Das heißt auch: der Klient begegnet dem Therapeuten. Das Interaktionsmodell hilft uns, diesen Zusammenhang zu erkennen und unser Verständnis von «Funktion» zu erweitern. Im Interaktionsfeld ist die intrapersonale Lage mehrerer Personen mit ihrer interpersonalen Lage verbunden: die Reiz-Reaktions-Abläufe sind, dementsprechend komplizierter, aufeinander bezogen. Diese Abläufe können wir mit Hilfe der Systemtheorie begreifen. Dann erkennen wir im Interaktionsfeld Bezugssysteme, die den Gesetzmäßigkeiten und Abläufen in vermaschten Systemen folgen. Auch therapeutische Funktionen unterliegen zwangsläufig diesen Gesetzmäßigkeiten. Sie müssen darum innerhalb des gesamten Systems definiert werden:

> Eine therapeutische Funktion verwirklicht sich in Reiz-Reaktions-Abläufen in der intra- und interpersonalen Lage einer Person und gleichzeitig in der Entsprechung dieser Abläufe zum Reiz-Reaktions-Geschehen in der Lage einer zweiten Person.*

Mit dieser Erarbeitung und Definition des Funktionsbegriffes haben wir eine neue Ebene im therapeutischen Denken erreicht.

🕮 5.2 Entwicklung und Darstellung der therapeutischen Zentralfunktionen

Das kybernetische Denken geht über das Denken in kausalen Beziehungen hinaus. Nach wissenschaftstheoretischem Verständnis sind kybernetische Modelle auf einer Meta-Ebene konzipiert. Auf ihr wird nach Funktionen gefragt. Von dieser Ebene ausgehend, können wir die verschiedenen therapeutischen Konzepte unter einem übergreifenden Aspekt betrachten, für alle eine gemeinsame Hypothese aufstellen und folgende Fragen zur Untersuchung formulieren:

* Vgl. hierzu 🕮 2. Zum besseren Verständnis empfehle ich, diesen Gedankengang an den Skizzen nachzuvollziehen.

Gibt es Reiz-Reaktions-Abläufe in der Lage von Klienten, die therapiespezifisch sind und die erfaßt und beschrieben werden können?
Lassen sich diese Abläufe zu bestimmten Bereichen zusammenfassen?
Kann die Dynamik in diesen Bereichen so erfaßt und beschrieben werden, daß die Situation des Therapeuten mit eingeschlossen wird?
Ergeben sich in dieser umfassenden Dynamik klar erkennbare und definierbare Abläufe, die dem Begriff «therapeutische Funktion» entsprechen?
Können diese therapeutischen Funktionen nach ihrem Inhalt gekennzeichnet und benannt werden?
Gibt es Möglichkeiten, therapeutische Systeme und ihre Funktionen mit Hilfe wissenschaftlicher Untersuchungen nachzuweisen?

Zur Beantwortung dieser Fragen wurden zunächst bekannte Therapiemodelle herangezogen. Ihr gesamter Ablauf, isolierte Behandlungsabschnitte sowie auch einzelne Handlungseinheiten (Interventionen) konnten nach dem Reiz-Reaktions-Geschehen in der Lage von Klienten hinterfragt und beschrieben werden. (Hier danke ich Therapeuten verschiedener Schulen, die bei der Arbeit halfen.)

Schwierig wurde es jedoch, in diese Analyse auch die Situation des Therapeuten so einzubeziehen, wie es unser therapeutischer Funktionsbegriff fordert. Das Wissen um die Lage des Therapeuten reicht im allgemeinen nicht aus, um sie der Lage des Klienten entsprechend differenziert zu beschreiben.

Daneben wurden aus repräsentativen Handlungsabläufen der sozialtherapeutischen Praxis therapeutische Funktionen erarbeitet. Doch auch hier zeigte es sich, daß die systemgebundene Lage des Therapeuten zu wenig Beachtung gefunden hatte. Es begann eine intensive Arbeit, das Reiz-Reaktions-

Geschehen in der Lage von Therapeuten genauso zu erfassen und durchschaubar zu machen wie in der Lage von Klienten.

Diese Untersuchungen führten zu Konsequenzen in der Praxis. Im sozialtherapeutischen Prozeß wurde das Handeln des Sozialtherapeuten in seiner eigenen Lage ebenso wichtig wie das Umgehen mit der Lage des Klienten. So wurde eine neue Balance im therapeutischen Handeln gefunden. Theorie und Übungen hierzu finden Sie unter 🕮 9 und 👥 9.

Die verschiedenen Untersuchungen führten zu den gleichen Ergebnissen:

Alles uns bekannte therapeutische Handeln läßt sich in einem Funktionsmodell erfassen.

In der Vielfalt therapeutischer Handlungsformen werden außerordentlich ähnliche bzw. gleiche Funktionen realisiert.

Diese Funktionen können beschrieben und nach ihren Relationen zueinander in bestimmten Bereichen zusammengefaßt werden.

In der Praxis der Therapie laufen die Funktionen in einer gesetzmäßigen Aufeinanderfolge ab.

Die Anordnung folgt in allen therapeutischen Konzepten dem gleichen Prinzip und kann sowohl im gesamten Ablauf wie auch im Detail einzelner Behandlungsabschnitte verwirklicht werden.

Verschiedene Konzepte messen den einzelnen Funktionsbereichen verschiedene Bedeutung zu. Sie schaffen in ihren Interventionen Schwerpunkte für bestimmte Funktionen und klammern bestimmte Funktionsbereiche aus.

Eine in der Sozialtherapie wichtige Funktion ist die der «Stabilisierung». In den klassischen Therapiekonzepten wird sie wenig akzentuiert. Sie findet eher in der Pädagogik Beachtung. Im KIM ist sie voll integriert.

Anhand einer einfachen Analogie können Sie den Ablauf der Untersuchungen gedanklich nachvollziehen und in die Ergebnisse einsehen.

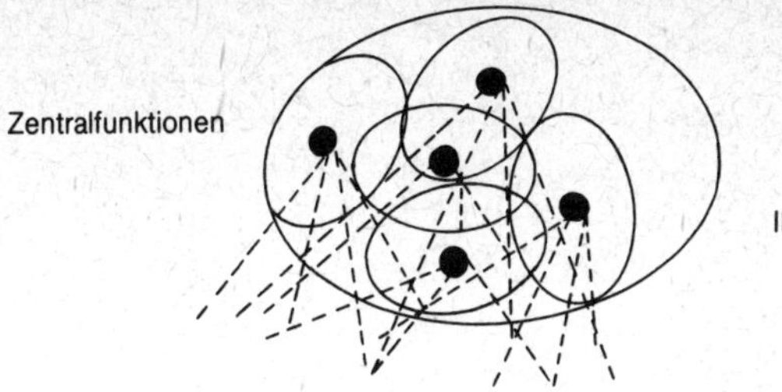

Unterschiedliche Interventionen haben die gleiche Funktion.

Verschiedene Therapien verändern die intra- und interpersonale Lage des Klienten in ähnlicher oder gleicher Weise

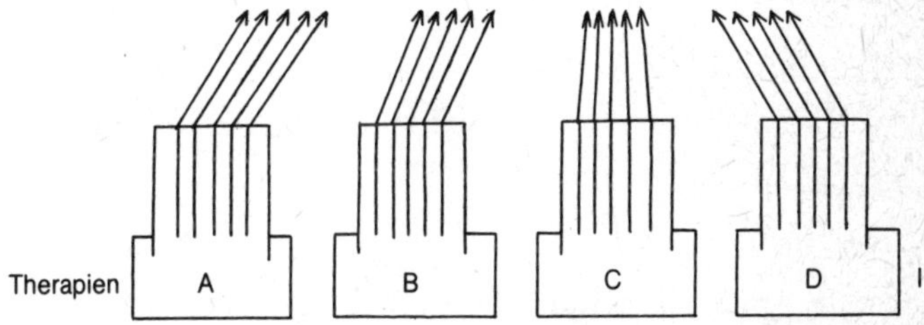

Wir gehen davon aus, daß auf Ebene I die bekannten Therapien konzipiert sind. Jede Therapie hat für sich einen Rahmen gefunden, der sie von anderen Konzepten abgrenzt. In diesem Rahmen wird Therapie nach einem schematisierten Muster in klar beschriebenen Handlungsabläufen und Interventionen inszeniert.

Auf Ebene II denken wir in Funktionen. Hier stellen wir an jedes uns bekannte therapeutische Konzept die Frage nach der Funktion seiner Handlungsvollzüge, in seinem Setting, in seinen Behandlungsabläufen wie auch in seinen einzelnen Interventionen.

Dabei kommen wir zu dem Ergebnis, daß völlig unterschiedliche therapeutische Interventionen und Behandlungsabläufe ähnliche oder gleiche Funktionen verwirklichen. Die Vielfalt therapeutischen Handelns auf Ebene I konzentriert sich auf Ebene II in klar definierbaren Funktionsbereichen. Wir nennen sie «Zentralfunktionen».

Auf dem beschriebenen Wege wurden fünf Funktionsbereiche herausgearbeitet, die dazu gehörigen Abläufe wurden in fünf «*Zentralfunktionen*» (ZF) zusammenfassend beschrieben. Sie sind in den therapeutischen Konzepten nachweisbar.

Die folgende Liste will nicht therapeutische Ziele oder Teilziele definieren, sondern Prozesse angeben, die sich im therapeutischen Feld gestalten.

ZF I
Externalisierung der intrapersonalen Lage

1. Zuwendung zur eigenen Person
2. Finden von Ausdrucksmöglichkeiten zur Verdeutlichung der inneren Lage
3. Distanzierung
4. Überblick über das Bild der inneren Lage
5. Vervollständigung des Bildes
6. Erkennen von Spannungen innerhalb der Lage
7. Erkennen von Spannungen zwischen Vorstellung der Lage und Darstellung der Lage
8. Definition von Spannungszentren
9. Motivation zur Veränderung der intrapersonalen Lage

ZF II
Darstellung der interpersonalen Lage

1. Zuwendung zu den Personen des Beziehungsfeldes
2. Praktische Einbeziehung der Beziehungspersonen
3. Finden von Ausdrucksmöglichkeiten zur Verdeutlichung der interpersonalen Lage
4. Distanzierung
5. Überblick über die interpersonale Lage
6. Vervollständigung des Bildes
7. Erkennen von Spannungen in der Lage
8. Definition der Gemeinsamkeiten in Übereinstimmung

und Konflikt bei den Personen im gemeinsamen Beziehungsfeld
9. Erkennen von Spannungen zwischen Vorstellungen von der Lage und der Realität
10. Motivation zur Veränderung
11. Dialoge im interpersonalen Feld

ZF III
Entwurf von Veränderungen
1. Zentrieren der Spannungen
2. Auseinandersetzungen und Dialoge im Spannungsfeld der Lage
3. Erkennen von Veränderungsmöglichkeiten im Spannungsfeld
4. Formulieren von Fragen zur Verdeutlichung
5. Bewußtes Umgehen mit Spannungen
6. Lösen aus subjektiv bekannter, gewohnter Realität; Einstellung der Person auf kreativen Einfall
7. Konkretisieren der Idee zur Veränderung
8. Kritische Prüfung, Verwerfung oder Bestätigung der Idee
9. Internalisierung der Idee

ZF IV
Ausgriff
1. Entscheidung zum Handeln
2. Suche nach adäquaten Lernschritten
3. Entwicklung neuer Verhaltensweisen
4. Suche nach Verstärkern des Lernprozesses im interpersonalen Raum
5. Auffinden von Möglichkeiten eines positiven Eigenerlebens
6. Umzentrierung ineffektiver Spannung zur Bedürfnisbefriedigung

7. Veränderung im interpersonalen Raum durch Mitteilung von Lernprozessen
8. Rückblick in den Erfahrungsprozeß, Auswertung, Möglichkeit neuer Entwürfe

ZF V
Stabilisierung
1. Üben der neuen Verhaltensweisen in der Realität
2. Gestaltung eigener, personspezifischer Verhaltensmuster in Angleichung oder in bewußtem Gegensatz zur Umwelt
3. Verarbeitung von Reaktionen der betroffenen anderen Personen
4. Ablösung der Verhaltensmuster aus dem bewußten Lernprozeß = Gewöhnung
5. Gestaltung neuer Selbstbilder und Wunschbilder
6. Entwicklung neuer Normen in Auseinandersetzung mit den Normen des sozialen Nahraumes und der Gesellschaft
7. Durchformung eines neuen Weltbildes
8. Beherrschung der Spannungsfelder und Aktivierung des Potentials im intra- und interpersonalen Spannungsfeld

An dieser Stelle möchte ich Sie zu einer selbständigen Arbeit anregen, die Sie wahrscheinlich längere Zeit in Anspruch nehmen wird. Sie sollen die Arbeitsprozesse nachvollziehen, mit deren Hilfe die Zentralfunktionen gefunden wurden. Versuchen Sie, innerhalb des Therapiekonzeptes, in dem Sie sich am meisten «zu Hause» fühlen, Funktionen zu erarbeiten! Sie können dabei in der gleichen Art und Weise vorgehen, wie wir es anhand des obigen Schemas getan haben.

Finden Sie zunächst Externalisierungsprozesse heraus: In der Übertragungssituation – im klientenzentrierten Gespräch

– in der verhaltenstherapeutischen Diagnose – in den Dialogen der Gestalttherapie – im Psychodrama – in den Interventionsformen des Social Functioning – in den Kommunikationsabläufen der Familientherapie ... Wenden Sie sich danach weiteren Funktionsbereichen innerhalb «Ihres» Therapiekonzeptes zu! Vergleichen Sie, wenn möglich, die herausgearbeiteten Funktionsabläufe mit denen anderer Therapiekonzepte!

Nach dieser Arbeit wird es Ihnen leichter fallen, Kollegen anderer Schulen partnerschaftlich zu begegnen, sich mit ihnen auseinanderzusetzen, und sich und anderen zu einem gemeinsamen Verständnis zu verhelfen.

Die Beantwortung der letzten der auf S. 131 gestellten Fragen blieb bisher offen. Doch auch sie kann positiv beantwortet werden. «Lage» und «Spannungen» sind bereits in vergleichenden Untersuchungen erfaßt und mit Hilfe von Korrelationen untersucht worden (vgl. 🕮 2.1).

Veränderungen der Lage des Klienten im therapeutischen Prozeß können nach dem gleichen Prinzip untersucht werden. Damit würde die Effektivität einer Therapie nach dem KIM in wissenschaftlich anerkannten Untersuchungen nachweisbar und die Funktionstheorie pragmatisch erhärtet werden.

In gleicher Weise könnten alle Therapien untersucht werden. Es böte sich damit eine Möglichkeit, Effektivität im therapeutischen Handeln verschiedener therapeutischer Schulen nachzuweisen und zu vergleichen.

Einer Anregung von Manfred Eybe folgend, könnten während einer Therapie ähnliche Untersuchungen wie beim Klienten auch in der Lage des Therapeuten vorgenommen werden. Ein Vergleich der Untersuchungsergebnisse aus der Lage der Klienten und ihrer jeweiligen Therapeuten könnte die bisherige Theorie differenzieren. Eine Korrelation würde sie verifizieren. Der Entwurf zu derartigen wissenschaftlichen Untersuchungen geht weit über das hinaus, was bisher im therapeutischen Sektor geleistet wurde. Bis jetzt sind nur erste Ansätze erarbeitet worden.

5.3 Zur Definition der Funktionsträger

Im KIM wird die Arbeit in therapeutischen Funktionen zum zentralen Anliegen des Therapeuten. Interventionen sind für ihn lediglich Hilfsmittel, die dazu dienen, Funktionen im therapeutischen System zu verwirklichen. In die Sprache der Kybernetik übersetzt heißt das: Jede Funktion innerhalb eines Systems bedarf eines *Funktionsträgers*.

Alle Interventionen können zu Funktionsträgern «gemacht» werden. Sie verlieren damit ihre eigenständige Bedeutung, die sie aus ihrer Stellung innerhalb eines bestimmten therapeutischen Konzeptes bezogen haben. Jede Intervention muß darum untersucht werden, ob sie geeignet ist, therapeutische Funktionen zu «übernehmen», um sie durch den therapeutischen Prozeß zu «tragen».

Wie wir erkannt haben, gibt es eine Fülle unterschiedlicher Interventionen, die gleiche Funktionen verwirklichen. Diese Interventionen haben sich seit Jahren in der Therapie bewährt, und wir sind dankbar, wenn wir auf sie zurückgreifen und sie als Funktionsträger gebrauchen können.

Die Wahl einer Intervention wird nicht bestimmt durch die Abhängigkeit von einem bestimmten therapeutischen System, dem sich der Therapeut zugehörig fühlt. Die Lage des Klienten allein und sein Verhalten bestimmen, was als Funktionsträger eingesetzt werden soll.

In diesem Zusammenhang taucht häufig die Frage nach Kriterien für die Brauchbarkeit eines Funktionsträgers auf. Die reale Effektivität für jeden therapeutischen Prozeß ist letztlich nur im Prozeß selbst erfahrbar. Dort kann sie an vielen Reaktionen fortlaufend abgelesen werden.

Trotzdem wollen wir versuchen, im folgenden Kriterien für die Wahl von Funktionsträgern aufzustellen.

Ein Funktionsträger sollte in der Kommunikation den Klienten unmittelbar «ansprechen».

Ein Funktionsträger sollte die Spannungspotentiale in der intrapersonalen Lage «treffen», die im Sinne von Therapie verändert werden sollen.
Ein Funktionsträger sollte das geplante Reiz-Reaktions-Geschehen «auslösen».
Ein Funktionsträger sollte «den Weg des geringsten Widerstandes» nehmen.
Ein Funktionsträger sollte die Bedürfnisse des Klienten «befriedigen».
Ein Funktionsträger sollte für alle am Prozeß beteiligten Personen «handhabbar» sein.
Ein Funktionsträger sollte «wandlungsfähig» sein.
Ein Funktionsträger sollte im gesamten vermaschten System «brauchbar» sein – in den Interaktionen des Therapeuten wie des Klienten, für intra- und interpersonale Lage, auf der Inhalts- und Beziehungsebene.
Ein Funktionsträger sollte für die Übernahme *verschiedener* therapeutischer Funktionen geeignet sein bzw. «zur Integration geeignet» sein.

Wir haben erfahren, daß eine große Anzahl von Klienten, die grundsätzlich zur Therapie geeignet sind und die Therapie brauchen, nicht von den Interventionen bekannter Konzepte erreicht wird. Im KIM haben wir ein Therapiesystem gefunden, in dem fast jeder Klient erfaßt werden kann. Auf Grund der Zentralfunktionen wissen wir, welche therapeutischen Funktionen im Prozeß verwirklicht werden müssen. Unsere Aufgabe bleibt es, für jeden Klienten brauchbare Funktionsträger zu finden, d. h. aufzugreifen oder zu entwerfen. Dabei kann jedes Medium, das geeignet ist, entsprechende therapeutische Funktionen zu verwirklichen, als Funktionsträger eingesetzt werden.

Um das leisten zu können, brauchen wir eine gute Kenntnis der allgemeinen Situation unseres Klienten, eine differenzierte Einsicht in seine Lage und ihre Störungen, ein umfassendes

Wissen über die Zentralfunktionen und eine gut entwickelte und bewußt handhabbare Kreativität. (Darüber erfahren Sie Näheres in 🕮 11 und ⚘ 11.) Funktionsträger sollten weder auf Grund eines fragwürdigen «Wissens», das wir von Autoritäten beziehen, noch in der Bedenkenlosigkeit «intuitiven» Vorgehens gebraucht werden. Der Umgang mit Funktionsträgern erfordert stets eine besonders intensive, konzentrierte und bewußte Arbeit des Sozialtherapeuten.

An einem Ausschnitt einer analogen Skizze, die Sie bereits kennen, möchte ich das, was ich bisher über Funktionsträger gesagt habe, verdeutlichen bzw. ergänzen.

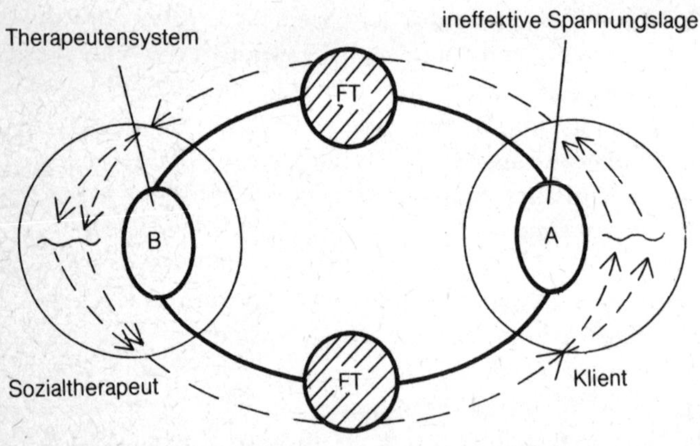

Im therapeutischen Interaktionsfeld bezeichnet A das ineffektive Spannungsfeld in der Lage des Klienten, B das therapeutische System in der Lage des Therapeuten. Der Funktionsträger ist auf der Strecke A–B wie auf der Strecke B–A in gleicher Weise als Kommunikationsmittel brauchbar. Er verwirklicht therapeutische Funktionen sowohl in den Subsystemen und in den vermaschten Systemen als auch in dem umfassenden System des gesamten therapeutischen Interaktionsfeldes.

In der Skizze wird deutlich, daß der Funktionsträger sowohl vom Therapeuten als auch von dem Klienten «eingesetzt» werden kann. Die Angebote des Klienten entsprechen im allgemeinen seinen subjektiven Voraussetzungen und Bedürfnissen. Darum können sie als Funktionsträger besonders effektiv werden. Wir als Sozialtherapeuten müssen Sensibilität für entsprechende «Angebote» von Klienten entwickeln, diese aufgreifen und sie für entsprechende Funktionen im therapeutischen Prozeß einsetzen.

In der Praxis hat sich dieses Vorgehen in vielen Variationen bewährt. Eine sehr wirksame Möglichkeit ist es z. B., das Symptom eines Klienten als Funktionsträger zu gebrauchen. Anschließend finden Sie dazu ein Beispiel.

So wird der Klient auch in der Entwicklung von Funktionsträgern ein Partner, dessen Kreativität und Aktivität die Gestaltung seines therapeutischen Prozesses mitbestimmen kann.

Zu diesem unkonventionellen Vorgehen möchte ich Sie durch einige Beispiele ermutigen. Bei der Auswahl folge ich Erinnerungen, die mir im Moment dazu einfallen. Die Beispiele kommen aus der Arbeit mit verschiedenen Zentralfunktionen.

Das erste Beispiel führt uns in das Jugendamt. Ich denke an den Bericht eines Sozialtherapeuten, der sich regelmäßig mit einem Jugendlichen traf.

In diesen Stunden konnte wenig gesprochen oder getan werden. Der Klient reagierte kaum auf die Angebote des Sozialtherapeuten. – Eines Tages hing zufällig eine Gitarre im Sprechzimmer. Der Klient nahm sie in die Hand. Zögernd begann er zu spielen. Dabei formulierte er Worte, bildete Sätze. Schließlich erzählte er in singendem Ton zum Gitarrenspiel seine Lebensgeschichte, seine augenblickliche Befindlichkeit, seine Fragen.

Zum besonderen Nachdenken über «Angebote des Klienten» regte mich der Bericht einer jungen Pflegerin in einer Kinderheilanstalt an.

Auf einer Station geistig und körperlich schwer behinderter Kinder hatte sie eine sechzehnjährige Patientin zu betreuen. Das Mädchen war taubstumm und galt als schwer debil. Offensichtlich fehlten ihr Möglichkeiten zu jeglicher Kontaktaufnahme. Es wurde nicht deutlich, daß sie ihre verschiedenen Pflegepersonen unterscheiden konnte. Körperlich war die Patientin außerordentlich abstoßend. Sie hatte eine «Trichterbrust», war sehr dick und konnte sich auf ihren eingeknickten Beinen nur in grotesken Sprüngen fortbewegen. Ihr fehlte jeder Haarwuchs. Um ihre eigenen Ekelgefühle zu überwinden, nahm die Pflegerin das Mädchen in den Arm und streichelte ihre Glatze. Anschließend bemerkte die Pflegerin, wie ihr das Mädchen mit einem ungewohnt wachen Gesichtsausdruck nachsah und anfing, sich selbst über die Glatze zu streichen. Diese Form körperlicher Kontaktaufnahme wurde von der Patientin erstmalig zur «Brücke» für eine primitive Kommunikation gemacht.

Im dritten Beispiel wird ein Symptom eines Klienten zum Funktionsträger.

Ein älterer Klient war in verschiedenen Institutionen als Querulant seit Jahren bekannt. Ganze Ordner wurden angefüllt mit seinen Briefen, in denen er Mißstände in Heimen, im Sozialamt, im Jugendamt und anderen Behörden anprangerte. Entsprechende Klagen wurden bereits vom Gericht abgewiesen. Die Schreiben des Klienten waren stilistisch nicht ungeschickt formuliert. Ihr Inhalt wies auf eine gute Beobachtungsgabe hin. Die Schlußfolgerungen

wurden jedoch zwangsläufig im Sinne eines neurotischen Systems des Klienten gezogen.
Der Sozialtherapeut schlug nach längeren Überlegungen dem Klienten eine gemeinsame Arbeit vor. Er bat ihn, alle Mißstände, die ihm begegneten, in Zukunft noch genauer zu beobachten, sie noch differenzierter darzustellen und dann so zu schildern, daß es für andere Personen interessant würde, seine Berichte zu lesen. Der Sozialtherapeut war bereit, mit dem Klienten die Berichte durchzuarbeiten, um ihm zu helfen, den Inhalt zu verallgemeinern und anstelle von wirkungslosen Angriffen Fragen zu formulieren. Therapeut und Klient überlegten, ob sie die Berichte anschließend einem kommunalen Nachrichtenblatt zur Veröffentlichung anbieten wollten.
Nach dieser Stunde begann der Klient sofort mit der Arbeit und in ihr seinen therapeutischen Prozeß.

Das vierte Beispiel kommt aus der Bewährungshilfe.

Ein sechzehnjähriger Proband wurde in seiner eigenen Familie, in Schule und Arbeitsstelle, bei seinen Kumpeln und auch beim Gericht als «bekloppt», «geistig zurückgeblieben», «doof» und als «verhaltensgestört» abgewertet. Der Proband litt sehr unter dieser Situation. Er glaubte fest daran, daß er, wenn er eine Chance hätte, genausogut wie andere lernen könne. Der Sozialtherapeut war bereit, ihm diese Chance zu geben. Beide gestalteten für diesen Lernprozeß ein völlig ungewöhnliches Setting: Der Proband erhielt Hausaufgaben. Wenn er diese gelöst hatte, gab *er* seinem «Lehrer» eine Note für die Aufgabe. Diese Note bewertete, ob der Schwierigkeitsgrad der Aufgabe angemessen war, ob die Lösung der Aufgabe Spaß machte und ob sie im Lernprozeß hilfreich war. In Kürze hatte sich der Therapeut zu einem guten Lehrer entwickelt. Der Proband aber lernte zur Überraschung aller in wenigen Wochen Lesen, Schreiben und Rechnen. Sein neues Selbstwertgefühl veränderte in dieser Zeit kontinuierlich seine gesamte intra- und interpersonale Situation.

In der psychiatrischen Abteilung einer Medizinischen Hochschule entwickelte ein Patient selbst einen Funktionsträger, der sich in Zukunft auch in anderen Prozessen einsetzen läßt.

Ein junger Mann mit der Diagnose «Schizophrenie» war unglücklich darüber, daß Ärzte und Pflegepersonen seine Lage anders sahen als er selbst. Er begann Bilder zu malen, die seine Vorstellungen darüber darstellten, wie Außenstehende ihn sähen. Diese vermeintlichen Fremdbilder verglich er mit seinem Selbstbild. Er erlebte dabei befreiende Gefühle und setzte seine «Therapie» fort. Ärzte fanden seine Bilder gut und kauften ihm einige ab.

Als sechstes und letztes Beispiel greife ich auf einen Fall zurück, in dem im Handeln zwischen dem Klienten und dem Therapeuten ein Funktionsträger gefunden wird, der über längere Zeit hinweg den therapeutischen Prozeß gestaltet.

Peter L., ein mehrfach straffällig gewordener Jugendlicher, achtzehn Jahre alt, wurde von einem Psychiater und einem Therapeuten als «schizoid» und «therapeutisch nicht mehr behandelbar» beurteilt. Im Zusammenhang mit dieser Etikettierung entzog sich Peter nach seiner Strafentlassung zwar nicht der Kontrolle, aber doch der wirksamen Zusammenarbeit mit dem Bewährungshelfer. Anderthalb Jahre lang dauerte der Zustand an.
Dann kommt er das erste Mal von sich aus in die Sprechstunde. In nicht-direktiver Gesprächsführung gelingt es dem Bewährungshelfer, ein deutliches Bild von der intra-

und interpersonalen Lage Peters zu gewinnen. Er berichtet zuerst von seiner ihn sehr belastenden Arbeitssituation. Von da kommt er auf Erlebnisse, die er als Fußballspieler hatte. Danach fallen ihm Situationen aus seiner Kindheit ein.

Durch die Art und Weise, wie Peter davon berichtet, wird dem Bewährungshelfer klar, daß der Bereich «Fußballspiel» zwar von ähnlichen Problemen belastet ist wie die Bereiche Arbeit und Kindheit, daß Peter da jedoch wesentlich interessierter, engagierter und noch nicht völlig resigniert ist. Der Bewährungshelfer erkennt die hier gebotene Chance.

Er nimmt Büroklammern und stellt sie auf dem Tisch wie Fußballspieler auf einem Spielfeld auf. Als Fußball wird eine schnell gedrehte Kugel aus Stanniolpapier verwendet. Jetzt ist Peter in der Lage, auf dem «Spielfeld» Situationen darzustellen, wie er sie sich wünscht, aber auch solche, die ihn dazu bringen, das Spielfeld zu verlassen. So spielen Peter und der Sozialarbeiter den Ablauf besonders eindrucksvoller Szenen nach. Die Spielsituationen vergleicht der Sozialarbeiter mit Situationen, wie sie Peter zu Anfang des Gespräches selbst aus seiner Arbeit und seiner Kindheit geschildert hat, er spiegelt also wider, was Peter selbst gesagt hat. Peter erkennt den Zusammenhang. Die fußballtechnischen Ausdrücke lassen sich auf Alltagssituationen übertragen und erhalten nun einen neuen Sinn: Was bedeutet es in der Realität des Alltags, ein Tor schießen zu können wie der Star auf dem großen Spielfeld? Was bedeutet es, die Abwehr des Gegenspielers zu überwinden? Was bedeutet es, wenn man durch ein Foul zu Boden geht? Wenn man keine Übersicht mehr über die Lage auf dem Feld hat? Was heißt, eine schlechtere Kondition zu haben als der Gegner? Was für eine Rolle spielt der Schiedsrichter auf dem Fußballplatz, und wo ist der Schiedsrichter im Alltagsleben?

Auf diese Weise erhalten Bewährungshelfer und Klient Einsicht in besonders charakteristische Belastungssituationen.
Der Bewährungshelfer versucht nun, mit Bleistift und Papier wichtige Situationen mit einer einfachen Strichzeichnung darzustellen. Peter beginnt jetzt, die Kräftekonstellationen zu erkennen, denen er sich bisher hilflos ausgeliefert glaubte. Er nimmt selbst den Stift in die Hand und versucht gemeinsam mit dem Sozialarbeiter, verschiedene Reaktionen und Aktionen durchzuprobieren.
«Man denkt nur noch ans Torschießen und rennt drauflos.» – «Man hält sich aus den Kämpfen heraus, weil man Angst vor Verletzungen hat.» – «Man verläßt den Platz.»
So werden in analoger Kommunikation Verhaltensweisen durchgespielt, die dem Verhalten in anderen Lebensbereichen ähnlich sind. Peter erkennt dabei, daß er nicht nur Objekt ist, eine Figur, die von anderen hin und her geschoben wird; ihm wird deutlich, daß er selbst an dem Spiel beteiligt ist und es beeinflussen kann. Dadurch wird er zu dem Versuch motiviert, seine Alltagsrealität selbst aktiv zu ändern. Eine praktische Situation wird für einen ersten eigenen Schritt durchgesprochen: die Aufnahme der Beziehung zu einer Gruppe seiner Arbeitskollegen. Das scheint Peter leichter zu fallen als die Auseinandersetzung mit den Vorgesetzten. Peter und der Sozialarbeiter überlegen gemeinsam: Wie kann sich Peter in der Frühstückspause verhalten, um den anderen zu zeigen, daß er wieder mitspielen will?

5.4 Zur Definition therapeutischer Integration

Als ich vor fünfzehn Jahren begann, von Integration zu reden, stieß mein Anliegen auf allgemeines Unverständnis. Das Bemühen, aus den verschiedenen therapeutischen Konzepten neue, effektive Handlungsvollzüge zu entwickeln, erschien den meisten Kollegen vermessen oder inkonsequent. Es war eine Zeit, in der sich die einzelnen Schulen voneinander abgrenzten, ihre Lehre genauer begründeten und um Anhänger warben. Wie Kongreßberichte von damals widerspiegeln, kämpfte man um die «Reinheit der Lehre», und dieser Kampf war häufig verbunden mit der Abwertung der therapeutischen Arbeit anderer Richtungen. Man begegnete jeder Entwicklung, die sich von konventionellen Denkmustern entfernte, zunächst mit Zweifeln und Angriffen.

Heute ist es «in», von Integration zu sprechen. Wir finden diesen Begriff in theologischen, medizinischen, soziologischen, psychologischen, pädagogischen, politischen und anderen Bereichen wieder. Häufig wird er angewandt, ohne daß genauer beschrieben wird, was eigentlich damit gemeint ist. Nur ganz selten wird er aus einem theoretischen System abgeleitet und definiert. Das ist auch verständlich, denn offensichtlich ist es schwierig, Integration als Terminus zu begründen.

Im folgenden will ich versuchen, die therapeutische Integration aus der Theorie des KIM zu entwickeln, zu verstehen und nachzuvollziehen.

Bei der Entwicklung des KIM wurde zunächst in den therapeutischen Konzepten ein Faktor gesucht, der allem therapeutischen Handeln gemeinsam ist. Da die Therapien in Theorie und Praxis unterschiedliche, zum Teil gegensätzliche Standpunkte einnehmen, konnte dieser Faktor nicht in der äußeren Gestaltung des Setting, des Behandlungsablaufes oder der Interventionen liegen. Er mußte in der therapeutischen Dynamik gesucht werden.

Als gemeinsamer Inhalt dieser Dynamik wurden Funktionen erarbeitet. Sie sind in Funktionsbereichen zusammengefaßt und als Zentralfunktionen beschrieben worden.

Funktionen brauchen zu ihrer Realisierung Medien, die Funktionsträger.

Prozesse, in denen beliebige Medien zu sozialtherapeutischen Funktionsträgern werden, werden mit dem Terminus *Integration* gekennzeichnet.

Beschreiben können wir Integration am einfachsten an Beispielen. Blättern Sie darum einige Seiten zurück. Im letzten Abschnitt finden Sie in fünf Beispielen Kommunikationsangebote von Klienten. Sie alle können vom Therapeuten aufgegriffen und durch Integration als Funktionsträger im therapeutischen Prozeß eingesetzt werden.

Zum ersten Beispiel:
Im Rahmen der Sozialarbeit kommuniziert ein Jugendlicher seine Lage mit Hilfe von Gitarrenspiel und melodramatischer Darstellung. Der Sozialtherapeut wird überlegen, wie er das Angebot des Klienten im Sinne der ersten Zentralfunktion zum Externalisieren verwenden kann. Dazu wird er sich selbst aktiv in den Prozeß einbeziehen und eventuell auch ein Tonband verwenden müssen.

Zum zweiten Beispiel:
Die Patientin einer Kinderheilanstalt reagiert auf das Streicheln ihrer Glatze im Sinne einer sozialen Kontaktaufnahme. Ein solches Streicheln könnte durch Integration zum Funktionsträger für die vierte Zentralfunktion («Ausgriff») werden. Vielleicht würde es so möglich werden, diesem schwerbehinderten Mädchen zu einem Erlebnis und einer ersten Orientierung im Beziehungsfeld zu verhelfen.

Zum dritten Beispiel:
Der Klient gebraucht seine Fähigkeiten zu beobachten, Schlüsse zu ziehen und darzustellen im Sinne seiner Neurose. Damit macht er aus seinen Fähigkeiten einen Funktionsträger (ein Symptom) seines gestörten Systems. Der Therapeut greift

das Symptom auf und wandelt es durch Integration zum therapeutischen Funktionsträger. Der Klient lernt, Lage genauer zu beobachten und besser darzustellen: er geht dabei andere Wege als bisher und findet für sich selbst neue Ziele. Er beginnt einen kontinuierlichen Entwicklungs- und Heilungsprozeß.

Zum vierten Beispiel:
In der Arbeit mit einem Probanden wird eine ungewöhnliche Arbeitsform entwickelt. Sie wird zum Funktionsträger für die erste und vierte Zentralfunktion. Der Jugendliche externalisiert seine Lage und beginnt, sie gleichzeitig in Lernprozessen zu verändern.

Zum fünften Beispiel:
In der Psychiatrie findet ein Patient eine Möglichkeit, sein Selbstbild und die entsprechenden vermeintlichen Fremdbilder darzustellen. Damit beginnt er, Lage zu externalisieren und zugleich Spannungspotentiale zu verdeutlichen. Durch Integration weiterer therapeutischer Funktionen aus der ersten, zweiten («Darstellung der interpersonalen Lage») und dritten Zentralfunktion («Entwurf von Veränderungen») wird dieses Angebot des Klienten zu einem außerordentlich effektiven Funktionsträger. Spannungen zwischen Selbstbild – vermeintlichem Fremdbild – realem Fremdbild – Wunschbildern u. a. m. können erfahren und eingesehen werden. In entsprechenden therapeutischen Prozessen können die Diskrepanzen zwischen subjektivem Erleben und der Realität verändert werden.

Zum sechsten Beispiel:
In der Analogie vom Fußballspiel entsteht ein Funktionsträger, in den Funktionen aus der ersten, dritten und vierten Zentralfunktion integriert werden. Dieser Funktionsträger ist geeignet, einen ganzen therapeutischen Prozeß auszulösen und zu gestalten.

In der Definition und den Beispielen wird deutlich, daß Integration im bewußten Handeln des Therapeuten vollzogen wird. Dieses Handeln folgt seiner Einsicht, seiner Kreativität, seinem Entschluß und seinem Wollen. Realität kann von uns allen in sehr unterschiedlichen Funktionen erlebt werden. Aufgabe des Therapeuten ist es, in der subjektiven Realität des Klienten therapeutische Funktionen zu verwirklichen. Mit Hilfe von Integration schafft er innerhalb der jeweiligen Lebensbereiche seines Klienten diese neue therapeutische Realität.

Entwicklung spezifischer Funktionsträger

6 Arbeitsgruppe für vier Personen

6.1 Einführung in die Arbeitsgruppe

Bisher haben Sie Externalisieren von Lage mit Hilfe des verbalen Spiegels und der zeichnerischen Analogie geübt. Dabei sind Sie mit zwei sehr effektiven Möglichkeiten der Therapie umgegangen. In der zeichnerischen Analogie haben Sie einen universellen Funktionsträger kennengelernt, der in der Klientel aller Gesellschaftsschichten, in der Arbeit mit unterschiedlichen Störungen und in unterschiedlichen Behandlungsabschnitten eingesetzt werden kann.

Neben der zeichnerischen Analogie gibt es unzählige andere Funktionsträger, die ebenso geeignet sind, im Bereich der ersten Zentralfunktion eingesetzt zu werden. In der folgenden Arbeitseinheit werden Sie versuchen, derartige Funktionsträger zu finden bzw. zu entwickeln. Dabei müssen Sie im therapeutischen Handeln auf vorgegebene Muster verzichten, um sich intensiver auf die therapeutischen Funktionen und die Entwicklung entsprechender Funktionsträger konzentrieren zu können.

Es wird deutlich werden, daß die Entwicklung eines Funktionsträgers beim Therapeuten dreierlei voraussetzt: Erfahrung, Kenntnis der realen Situation und die Fähigkeit zu kreativen Entwürfen. Deshalb üben Sie im folgenden, Erfahrung, Wissen und Kreativität in therapeutischen Prozessen so zu mobilisieren, daß Ihnen neue Lösungen zu Ihrer jeweiligen Aufgabe einfallen.

6.2 Anweisung für die Arbeit

Sie arbeiten in Vierergruppen. Suchen Sie sich möglichst Kollegen, die aus verschiedenen Arbeitsgebieten kommen. Da Sie sich an Beispielen aus der eigenen Gruppe orientieren, wird Ihre Arbeit spannender, wenn Sie von unterschiedlichen Erfahrungen ausgehen können. Wählen Sie Partner, mit denen Sie sich so gut verstehen, daß Sie sich unkonventionelles Denken und Handeln erlauben.

Zunächst wenden Sie sich der Vergangenheit zu. Sie alle haben im Sinne von Sozialtherapie gearbeitet oder zu arbeiten versucht. Mit Sicherheit sind Sie dabei an Grenzen gekommen und haben mit viel Engagement versucht, innerhalb dieser Grenzen Ihren Klienten weiterzuhelfen. Oft haben Sie dabei zu Hilfsmitteln gegriffen, die unkonventionell waren. Und häufig hatten gerade diese überraschende Fortschritte gebracht. Trotzdem haben Sie sich nachträglich unsicher gefühlt: einmal, weil Sie nicht wußten, was eigentlich die Veränderung im Klienten bewirkt hatte, zum anderen, weil Sie sich wegen Ihres «zweifelhaften Vorgehens» mit einem schlechten Gewissen belasteten.

Versuchen Sie, sich nun möglichst genau an derartige Situationen zu erinnern und teilen Sie sie der Gruppe mit. Versuchen Sie, gemeinsam herauszuarbeiten, wie die Lage Ihrer Klienten damals war und welche Funktionen durch Ihre Arbeit verwirklicht wurden. Stellen Sie Funktionsträger heraus, die Ihnen und den Klienten dabei geholfen haben. Überlegen Sie, ob diese Funktionsträger nicht einen allgemein gültigen Wert für Sozialtherapie haben. Sammeln Sie in der Gruppe alle Funktionsträger, die Sie in der Vergangenheit bewußt oder unbewußt zum Externalisieren von Lage angewandt haben. Danach machen Sie eine Pause.

Wenden Sie sich nun dem Arbeitsalltag zu. Auf Ihrem Schreibtisch liegen Termine, die in der nächsten Zeit wahrgenommen werden müssen. Einige Fälle fordern sozialtherapeutisches Handeln. Vergegenwärtigen Sie sich die bestehende Situation und teilen Sie sie der Gruppe mit. Schildern Sie dabei möglichst genau, in welcher Lage die betroffenen Klienten sind, welche Störungen sie zeigen und welche ineffektiven Potentiale Ihrer Meinung nach diesen Störungen zugrunde liegen. Bitten Sie die Gruppe, jeden Fall so lange zu hinterfragen, bis jeder Teilnehmer die Lage des Klienten verstanden hat, d. h. bis Ihr Klient zum Klienten jedes einzelnen Teilnehmers geworden ist. Danach stellen Sie sich gemeinsam folgende Frage: «Welche Möglichkeiten bieten sich in dieser bestimmten Situation zum Externalisieren von Lage an?» Diese Frage halten Sie gedanklich fest! Gleichzeitig versuchen Sie, Ihre gewohnten Überlegungen auszuschalten und sich völlig zu entspannen. Verzichten Sie auf konzentriertes Denken und lassen Sie Ihre Gedanken frei umherschweifen. Innerhalb der nächsten zehn Minuten wird Ihnen mit Sicherheit einiges zu Ihrer Frage einfallen. Gewinnen Sie Mut, *jeden* Einfall, auch den ungewöhnlichen, den unrealistischen, ja sogar den obskuren zuzulassen. Nehmen Sie sich die Freiheit, über die «verrückten Ideen» zu lachen!

Anschließend schalten Sie wieder um auf Anspannung und Konzentration, auf analytisches und synthetisches Denken. Entwickeln Sie aus Ihren Einfällen Handlungsabläufe, die realisierbar sind, d. h. finden Sie Funktionsträger für Ihre Praxis! Danach machen Sie eine zweite Pause.

Wahrscheinlich haben Sie in der Gruppe mehrere Funktionsträger erarbeitet. Nun bleibt Ihnen die Frage, welche Funktionsträger am besten für Ihre Klienten geeignet sein könnten. In der nächsten Arbeitseinheit kann Ihnen eine «Reproduktionsübung» die Auswahl erleichtern.

Ich habe die Reproduktionsübung entwickelt und ihr in Abhebung vom Rollenspiel diesen Namen gegeben, um auch für den Bereich der Familienbehandlung Lernen durch Eigenerfahrung möglich zu machen. In dem Kapitel über die zweite Zentralfunktion werden Sie nach dem KIM alles Wissenswerte über Theorie und Praxis solcher Übungen erfahren.

Sie können aber schon jetzt einen ersten Versuch mit einer Reproduktionsübung wagen: Sagen Sie Ihrer Arbeitsgruppe, wann das nächste Gespräch mit Ihren Klienten sein wird. Beschreiben Sie Alter, Aussehen und Verhaltensmuster Ihrer Klienten und den Ort, an dem Sie sich treffen werden (Wohnung, Amt). Versuchen Sie die Lage des jeweiligen Klienten so lebendig darzustellen, daß jeder Teilnehmer sie versteht, sich in sie hineinversetzen kann, so daß er schließlich die Lage jedes Klienten stellvertretend als seine eigene übernehmen könnte. – Nach dieser Arbeit entscheidet jedes einzelne Gruppenmitglied, welchen Klienten bzw. welche Lage er im folgenden Gespräch übernehmen und darstellen möchte.

Sie selbst versetzen sich in die innere und äußere Situation der Person, die für Sie persönlich der schwierigste Klient ist. Ein anderer Teilnehmer übernimmt die Arbeit des Sozialtherapeuten.

Das Gespräch beginnt so, wie Sie es in der Realität demnächst erwarten, d. h. Sie versetzen sich gedanklich an den Gesprächsort und gehen vom Gesprächsanlaß und den anstehenden Fragen aus. Jeder Gesprächsteilnehmer agiert und reagiert aus der Lage des Klienten, dessen Rolle er übernommen hat. Der Sozialtherapeut arbeitet mit Hilfe der von der Gruppe ausgewählten Funktionsträger.

Sollte während der Übung das äußere Verhalten eines Klienten allzusehr von der Realität abweichen, so können Sie es korrigieren, damit die Übereinstimmung zur realen Situation dichter wird. Falls es Ihnen zweckmäßig erscheint, tauschen Sie untereinander die Rollen.

Während der Übung machen Sie wesentliche Erfahrungen: Sie lernen über Identifikation die intrapersonale Situation Ihrer Klienten besser kennen. Sie entsinnen sich dabei mancher bisher wenig beachteter Kommunikationsbeiträge Ihrer Klienten. Sie können einige Reaktionen Ihrer Klienten an sich selbst erleben und werden auf entsprechende Verhaltensweisen in der realen Situation vorbereitet. Vor allem aber erfahren Sie, wie die von Ihnen erarbeiteten Funktionsträger wirksam werden bzw. was Sie in der Lage auslösen können: Befriedigung oder Frustration, Ablehnung oder Ermutigung, Depression oder Aggression, Widerstand oder Bereitschaft zur Veränderung, Verfestigung ineffektiver Potentiale oder deren Umzentrierung, Erhöhung oder Minderung von Spannungen, Gefühle von Akzeptiertwerden oder Zurückgewiesenwerden, Gefühle von Bedrängtsein oder von Freiheit.

Sie werden aus zeitlichen Gründen nicht alle Funktionsträger in Reproduktionsübungen erproben können. Wählen Sie darum die Fälle aus, in denen Sie selbst am wenigsten sicher sind: im Hinblick auf Ihre eigene Lage, auf die Lage des Klienten und auf die Brauchbarkeit des Funktionsträgers, den Sie ausgewählt haben.

Nach einer dritten Pause fassen Sie das Ergebnis Ihrer Arbeit zusammen. Stellen Sie die Funktionsträger heraus, die Ihnen brauchbar erscheinen, beschreiben Sie sie und schildern Sie, worauf Sie Ihre Brauchbarkeit für die erste Zentralfunktion zurückführen.

Danach treffen sich alle im Plenum.

Im Gegensatz zu anderen therapeutischen Konzepten wird es im KIM keine Sammlung und keine Liste von Funktionsträgern geben können, in denen sie definiert, klassifiziert und etikettiert zum Gebrauch angeboten werden. Therapeutische Funktionsträger erhalten ihre Realität lediglich durch Integration. Nur im therapeutischen System verwirklichen sie ihre einmalige, sehr wandelbare Form.

Wir sind dazu übergegangen, Therapie stets an eigenen Problemen zu lernen. Nur in solchen Übungen erleben wir therapeutische Funktionen und erfahren die Bedeutung von Funktionsträgern und die Dynamik, die mit ihrer Hilfe im therapeutischen Prozeß ausgelöst wird.

Trotz dieser Einschränkungen wollen wir im folgenden Ergebnisse aus der Arbeit mit Funktionsträgern festhalten. Nehmen Sie diese Skizzierung einiger Grundformen lediglich als ein Angebot, das Sie in vielfältiger Veränderung durch Integration zu neuem Leben erwecken können.

Die Arbeitsberichte aus den Gruppen sind außerordentlich vielseitig. Da gibt es Funktionsträger, die sich bereits in der Vergangenheit bewährt haben, und andere, die in der Übung erarbeitet wurden und auf ihren «Einsatz» warten. Neben Funktionsträgern, die für eine ganz spezielle, einmalige Situation entworfen wurden, stehen solche, die wahrscheinlich öfter angewandt werden können. Manche der Funktionsträger bedienen sich irgendeines Materials, andere verwirklichen sich in Handlungsvollzügen. Die Komplexität eines Funktionsträgers wird dabei deutlich.

Wenden wir uns zunächst Materialien zu, die sich, leicht beschaffbar, zum Externalisieren anbieten. Da gibt es Stifte und Papier, Korken (zum Bemalen und Benennen), Knöpfe (in verschiedenen Formen, Farben und Größen), Streichhölzer (lange und kurze), Zeitungs- und Buntpapier (zum Ausschneiden beliebiger Formen), Büroklammern (zum Biegen), Plastilin u. a. m. Da gibt es all das, was zufällig auf dem Tisch liegt, an dem ich Gespräche führe, und das beim Spiel der Hände im Externalisieren verwandelt wird.

Neben diesen unspezifischen Angeboten greifen wir zum Externalisieren auch auf vorgeformte Hilfsmittel zurück. Sie bieten dem Klienten häufig ein sehr ansprechendes «Gerüst», in dem er seine Lage aufbauen kann. In diese Kategorie gehören neben anderem Puppen oder Personen. Kinder lieben es z. B., im Kasperlespiel Lage darzustellen. Erwachsene bevorzugen den Aufbau ihrer Szene innerhalb der jeweiligen realen therapeutischen Situation, indem sie den Gesprächspartner und andere anwesende Personen in ihr «Spiel» einbeziehen.

Neben den Analogien, die Klienten mit Hilfe von Materialien schaffen, gibt es eine Fülle verbaler Analogien. Unter ihnen stehen Gedichte, Märchen, Allegorien an erster Stelle. Tiefer als theoretische Darstellungen können Beispiele in die differenzierten Möglichkeiten derartiger Funktionsträger einführen. Zwei Teilnehmer brachten sie aus ihrer sozialtherapeutischen Arbeit mit in ein Seminar.

6.4 Beispiele aus der Klientel

Das Märchen vom Buh

lange zeit hatte das Buh in seinem ei gelegen. es hatte die meiste zeit verschlafen. wenn es wach wurde und es wurde ihm langweilig, dann fing es ganz doll an zu zappeln. das machte spaß. manchmal biß es sich auch vor lauter freude in die große zehe, oder es kratzte sich hinter dem ohr. es konnte auch mit seinem schwänzchen wedeln oder schielen, mit den ohren wackeln und seine nase plattdrücken. nach kurzer zeit wurde das Buh dann so müde, daß es sich auf die seite drehte und weiterschlief. dabei schnarchte es

ganz leise vor sich hin. den regen oder die sonne hatte das Buh nicht gekannt, und es wußte auch nicht, daß da draußen die welt war und daß da noch andere lebewesen waren. und daß die lebewesen oft vor dem ei des Buh standen und sich wunderten und gern gewußt hätten, was da drin war. alle paßten sie auf das ei des Buh auf. sie hatten ein nest gebaut, in das sie das ei gelegt hatten, und sie vertrieben die raubtiere, die das ei so gern geklaut und aufgegessen hätten. das Buh aber wußte nichts davon. es lag in seinem ei, und das war für das Buh die ganze welt.
mit der zeit wuchs das Buh heran. es wußte nicht, was wachsen war. es hatte ja kein zentimetermaß, an dem es sich hätte messen können. es merkte nur, daß es in seinem ei nicht mehr so viel platz hatte. es konnte sich nicht mehr so gut bewegen. erst konnte es nicht mehr zappeln, und dann konnte es sich nicht mehr in die große zehe beißen. als es sich nicht einmal mehr hinter dem ohr kratzen konnte, wurde dem Buh ganz unbehaglich. es wußte nicht, ob es wütend oder traurig war. vielleicht war es beides zugleich. es war traurig, daß ihm all die schönen sachen verwehrt wurden und es keinen spaß mehr haben konnte. und es dachte, daran sei nur das blöde ei schuld, das so dicht um es herum war und ihm keinen platz mehr ließ. da wurde das Buh ganz wütend auf das ei, und es wollte, daß das ei weggeht. das Buh wußte nicht, wie es das anstellen sollte. das ei kam immer näher heran, und bald konnte sich das Buh gar nicht mehr bewegen. das Buh fand es schrecklich langweilig, immer auf dem rücken zu liegen, und es dachte, daß es das gar nicht mehr aushalten könnte. ganz große Buhtränen weinte es, weil es so traurig war und weil es so wütend war auf das ei und weil es doch nichts dagegen tun konnte. gleich platzt mir der kragen, dachte das Buh. da holte es ganz tief luft, das war noch das einzige, was es in seinem ei anfangen konnte. und das tat gut, weil das Buh

doch so wütend war. es war so wütend, daß es die ganze luft aus dem ei einatmete. da war das Buh so dick, daß nicht einmal mehr ein floh in dem ei platz gehabt hätte.
das Buh dachte nur immer, ich will platz haben, platz haben, platz haben! und weil zu der luft noch die wut kam, wurde das Buh viel dicker als das ei. da machte es auf einmal knack und ratsch. das Buh wußte gar nicht, was geschehen war. das Buh kugelte ein bißchen auf seinen eierschalen herum. es sah den himmel und die bäume und die tiere, die um es herum standen. das Buh wußte gar nicht, was das alles war. einen moment lang blieb es ganz still liegen. dann merkte es, daß da noch die luft und die wut in ihm waren, die wollte es erstmal herauslassen, denn sie drückten ihn. da schrie das Buh ganz laut «buh», weil es das einzige war, was es schreien konnte. und dann ging es ihm besser.
die tiere aber, die das Buh nicht kannten, dachten, das Buh sei ein ungeheuer. sie liefen so schnell sie konnten vor dem Buh davon und versteckten sich hinter den büschen und den bäumen, damit das Buh sie nur ja nicht finden konnte. das Buh setzte sich auf seine hinterbeine und schaute sich erst einmal alles an. da war der himmel und da die wiese. weiter weg standen die bäume und die büsche. und manchmal sah das Buh ein ohr oder ein schwänzchen, das hinter einem baum hervorguckte. das Buh dachte, da seien noch mehr Buhs. es hätte sich ganz gern mit den anderen Buhs unterhalten, aber es wußte nicht, warum sich die anderen Buhs hinter den bäumen versteckten. da schrie es noch einmal «buh», weil das das einzige wort war, das es kannte. und das sollte soviel heißen wie «guten tag, ich bin das Buh, und ich möchte mit euch reden». da verschwanden aber auch die schwänzchen und die ohren, und das Buh konnte gar keinen mehr sehen. schade, dachte es, jetzt sind alle weg, und es wurde traurig. es wollte aber nicht traurig

sein. da erinnerte es sich daran, wie schön es war, mit dem schwänzchen zu wedeln und sich in die große zehe zu beißen. es fing an, sich erst einmal ausgiebig hinter dem ohr zu kratzen. dann legte es sich auf den rücken und biß sich in die große zehe. es wedelte mit seinem schwänzchen, wakkelte mit seinen ohren. es drehte sich nach links und rechts. es fing an zu zappeln. dann stand es auf, und es merkte, daß es in die höhe und weite springen konnte. das machte ihm die meiste freude. dabei schrie es immer wieder «buh, buh», und das hieß soviel wie «es ist schön, das blöde ei ist weg, ich kann mich wieder bewegen». das Buh war darüber sehr glücklich, und es tollte so lange herum, bis es schrecklich müde wurde. dann rollte es sich zusammen. es dachte noch: wenn ich aufwache, dann laufe ich durch die ganze welt und guck mir alles an. und wenn ich ein anderes Buh treffe, dann sage ich ihm «buh» und dann können wir zusammen mit den ohren wackeln oder schielen oder in die höhe springen. das macht bestimmt sehr viel spaß. dann fing es ganz leise an zu schnarchen, und es schlief bis zum nächsten tag.

am nächsten morgen, als das Buh aufwachte, hatte es schrecklichen hunger. es fraß erstmal ein bißchen gras und ein paar bucheckern. dann bekam es durst und lief zum bach. als es sich zum wasser hinunterbeugte, sah es darin ein anderes Buh. «buh» schrie das Buh. aber das Buh im wasser gab keine antwort. das Buh setzte sich auf seine hinterbeine, es dachte, ich muß doch mal abwarten, was das andere buh macht. das wasser-Buh hatte sich im gleichen moment auf die hinterbeine gesetzt. wenn das Buh mit seinem schwänzchen wedelte, dann wedelte auch das wasser-Buh mit seinem schwänzchen, und wenn das Buh mit seinen ohren wackelte, wackelte auch das wasser-Buh mit seinen ohren. eine zeitlang fand das Buh sein neues spiel sehr lustig. es war nur traurig, daß ihm das wasser-Buh nicht

«buh» sagte. «buh, buh, buh» schrie das Buh immer wieder. aber das wasser-Buh gab keine antwort. dabei rückte das Buh immer näher an das wasser-Buh heran. auch das wasser-Buh kam immer näher zum Buh. ei, dachte das Buh, gleich stoßen wir zusammen. als es aber an das wasser stieß, war da keine Buhschnauze. es war nur so naß und kalt. das Buh schreckte zurück. da konnte es das wasser-Buh kaum noch sehen. es sah so kringelig und zitterig aus. das Buh dachte, jetzt läuft das Wasser-Buh weg. und mit einem satz sprang es in das wasser, dem anderen Buh hinterher. da konnte es aber niemanden mehr finden, so sehr es sich auch umschaute. es schrie noch ein paarmal «buh, buh», aber da war nichts mehr. das Buh stand ganz allein in dem wasser. und da wußte es wieder nicht, ob es mehr ärgerlich oder mehr traurig sein sollte. sicher war es beides.
das Buh fühlte sich ganz unbehaglich. ja, es sehnte sich sogar nach seinem ei zurück. die welt war doch ziemlich blöd. da liefen so viele Buhs herum, und wenn es ihnen «buh» sagen wollte, dann liefen sie weg oder sie blieben stumm. und jetzt stand es in dem wasser. das war so naß und kalt, und das Buh war so unglücklich. es hatte kaum noch kraft, sich zu bewegen. ganz langsam kroch es aus dem wasser. «buhuhu» weinte es. da gab es gar nichts mehr, was dem Buh hätte spaß machen können. alles war so schrecklich langweilig, und dann war es traurig, und es war wütend. und die welt war so groß, viel zu groß für ein kleines Buh. und wenn die welt überall so blöd war, dann wollte das Buh auch gar nicht auf der welt sein. aber weil es nun einmal da war, mußte es auch etwas mit der welt anfangen. ich muß irgendwohin gehen, dachte das Buh. vielleicht finde ich ein ei, das groß genug für mich ist. da krieche ich dann hinein und schlafe solange ich will. und wenn ich wach werde, dann kratze ich mich hinter dem ohr, oder ich beiß mich in die große zehe. aber wenn es ganz ehrlich zu sich war, dann

mußte es sich eingestehen, daß es doch furchtbar gern mit den anderen Buhs gespielt hätte. und daß ihm das noch nicht gelungen war, machte das Buh ziemlich wütend. und weil es nicht wußte, wohin mit seiner wut, trat es im vorbeigehen an einen stein. das war aber gar nicht gut für das Buh. es hatte sich dabei nämlich die Zehe sehr wehgetan. «buh, buh» schrie das Buh. und es warf sich da, wo es stand, auf die erde und weinte erst einmal bitterlich.
das Buh war so sehr mit seinem kummer beschäftigt, daß es gar nicht merkte, wie die sonne allmählich sein fell trocknete. und weil das weinen so anstrengend war und die sonne es aufgewärmt hatte, schlief das Buh endlich ein. die schmetterlinge und die bienen, die das Buh auf der erde liegen und schlafen sahen, wagten sich ganz vorsichtig an das Buh heran. «eigentlich ist es nicht so schrecklich», sagten sie. «es liegt doch ganz friedlich da.» aber einige tiere, die meinten, daß sie alles besser wüßten, warnten die anderen. «ja», sagten sie, «jetzt, wo es schläft, sieht man es ihm auch nicht an. aber denkt nur an gestern abend, wie es aus dem ei geschlüpft ist. wie hat es uns da angeschrien! wenn etwas, das aus dem ei schlüpft, schon so laut ‹buh› schreit, dann ist es ganz bestimmt ein ungeheuer. und wißt ihr denn, wovon es sich ernährt? vielleicht will es unsere kinder fressen. und wenn es erst einmal groß wird, dann frißt es auch uns.» eine heuschrecke schlug sogar vor, daß man einen ganz hohen zaun um das Buh bauen und wächter aufstellen sollte, damit das Buh nicht entkommen kann. aber da waren die anderen tiere doch vernünftiger, und sie sagten, daß man erst mal abwarten solle. vielleicht wäre das Buh auch ganz nett. man könne ja nach einem Tag noch nicht wissen, ob ein Buh ein ungeheuer oder ein tier wie alle anderen sei. aber als sie merkten, daß das Buh langsam wach wurde, liefen sie doch alle weg. man kann ja nicht wissen, was so ein Buh alles anstellt.

dem Buh ging es nach dem aufwachen schon viel besser. jetzt gehe ich los und guck mir die welt an, dachte das Buh. und es fühlte sich ganz stark. vielleicht finde ich ein ei, dachte das Buh, aber noch schöner wäre es, wenn ich andere Buhs träfe, die mir «buh» sagen. es lief also geradeaus über die wiese und auf den wald zu. wenn es einen stein sah, machte es allerdings einen kleinen bogen, damit es sich nur ja nicht daran stieß.
hier ist ja eine menge los, dachte das Buh, als es in den wald kam. es hörte die vögel, die zwitschernd und schäkernd von ast zu ast flogen. und manchmal sah es ein ohr oder ein schwänzchen hinter einem baumstamm. «buh, buh», schrie dann das Buh und rannte zu dem baum. die tiere aber, die sich dahinter versteckt hatten, liefen so schnell sie konnten davon. diese blöden Buhs, dachte das Buh. alle rennen sie vor mir davon, und es konnte sich gar nicht erklären, warum. das Buh dachte, daß die anderen Buhs vielleicht viel lieber mit anderen spielten und daß es selbst vielleicht ein ganz blödes Buh war, das keiner mochte. und da wurde es wieder sehr traurig.
langsam wurde es dunkel im wald. das Buh war auch sehr müde vom vielen hin- und herjagen. es scharrte sich ein paar blätter neben einer wurzel zusammen. das sollte sein bett sein. dann legte es sich darauf, rollte sich zusammen und fing ganz leise an zu schnarchen. in der nacht träumte es von dem wasser-Buh. das wasser-Buh lief mit ihm durch den bach und buhte ihm etwas vor. sie kamen an einen see. da trafen sie noch mehr Buhs. sie schwammen alle zu einer insel in der mitte des sees. dort brannte ein lagerfeuer. die Buhs trockneten daran ihr fell und schmorten bucheckern. «buh, buh», schrien sie, als das wasser-Buh mit dem Buh ans land stieg. dann setzten sie sich alle in einen kreis, wedelten mit ihren schwänzchen, wackelten mit den ohren und bissen sich in die große zehe. das war sehr schön.

als das Buh am morgen aufwachte und merkte, daß es ganz allein war, und die insel war nichts weiter als ein traum, wurde es wieder ganz traurig. ach, dachte es, ich werde wohl immer allein bleiben. ich werde mir ein paar buchekkern suchen und weiter durch die welt ziehen, und wenn ich großes glück habe, dann finde ich ein ei, in dem ich leben kann. das Buh lief heute viel langsamer als gestern. es sah wohl die anderen tiere, aber es hatte den mut verloren, ihnen «buh» zu sagen, und hinter ihnen herzurennen. es hat ja doch keinen sinn, dachte das Buh, wozu soll ich mich anstrengen. so wanderte das Buh eine ganze zeitlang vor sich hin.
gegen mittag kam es auf eine wiese. da standen zwei schafe mit ihren lämmern. oh, dachte das Buh, wie schön, da stehen zwei große Buhs mit ihren kleinen Buhs, die wackeln mit ihren ohren und fressen gras. eine ganze weile stand das Buh da und schaute den schafen zu. das muß sehr schön sein, dachte das Buh, wenn ich auch dabei sein könnte. und je länger es den schafen zusah, um so größer wurde der wunsch, dabei zu sein. ach, dachte das Buh, was soll's, ich versuch es einfach mal. so schnell es konnte, rannte es auf die schafe zu. «buh, buh, buh», schrie es. aber kaum hatten die schafe das Buh gehört, stießen sie ihre lämmer in die seite und rannten davon. da ließ das Buh den kopf hängen, und seine traurigkeit wurde sehr groß. genauso groß, wie kurz zuvor sein wunsch gewesen war, mit den schafen gras zu fressen und ihnen Buh zu sagen. und es quollen auch ganz große tränen aus seinen Buh-augen. nie, nie, nie werde ich freundschaft mit einem Buh schließen können, dachte das Buh, und es machte sich auch selber vorwürfe, daß es so etwas hatte annehmen können. weil es den kopf so hängen ließ und durch die tränen kaum noch etwas um ihn her sehen konnte, sah es auch nicht den kleinen fuchs, der am wege saß. der hatte aber das Buh gesehen, und weil er

gar nicht so dumm war, dachte er bei sich, wenn das Buh so traurig ist und so weinen kann, dann ist es bestimmt kein ungeheuer. vielleicht sollte ich das den anderen tieren sagen. und der fuchs hätte dem Buh ganz gern etwas nettes gesagt, aber er wußte nicht, was, weil er nicht wußte, was ein Buh nett findet.
an diesem abend war das Buh so traurig, daß es sich nicht einmal ein blätterbett zusammenscharren wollte. es lief, solange es konnte, geradeaus. dann fing es an zu stolpern, und schließlich ließ es sich einfach fallen und schlief ein. da kam aber der kleine fuchs. und als er sah, wie das Buh so einfach auf der erde lag, sammelte er ein paar blätter und federn, die er im wald finden konnte, und deckte es damit zu.
das Buh wachte erst spät am morgen auf. es blinzelte ein bißchen in die sonne. und es dachte, daß es doch ganz schön warm sei. und so schlimm sei es doch gar nicht auf der welt. und wenn es keine anderen Buhs träfe, dann gab es vielleicht doch irgendwo ein ei auf der welt, und das wollte es heute suchen. als es aufstehen wollte, spürte es auf einmal die blätter und die federn, mit denen der fuchs es zugedeckt hatte. das Buh wußte nichts von dem fuchs. es konnte sich nicht erklären, woher das alles kam. es dachte, daß es vielleicht über nacht blätter und federn geregnet hätte, und das wäre vielleicht etwas schönes, und dann wäre die welt auch nicht so schlimm. wo es blätter regnet, da wird es auch eier geben, dachte das Buh, und ich werde schon eines finden, in das ich hineinpasse. da stand es auf und ging immer geradeaus. der kleine fuchs trabte hinterher, aber davon merkte das Buh nichts.
lange, lange trabte das Buh durch den wald. zwischendurch sammelte es ein paar bucheckern, damit es etwas zu essen hatte. als der kleine fuchs sah, daß das Buh bucheckern aß, dachte er, daß es ganz bestimmt nicht gefährlich sei, und

daß man ihm helfen müßte. da machte er einen kleinen bogen um das Buh, bis er ein stückchen vor dem Buh herlief. und dann streute er bucheckern aus, weil er wußte, daß das Buh sie ganz besonders gern aß. der fuchs wollte das Buh nämlich in eine ganz bestimmte richtung locken.
das Buh wußte von alldem nichts, und weil es hunger hatte, lief es von einer buchecker zur anderen, bis es an eine lichtung kam. am rande der lichtung stand eine hütte. das Buh hatte noch keine hütte gesehen, aber es war neugierig, und es dachte, vielleicht ist das ein riesenei, in dem ich wohnen kann. es ging auf die hütte zu und fand auch die tür. ganz vorsichtig schaute es in die hütte hinein. da saß jemand an einem tisch, das war aber kein Buh, das hatte nämlich kein schwänzchen und auch nicht so schöne ohren. das Buh bekam ein bißchen angst und wäre gern wieder fortgegangen. aber da stand etwas auf dem herd, das roch so gut, daß das Buh sich gar nicht richtig von der schwelle lösen konnte. ganz vorsichtig schnupperte es zum herd hin, und je mehr es von dem duft in die nase bekam, um so größer wurde sein verlangen danach. da konnte es sich nicht mehr beherrschen, so gut roch es. und da sagte es ganz leise «buhuhu», obwohl es das gar nicht mehr sagen wollte. das hörte aber die frau, die an dem tisch saß. «guten tag, Buh», sagte sie zu dem Buh. das Buh erschrak furchtbar, daß man es entdeckt hatte, und wäre am liebsten weggelaufen, wenn es da nicht so gut gerochen hätte. «komm doch herein», sagte die frau. das Buh sah die frau eine ganze weile an, und es dachte, wenn es hier so gut riecht, dann kann auch das merkwürdige Buh an dem tisch nicht so gefährlich sein. das Buh ging also ein paar schritte in die küche hinein und setzte sich in eine ecke. «möchtest du etwas essen?» fragte die frau. da schrie das Buh ganz laut «buh». aber dabei erschrak es heftig. es wußte ja, daß alle Buhs weglaufen, wenn es «buh» schreit. und vielleicht nahm das merkwürdi-

ge Buh auch noch den topf mit und dann wäre es wieder allein, und der gute duft wäre auch fort. die frau blieb aber sitzen. sie lachte sogar, und dann sagte sie: «gleich wirst du etwas bekommen, wenn mein mann und die kinder kommen. aber, liebes Buh, tu mir bitte einen gefallen und schrei nicht ‹buh›, wenn meine kinder da sind. die bekommen dann nämlich angst und fangen an zu weinen.» das Buh wunderte sich sehr, daß die frau so nett zu ihm war. sie lief nicht vor ihm davon, und vielleicht war sie ein sehr nettes Buh. und deshalb wollte es ihr auch den gefallen tun und nicht «buh» sagen, wenn ihre kinder kamen.
das Buh half der frau beim tischdecken, und es half ihr auch, die schüsseln aufzutragen. nach und nach trafen der mann und die kinder ein. das Buh wollte jedes mit «buh» begrüßen, weil es sich so freute. doch dann dachte es an sein versprechen und blieb ganz still. als alle in der hütte waren, setzten sie sich um den tisch. die frau gab jedem aus den schüsseln auf den teller, und wer etwas bekommen hatte, sagte «danke». da kam auch das Buh an die reihe. es war ganz zappelig vor aufregung, weil es so gut roch und weil es so froh war, auch etwas zu bekommen. es wollte ganz, ganz laut «buh» schreien, weil es das alles so schön fand. aber da guckte es so ganz aus versehen auf das kleinste kind, und es dachte, daß es dann anfangen würde zu weinen, wenn es «buh» sagen würde. weil das Buh aber irgend etwas sagen mußte, sonst wäre es wohl vor freude geplatzt, sagte es einfach das nach, was es von den anderen gehört hatte, und das hieß «danke». wenn das Buh weniger auf seinen teller als auf die frau gesehen hätte, dann hätte es wohl gemerkt, daß sie sich freute. sie dachte nämlich, daß der kleine fuchs wohl recht hatte mit seiner meinung über den Buh und daß aus dem Buh im laufe der zeit wohl ein ganz vernünftiges liebes tier werden würde.

ein gedicht von waltraud

wenn die welt im schlafe liegt,
seh ich wachend aus dem fenster
und beobachte die stille,
die tags reges leben war.
ich presse das gesicht an die scheibe,
betrachte die schatten
kaum sichtbar – aber da.

wenn stille so die erde erschüttert,
dann zähl ich all die spuren
im sand, auf den steinen, im leben.
bin ich auch nur ein pünktchen im leben,
so schwör ich zu gott, daß noch vor meinem
ende, die welt wissen soll: ich war da.

6 Theorie zu Funktionen der beiden Hirnhemisphären

6.1 Analoge Gestaltung nach hirnphysiologischer Forschung

Logisches Denken wird kommuniziert in Sprache und in Zeichen und Formeln. Für diesen Bereich der Kommunikation hat sich der Ausdruck «digitale Kommunikation» durchgesetzt. Sie ist anders als die «analoge Kommunikation».

Analog wird kommuniziert in Gesten und Gebärden, aber auch in Bildern, in Tonfolgen und Gestaltungen aus anderen Sinnesmodalitäten. Schließlich in einem weiteren Sinne auch in sprachlich formulierten Gleichnissen vielerlei Art, vom einfachen Vergleich bis zur künstlerisch vollendeten Parabel.

Logisches Denken und analoges Gestalten haben ihre Voraussetzungen in Funktionen unseres Gehirns. In der Hirnphysiologie sind sie Gegenstand wissenschaftlicher Forschung. Für den Laien bleiben diese Ergebnisse schwer zugänglich, denn er muß sich an schwer darstellbaren experimentellen Befunden und Theorien orientieren. Einen für uns besonders wichtigen Gesichtspunkt hat Watzlawick in seinen Büchern herausgestellt.*

Aus der Komplexität dieses Wissensgebietes greife ich hier einige Daten heraus. Ich verfolge damit zwei Ziele: Einmal möchte ich eine Erklärung finden für die überraschende Praktikabilität und Wirksamkeit des analogen Gestaltens im therapeutischen Prozeß. Zum anderen hoffe ich, daß eine wissenschaftliche Begründung in Ihnen mehr Vertrauen, mehr Bereitschaft und mehr Freude zum Umgang mit Analogien weckt.

Nach einem einfachen Schema unterteilen wir das Gehirn in verschiedene Bereiche. So unterscheiden wir unter anderem die rechte und die linke Hemisphäre. Die Entwicklung hat offensichtlich dahin geführt, daß sich aus einer ähnlichen Grundstruktur beider Hemisphären die eine differenzierte, um neue Funktionen zu übernehmen. Bei der Mehrzahl der Menschen (d. h. allen Rechtshändern) ist es die linke Hemisphäre. Ihre Funktionen ermöglichen dem Menschen unter anderem abstrahierendes Erleben, analytisches Wahrnehmen, logisches Denken, digitale Kommunikation. Sie korrespondieren mit Handlungsabläufen der rechten Körperseite. So wird die Hand zum differenzierten Werkzeug «linkshemisphärischer» Impulse. Sie dient dem «Begreifen».

Die rechte Hirnhälfte ermöglicht dem Menschen unmittelbare Orientierung, die ihn existentiell in seine Welt einbindet. Hier lebt er in räumlichen Vorstellungen, hier nimmt er ganz-

* Insbesondere in Watzlawick 1977. Vgl. dazu Ornstein 1974 und Sinz 1978. Ich möchte Ihnen empfehlen, sich dort zu informieren. Sie finden darüber hinaus weiterführende Literaturhinweise, die ein vertieftes Studium ermöglichen.

heitlich wahr, hier ordnen sich Abläufe zu einheitlichen Zusammenhängen. Sein Empfinden wird zu analogen Vorstellungen in verschiedenen Bewußtseinsbereichen: Er träumt in Bildern, er orientiert sich an bildhaften Projektionen, er entwirft Zukunft in kreativen Visionen. Nach dem heutigen Wissensstand ist es nicht möglich, die Funktionen beider Hemisphären gleichzeitig zu größter Aktivität zu entfalten. Die eine Hirnhemisphäre ist jeweils führend und mindert dann (vielleicht unterdrückt oder überdeckt sie auch) die Aktivität der anderen. Die linke Hemisphäre funktioniert intensiv und ist führend in Zuständen der willentlichen Konzentration, der Anspannung des Denkens und Planens. Die rechte Hemisphäre dominiert in Zuständen der Entspannung, insbesondere kurz vor dem Einschlafen, beim Erwachen oder auch unter dem Einfluß von gezielten Entspannungpraktiken.

Die Funktionen der beiden Hirnhälften ergänzen sich zur optimalen Bewältigung des menschlichen Lebens.*

Jede nicht hirngeschädigte Person hat die Fähigkeit ebenso zur Konzentration wie zur Kreativität. Sie kann es darüber hinaus lernen, diese Funktionen bewußt in Gebrauch zu nehmen und nach ihrer Planung und Entscheidung einzusetzen.

🕮 6.2 Analoge Gestaltung in gesellschaftlicher Wertung

Die Entwicklung unserer Zivilisation hat zu einer deutlichen Bevorzugung linkshemisphärischer Funktionen geführt. Im Laufe von Jahrtausenden ist die Rechtshändigkeit des Menschen immer ausgeprägter geworden. In unserer Erziehung beginnt schon sehr früh die Bevorzugung der rechten Hand, des genauen Sprechens, des Lesens, Rechnens und logischen

* Vgl. Ornstein 1974. Nach Kant sind «Begriffe ohne Anschauungen leer, Anschauungen ohne Begriffe blind».

Denkens. Schulische Leistungen und akademische Qualifikationen werden nach linkshemisphärischen Kriterien gemessen. «Exakte Wissenschaft» steht in höchstem Ansehen.

Personen, die anders orientiert sind, werden zu Außenseitern gestempelt oder in Randgruppen gedrängt. Das gilt für viele, die in ihrer individuellen Entwicklung linkshemisphärische Funktionen wenig üben konnten. Mit Werturteilen wie «naiv», «primitiv», «dumm» werden sie gesellschaftlich abqualifiziert. Aber auch solche Personen, die bei ausgezeichneter Funktionsfähigkeit ihres gesamten Gehirnes die rechte Hemisphäre gleichzeitig oder bevorzugt einsetzen, haben es in unserer Gesellschaft nicht leicht. Ihre Ideen werden so lange als «Spinnereien» boykottiert, bis sie selbst oder andere mit Hilfe linkshemisphärischer Funktionen den gewünschten «Wahrheitsbeweis» liefern können. Dann allerdings kippt das gesellschaftliche Urteil von «Scharlatanerie» zu «Genialität» um.

Hierzu gibt es eine Fülle von Beispielen im Rahmen wissenschaftlicher Entwicklungen. Eines der eindrucksvollsten aus unserer Zeit bietet Einsteins Arbeit. Noch immer ist es wenig bekannt, daß Einstein den Inhalt seiner Relativitätstheorie im Zusammenhang mit bildlichen Vorstellungen erarbeitet hat. («Was wäre, wenn man auf einem Lichtstrahl reiten würde?») Erst viel später hat er seine Schlüsse in Formeln gekleidet.

Es ist beunruhigend, daß in unserer Gesellschaft der analoge Entwurf, die Idee nicht als Chance begriffen, sondern zunächst abgelehnt wird. Es stellt sich daraus die Frage, wodurch wir eigentlich so festgelegt, so schwer beweglich geworden sind.

Hierzu könnten viele Hypothesen aufgestellt werden. Sicher ist, daß unsere gesellschaftliche Struktur Rationalisierung, Technisierung und Stabilisierung fordert. Unsere Gesellschaft ist zur Domäne der Techniker, Manager und Verwalter geworden. Diese Entwicklung ist nicht zufällig. Ihre kompromißlose Ablehnung wäre ebenso voreilig wie ihre einseitige Verherrlichung.

Vielleicht müssen wir alle ein neues Verhältnis zu Wertvorstellungen einnehmen. Die meisten von uns leben mit Normen wie mit monumentalen Götzen. Normen könnten aber auch in uns zu Gestalten werden, die sich im Zusammenspiel von gesellschaftlicher und individueller Entwicklung sehr lebendig verwirklichen. Auf diese Möglichkeit werden wir im Rahmen der fünften Zentralfunktion zurückkommen.

Letztlich bleibt es eine Frage an Sie, wieweit Sie mit Ihrer Art zu leben einseitige Wertvorstellungen unserer Gesellschaft stabilisieren. Eine Gesellschaft, die ihr gesamtes geistiges Potential gleichmäßig funktionalisiert und nutzt, beginnt mit Sicherheit mit dem persönlichen Entschluß jedes einzelnen, aus diesem Potential zu leben.

📖 6.3 Analoge Gestaltung in persönlicher Erfahrung

Wir haben erlebt (und in diesem Buch aufgezeigt), wie gering wir unsere Fähigkeiten zur analogen Gestaltung einschätzen. Wir haben das als ein kulturbedingtes Phänomen betrachtet, das sowohl in unserer gesellschaftlichen wie auch in unserer individuellen Entwicklung seine Begründung hat. Wir haben erkannt, daß uns gesellschaftliche Normen festhalten, in linkshemisphärischen Mustern zu denken und zu handeln. Schließlich haben wir daraus folgern können, daß wir dabei Vorurteilen Raum geben, die nicht unseren hirnphysiologischen Möglichkeiten entsprechen. Daraus ergeben sich Konsequenzen, die uns zu neuem Lernen motivieren sollten.

Fast alle Personen gehen mit Neugierde, Spannung und manchmal auch Angst in neue Lernprozesse. Vielleicht haben Sie zur Zeit ähnliche Gefühle. Selbst nach langen, ausnahmslos positiven Erfahrungen mit Kreativitätsübungen in Seminaren (vgl. ⚇ 11) bin ich selbst immer wieder überrascht, wie leicht und schnell rechtshemisphärische Fähigkeiten von jedem Teilnehmer realisiert werden können.

Ich weiß, daß eine Darstellung derartiger Erfahrungen erst nach entsprechenden eigenen Erlebnissen «ankommt». Trotzdem möchte ich abschließend einige zusammenfassen:

Das Aktivieren der rechten Hemisphäre erfordert zunächst konzentrierte Lernprozesse, d. h. es strengt an. Die Erfolge sind eindeutig und werden von allen Personen mit außerordentlich hoher Befriedigung erlebt. Der einzelne hat das Gefühl, eine geistige Barriere überwunden zu haben. Eine erste Erfahrung ermöglicht es den meisten Personen, selbständig weiterzulernen; dabei können sie ganz ihren individuellen Ansprüchen folgen. Die neuen Fähigkeiten bleiben nicht auf den Bereich beschränkt, in dem sie zunächst erworben wurden (hier z. B. auf Sozialtherapie); sie werden generalisiert und führen zu erweiterten Möglichkeiten in allen Lebensbereichen, innerhalb der Familie, in der Freizeitgestaltung und im Berufsleben.

Erfahrungen aus der rechten Hemisphäre setzen offensichtlich Reize in der Person, die wiederum linkshemisphärische Funktionen intensivieren, d. h. analoge Gestaltung regt neue logische Denkprozesse an. Offensichtlich bieten sich uns hier neue Möglichkeiten, Realitäten umfassender wahrzunehmen, zu erkennen und zu bewältigen.

Tonbandaufnahmen als Mittel zum Externalisieren von Lage

ꔮ *7 Übung für zwei Personen*

ꔮ 7.1 Einführung in die Übung

Kassettenrekorder – technische Hantierungen – Probeaufnahmen – Ihre Stimme auf dem Apparat, fremd, verzerrt, schnell – abschalten – wieder einschalten zur Übung – Stille – das

Tonband läuft – funktioniert es richtig? – fangen Sie an – und was sollen Sie nun sagen?

Diese Situation ist es, die so sehr das Unbehagen in uns auslöst, Tonbänder in den therapeutischen Prozeß einzuschalten. Gerade haben Sie sich dazu durchgerungen, das Tonband als stillen Begleiter im Gespräch zuzulassen. In dieser Übung drängt es sich nun in den Vordergrund und soll Ihr «Partner» im Gespräch werden. Können Sie das akzeptieren?

Wir alle wissen, wie sehr die Stimme ein Instrument sein kann, durch das sich die intrapersonale Lage einer Person darstellt. Kaum ein anderes Verhalten des Menschen reagiert so deutlich auf die feinsten Nuancen von Spannungen und ihre Veränderungen. Ebenso haben wir häufig erfahren, wie sehr die Sprache durch Tempo, Modulation und Wortwahl unsere Befindlichkeit auszudrücken vermag, und nicht zuletzt wissen wir aus eigener Erfahrung, daß wir im Sprechen auch Dinge formulieren, die der Schwerfälligkeit unseres Denkens voraus zu sein scheinen. Bei alldem müssen wir zugeben, daß wir offensichtlich unsere eigene verbale Kommunikation nur unzureichend beurteilen und uns ihrer nur unvollständig erinnern können. So fehlt uns hier ein wesentliches Stück Kenntnis von unserer eigenen Person und damit ein Stück Selbsterkenntnis. Vielleicht sollten wir es doch wagen, unserem Sprechen zu begegnen.

Um das möglich zu machen, müssen wir unser Sprechen auffangen, festhalten und reflektieren. Im Band, das wir dazu abspielen, erleben wir ein Stück externalisierte Lage.

Warum fühlen so viele Personen und vielleicht auch Sie ein Unbehagen bei diesem Vorgang? Auf dem Band begegnen wir uns selbst in einer Art und Weise, in der wir uns im Alltag niemals wahrnehmen. Dort können wir unser Sprechen nur im unmittelbaren Geschehen wahrnehmen; uns fehlt die räumliche und zeitliche Distanz. Unsere Selbstwahrnehmung muß sich von jeder Fremdwahrnehmung unterscheiden. Mit Hilfe des Tonbandes begegnen wir uns gleichsam als Fernstehende, und dadurch ist sowohl unser Selbstbild als auch unser Wunschbild Belastungen ausgesetzt. Wir müssen uns so hören, wie uns andere hören, und manche Täuschungen über uns aufgeben. Das führt nicht selten zu Spannungen.

Doch wenn wir so viel Geduld mit uns haben wie andere Personen, die uns ständig zuhören, werden wir wahrscheinlich noch eine zweite, angenehmere Erfahrung machen. Wir stellen fest, es lohnt sich, uns zuzuhören. Der, der da spricht, hat manches Wesentliche zu sagen. Er spricht über Inhalte, die wir kaum bewußt durchdacht haben. Er formuliert in Zusammenhängen, die uns nicht so deutlich waren, und teilt etwas mit, das wir ihm kaum zugetraut hätten. Wir fangen an, ihn aufmerksam wahrzunehmen, ihn ernst zu nehmen und uns über ihn Gedanken zu machen. So erleben wir uns im Anhören unseres Tonbandes als eine neue Person, mit der zu befassen, sich auseinanderzusetzen und die besser zu verstehen sich lohnt.

So führt die Arbeit mit dem Tonbandgerät sehr schnell über das Externalisieren von Lage zur Arbeit in der Lage. – Dieser Tendenz kommen wir durch eine Übungsanordnung im folgenden entgegen.

⚹ 7.2 Anweisung zur Durchführung

Nehmen Sie sich als ersten «Partner» ein Tonbandgerät und lernen Sie es so gut kennen, daß Sie ohne viel Nachdenken mit ihm umgehen können. Ihr zweiter Partner ist eine beliebige Person, die Sie an Ihrer Arbeit mit Ihrer Lage teilnehmen lassen wollen.

Oft wird die Frage gestellt, ob diese Übung auch ohne Begleitperson gemacht werden kann. Es fällt mir schwer, eine verbindliche Antwort zu geben. Zunächst ist es für viele eine Hilfe, nicht für sich allein in ein Mikrophon zu sprechen, sondern einen Zuhörer zu haben, der hier und da durch behutsame Hilfe das Sprechen erleichtert. Beim Anhören später macht es einen Unterschied, ob ich allein bin oder ob eine zweite Person mithört. Die zweite Person macht es möglich, in größere Distanz zu gehen, weil ich mich zunächst auch mit ihr identifiziere.

In der weiteren Arbeit wird jedoch die Begegnung mit mir selbst so interessant und so spannend, daß die Bedeutung des gemeinsamen Hörens völlig in den Hintergrund tritt.

Eugen Heimler schilderte in diesem Zusammenhang, daß der Versuch unternommen wurde, während der Arbeit mit dem Tonband den jeweiligen Therapeuten zu wechseln. Das Ergebnis zeigte, daß ein solcher Wechsel den Prozeß nicht beeinflußte. Eine Reihe von Versuchspersonen soll ihn nicht einmal wahrgenommen haben.

Nun sitzen Sie mit dem Sozialtherapeuten in einem Raum, in dem Sie ungestört arbeiten können. Vor Ihnen steht das Tonbandgerät. Stellen Sie es an, und beginnen Sie zu sprechen! Ich möchte vorschlagen, diese Übung gleichzeitig als Auswertung für Ihren bisherigen Lernprozeß zu gebrauchen. Sprechen Sie darum über Ihre Lernerfahrungen, so, wie es Ihnen gerade einfällt! Ähnlich, wie bei unserer allerersten Übung ⚮ 1 gibt Ihnen Ihr therapeutischer Partner beim Aussprechen Ihrer Gedanken alle Hilfen, die Ihnen beim Externalisieren nützen können, und verzichtet auf alle Fragen und Bemerkungen, die ihm darüber hinaus sinnvoll erscheinen mögen. Hier gilt im allgemeinen die Regel, daß er so wenig wie möglich in Aktion treten sollte. Nach etwa zehn bis fünfzehn Minuten bittet Ihr Therapeut Sie, zu einem vorläufigen Ende Ihrer Ausführungen zu kommen und dann das Tonbandgerät zu stoppen. Nun entspannen Sie sich zunächst einmal. Dann spulen Sie das Tonband bis zu Beginn der Aufnahme zurück, nehmen Papier und Bleistift zur Hand und drükken erneut auf die Start-Taste. Hören Sie sich an, was die Stimme dort erzählt! Hören Sie, wie sie erzählt, und versuchen Sie, sie zu verstehen! Wenn Ihnen eine Sache wichtig erscheint, wenn etwas fraglich ist, oder wenn Sie Einfälle dazu haben, schreiben Sie es auf. Am besten ist, Sie halten während des Aufschreibens mit der Pausentaste das Tonband an. Danach hören Sie weiter.

Nachdem Sie alles gehört haben, sprechen Sie auf das Tonband, was Sie aufgeschrieben haben bzw. was Ihnen nun weiter dazu einfällt. Lassen Sie sich viel Zeit zum Nachdenken, zum Überlegen, eventuell auch zum Korrigieren und vor allem zum Weiterführen Ihrer Gedanken. Wenn Sie Ihre Arbeit abgeschlossen haben, spulen Sie wieder das Tonband zurück bis zum Beginn des zweiten Arbeitsabschnittes.

Nun hören Sie noch einmal Ihre weiteren Ausführungen an. Danach halten Sie das Tonband an und überlegen, ob Sie einiges von dem, was Sie gesagt haben, zusammenfassen können; ob vielleicht ein Grundgedanke, ein Thema im Gespräch mit sich selbst herauszuhören ist. Greifen Sie das auf! Formulieren Sie vorsichtig das, von dem Sie selbst meinen, daß es im Gespräch besonders wichtig geworden ist.

Lassen Sie nun das Tonband weiterlaufen. Sprechen Sie Ihre Zusammenfassung darauf! – Hören Sie sich auch diese noch einmal an und suchen und formulieren Sie abschließend eine Frage, die Sie aus dieser Arbeit mit in Ihren Alltag nehmen wollen.

Nach dieser Übung machen Sie eine Pause und tauschen mit Ihrem therapeutischen Partner die Rollen. Diese Übung möchte ich nun zur besseren Übersicht noch einmal in einer Skizze darstellen. Anhand der Zeichnung wird Ihnen deutlich, warum sie von Eugen Heimler, von dem wir sie übernommen haben, auch «Fischreuse» genannt wird.

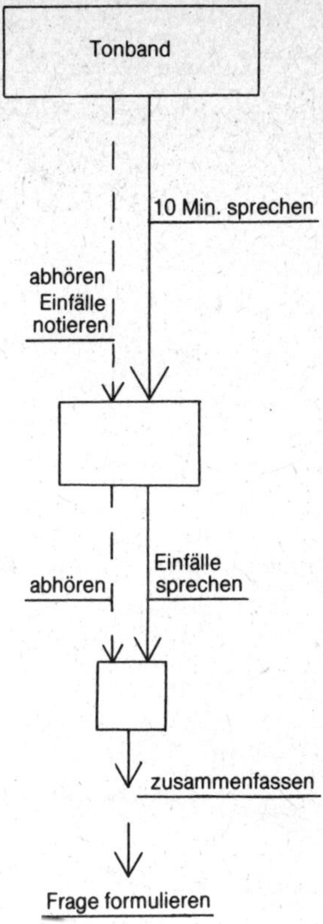

⚇ 7.3 Erfahrungsbericht im Plenum

Die Berichte aus dieser Übung sind sich, soweit es das formale Geschehen betrifft, außerordentlich ähnlich. Auch Sie werden Vergleichbares erlebt haben. Von den inhaltlichen Erlebnissen der anderen bleiben wir im Plenum weitgehend ausgeschlossen. So mag im folgenden ein Teilnehmer für viele sprechen:

«Zunächst war ich froh, als ich die Übungsanweisung hörte. Ich dachte: Na, diesmal geht es nicht an die Substanz. Das wird mehr oder weniger eine Auswertung, wie du sie kennst.

Als dann die Sache anfing, merkte ich, wie ich ganz schnell auf ein Bild zu sprechen kam, das mich noch immer beschäftigt. Ich glaube, in dem Bild wurde ein Problem deutlich, das für mich noch nicht erfaßbar ist. Da habe ich erst mal eine Pause gemacht. Dann habe ich gedacht, eigentlich ist doch diese Übung eine gute Gelegenheit, der Sache weiter auf den Grund zu gehen, und dann habe ich erst richtig angefangen. Nach zehn Minuten wußte ich nicht mehr weiter.

Mein Therapeut bat mich, ohne daß ich das Band noch einmal hörte, zu sagen, was mir besonders wichtig ist. Da fiel mit ein völlig neuer Gesichtspunkt ein, und ich habe noch einmal zehn Minuten gesprochen.

Während ich versucht habe, mich zu entspannen, hat der Therapeut das Band zurückgespult. Dann haben wir es weiter abgehört.

Ich war erschrocken und verwundert über mich. Meine Stimme klang so kühl und sachlich, und ich redete so glatt und schnell – obwohl mich das, was ich sagte, seit Tagen innerlich «kratzt» – so, als ob ich mir und anderen etwas Nebensächliches mitteile. Nach der Pause wurde das völlig anders. Besonders fielen mir die zahlreichen Pausen auf, die ich machte. Mir fiel auf, daß meine Stimme vor jeder Pause monoton und leise wurde. Ich habe das Band zweimal abgespielt, nur um in meine Pausen hineinzuhorchen. Es war mir wichtig zu wissen, was in meinem Inneren während der Pausen abgelaufen ist.

Nach dem zweiten Arbeitsgang habe ich mehr oder weniger eine Zusammenfassung der Pausen gemacht, das heißt so kann man das wohl schlecht sagen – also eine Zusam-

menfassung von dem, was in den Pausen langsam in mir aufstieg. Und dann hatte ich es und saß plötzlich da mit meinem neuen «Wissen». Ich war sehr betroffen und wußte nicht, ob ich lachen oder weinen sollte.
Es war für mich nicht einfach, daraus eine Frage zu formulieren. Eigentlich wollte ich lieber weiter nachdenken. Schließlich habe ich das Nachdenken in eine Frage verpackt, und seitdem bin ich noch immer dabei. Es ist ein unwahrscheinliches Gefühl, aber auch anstrengend. Ich glaube, ich habe eine Tür aufgemacht. Ich habe einen neuen Weg gesehen und bin losgegangen. Ich bin noch lange nicht am Ziel, aber ich weiß, daß es da ist, und das gibt mir bei allem eine neue Ruhe und Zuversicht. – Ja, ich hätte nie geglaubt, daß ich das alles mir allein sagen kann.»

7 Theorie zum Prozeß der Verdichtung in der Therapie

7.1 Einführung in den Prozeß der «Verdichtung von Lage»

Mit dem Terminus «Verdichten» von Lage beschreiben wir den Prozeß, in dem der Klient aus einem unbegrenzten, unübersichtlichen und ungenauen Abbild seiner Lage ein Bild erarbeitet, das für ihn übersichtlich ist. Im verdichteten Bild seiner Lage erkennt er seine Grenzen und Potenzen. Beim Externalisieren von Lage erhält der Klient zunächst häufig ein diffuses und verworrenes Bild seiner Lage. Seine Gefühle dazu sind noch unbestimmt, und seine Gedanken verlieren sich im Detail. Seine gesamte Einstellung zum Bild der Lage bleibt darum widersprüchlich.

Der weitere Verlauf der Therapie ist davon abhängig, daß

der Klient seine Lage durchschaut. Erst dann kann er ineffektive Spannungsfelder auffinden und ihre Zentren orten.

Beim Verdichten erkennt der Klient das Muster, nach dem sich seine Lage immer wieder stabilisiert. Der Klient kann seine Lage neu erfassen – in seiner Vorstellung als Gestalt, in seinem Denken als Modell und in seinem Handeln als Feld für Entwicklungs- und Lernprozesse. So findet er schließlich den «archimedischen Punkt» seiner Lage. Ich meine damit die Stelle, von der aus die Lage als Ganzheit mit dem geringsten Aufwand im Sinne der größten Effektivität zu verändern ist.

Das Verdichten von Lage kann der Klient auf verschiedenen Wegen erreichen. Drei von ihnen möchte ich im folgenden mit Hilfe von Analogien aufzeigen. Ich denke dabei an das «Sieb», die «Spirale» und die «Reuse». Die letztere haben Sie soeben in der Übung kennengelernt.

In der therapeutischen Arbeit nach dem «Sieb»-Verfahren werden wir dem Klienten helfen, all das einzufangen, was seine Lage mit ineffektiven Spannungen belastet. Zunehmend werden wir dabei «feinmaschigere» Siebe einsetzen, bis der Klient «herausgefiltert», «verdichtet» hat, was sein Potential am stärksten negativ beeinträchtigt.

Im Sinne der «Spirale» werden wir langsam mit dem Klienten zusammen den Ort der größten ineffektiven Spannung «einkreisen». Von seiner allgemeinen Lage ausgehend, wird der Klient seine Überlegungen auf diesen Ort konzentrieren. Er wird das immer kleiner und dichter werdende Problemfeld zunehmend deutlicher übersehen können und schließlich im Zentrum auf das zugrunde liegende eigentliche Problem stoßen.

Im Bild der «Reuse» wird der Prozeß des Verdichtens von Lage am umfassendsten dargestellt. Er vereinigt beide oben beschriebenen Funktionen. In der Reuse werden aus einem weiten Feld alle Gedanken zur Lage aufgefangen; durch das «Netz» der Reuse werden all die Gedanken wieder entlassen, die nichts oder wenig mit dem Problem zu tun haben. Gleichzeitig verengt sich der Radius der Reuse. Die festgehaltenen

Inhalte aus der Lage rücken in einen engeren Zusammenhang – sie verdichten sich. Funktionen des Netzes und der Spirale führen zu dem Problem. Von ihm ausgehend, kann der Klient den «archimedischen Punkt» für seine Lage finden.

Sie haben mit der Reuse gearbeitet. Diese Arbeit ist stets mit einem Anwachsen von Spannung verbunden. Das hat mehrere Ursachen. Einmal führt die starke Konzentration während des Verdichtens zu wachsender psychophysischer Spannung. Zum anderen wird der Klient bei dieser Arbeit mit Spannungspotentialen in seiner Lage konfrontiert. Auf diese Konfrontation reagiert er mit weiter zunehmender Spannung. Zum dritten fühlt er sich gedrängt, etwas zu verändern bzw. seine intrapersonale Situation neu und besser zu gestalten. Auch diesen eigenen Anspruch erlebt er als zusätzliche Spannung.

Spannung kann, wie wir wissen, unterschiedliche Qualitäten haben. Sie kann uns lähmen, aber auch Kräfte bereitstellen. Aufgabe des Sozialtherapeuten ist es, die wachsende Spannung seines Klienten frei zu halten bzw. frei werden zu lassen zu einem Potential, das den Klienten zu Veränderungen befähigt.

7.2 Einführung in die Formulierung von «offenen Fragen» und ihre Bedeutung für den therapeutischen Prozeß

Beim Externalisieren von Lage gewinnen wir Distanz und können uns mit ihr konfrontieren. Im Prozeß des Verdichtens kristallisieren sich wesentliche Zusammenhänge heraus. Wir erkennen schließlich ein Muster, nach dem unsere Erfahrungen bewertet, unser Verhalten verwirklicht und unsere Wünsche entworfen werden. In dieser konzentrierten Zusammenschau von intrapersonalen Bedingungen und interpersonalen Möglichkeiten werden auch die Störungen sichtbar, und wir erkennen ihre Konsequenzen. Eine solche Einsicht wird meistens begleitet von dem intensiven Wunsch nach Veränderung der Störungen. Unsere Frage ist, wie wir hier am besten die Lösungen finden, die unsere Lage im gewünschten Sinne verändern können.

Nach Watzlawick finden wir Lösungen für wesentliche Probleme nur selten in dem gleichen Zusammenhang, in dem unsere jeweiligen Denkprozesse abgelaufen sind, d. h. daß sich nur selten eine Lösung aus dem Prozeß des Verdichtens der Lage und des Zentrierens der Probleme ergeben wird. Nach Watzlawick liegt eine echte Lösung stets auf einer neuen, andersartigen Ebene des Denkens und Empfindens.

Wahrscheinlich haben auch Sie hier und da die Erfahrung gemacht, wie wenig Ihnen bei schwerwiegenden Fragen intensives Nachdenken und Grübeln hilft. Im Gegenteil, Sie merken, wie sich Ihre Gedanken im Kreise drehen, nach dem alten Muster bewegen und zwangsweise in Sackgassen geraten.

Beim Verdichten von Lage gebrauchen wir vorwiegend linkshemisphärische Funktionen. Bestimmte Denkmuster und Gedächtnisinhalte werden konzentriert zu dieser Arbeit eingesetzt. Mit ihrer Hilfe suchen wir schließlich These und Antithese aufzustellen, in der Hoffnung, eine Synthese zu finden, die uns als neuartige Verbindung eine Lösung anbietet. Sicher ist das eine ernstzunehmende Methode, die oft zu unserer Zufriedenheit funktioniert, aber, wie gesagt, bei existentiellen Fragen läßt sie uns häufig im Stich. Wir landen an den Grenzen unserer Vernunft und meinen, wir hätten ein Brett vor dem Kopf.

Aus dieser Situation heraus suchen wir einen Ausweg in eine andere Form geistiger Arbeit. Diese Arbeit kann von uns in doppelter Hinsicht modifiziert werden: zum ersten können wir bewußt versuchen, unser bekanntes, uns lieb gewordenes Denkmuster aufzugeben, um neue Formen und Gesetzmäßigkeiten des Denkens auszuprobieren. Zum zweiten können wir unser Instrument verändern. Neben der linken Hirnhemisphäre können wir auch die Funktionen der rechten Hemisphäre einsetzen. Vielleicht wird es möglich, mit Hilfe des gesamten Potentials eine Lösung zu finden, die einem Teilpotential allein nicht möglich war.

Wenn wir uns dazu entschließen, müssen wir zunächst einmal Abschied nehmen von vorgefaßten Meinungen, bekannten Wegen und festgelegten Zielen. Wichtig bleibt nur, unseren jeweiligen Standpunkt bzw. unsere aktuelle Lage deutlich vor uns zu sehen und in der Verdichtung ihre Muster und Probleme zu erkennen.

Wir versuchen, unsere Lage noch einmal mit ein paar Strichen bzw. wenigen Worten zu skizzieren und dann aus dieser Situation heraus eine Frage zu stellen. Diese Frage sollte kein festes Ziel haben, sie sollte ebensowenig unsere Gedanken auf einen vorbestimmten Weg schicken, noch uns auf bekannte Praktiken festlegen. Sie muß offen sein für die Wirksamkeit neuer Hirnfunktionen und die Anwendung neuartiger Denksysteme. Deshalb nennen wir diese Fragen *offene Fragen*.

Nach meinen Seminarerfahrungen fällt es Teilnehmern zunächst schwer zu erkennen, ob es ihnen gelungen ist, eine offene Frage zu stellen, oder ob ihre Frage versteckte Tendenzen und Wünsche der Person mit einschließt. Vielleicht geht es Ihnen ähnlich. Darum ein Beispiel.

In einem Seminar externalisierte eine Sozialarbeiterin eine Konfliktsituation aus ihrem Beruf: Immer dann, wenn ihr ein bestimmter Typ von männlichen Klienten gegenübersaß – Männer, die sich in ihrem inneren und äußeren Gehabe besonders «breit» machten –, hatte sie das Gefühl, selbst klein und hilflos zu werden.
In der weiteren Arbeit verdichtete die Teilnehmerin die Situation zu folgender zeichnerischer Analogie. Sie malte einen Kreis (1) und sagte: Das bin ich. Normalerweise bin ich geschützt durch einen Ring (2). So fühle ich mich sicher.

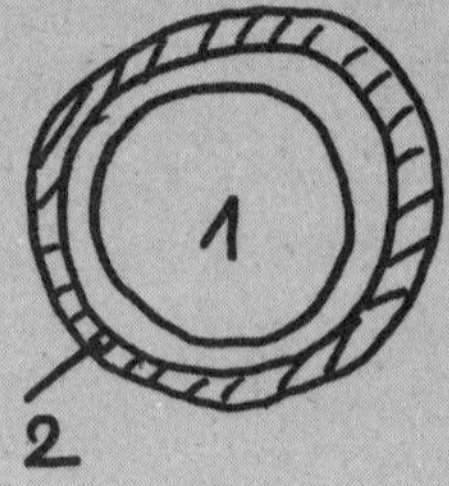

Im zweiten Bild zeichnete die Teilnehmerin die Begegnung mit einem solchen männlichen Klienten (3). Sie zeigt, wie ihre ganze Person durch die Pfeile, die von dem Klienten auf sie zukommen, zusammengedrückt wird.

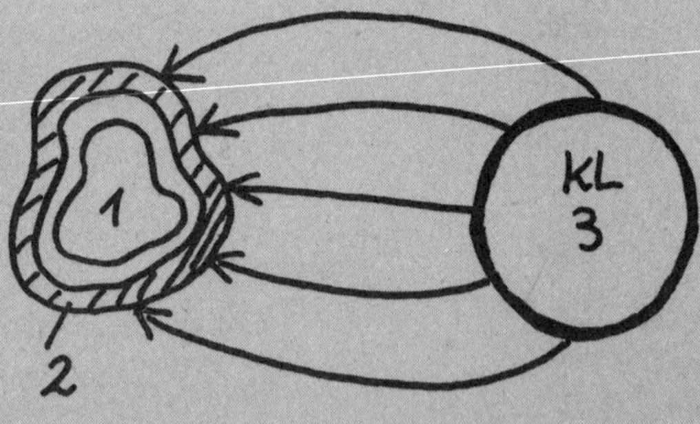

Die Sozialarbeiterin versucht nun, eine Frage zu finden, und sagt: «Wie kann ich meinen Ring (2) so stabilisieren, daß ich nicht beeinträchtigt bzw. zusammengedrückt werde?»
Diese Frage ist keine offene Frage, denn sie legt beides fest: den Weg (stabilisieren) und das Ziel (nicht beeinträchtigt zu werden). Darum muß eine neue Frage formuliert werden. Sie lautet:

«Wie kann ich mit Klienten vom Typ 3 arbeiten?» Das Arbeiten ist eine existentielle Realität; die Betonung der Frage liegt auf dem *Wie*.
Nach zehn Minuten Entspannung ist der Teilnehmerin eine Antwort eingefallen, die sie auf ihre Praxis beziehen kann. Um sie uns deutlich zu machen, malt sie eine dritte Skizze.

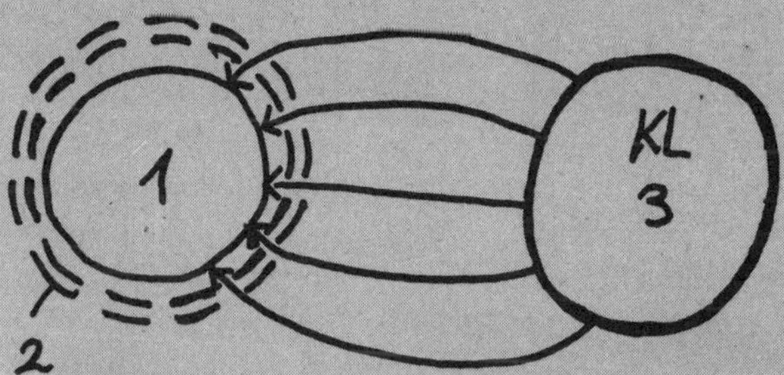

Sie sagt dazu: «Ich müßte für alle Klienten so durchlässig werden, daß mich jedermann erreichen kann. Offensichtlich habe ich Abgeschlossenheit und Starrheit mit Stabilität verwechselt und – (nach einer Pause) – jetzt habe ich auch meine Frage: ‹Wie kann ich so durchlässig werden, daß mich alle Klienten erreichen können?›»
Das Öffnen der ersten Frage hat auf eine neue Ebene geführt. Hier findet die Sozialarbeiterin eine andersartige neue Frage, die sie zu neuen Entwicklungsprozessen motiviert.

Im Laufe der letzten Jahre habe ich außerordentlich positive Wirkungen von offenen Fragen erfahren. Stets wird zweierlei durch sie ausgelöst: In seinen Vorüberlegungen zur Frage faßt der Klient noch einmal sein Problem in einer letzten Verdichtung zusammen. In der Frage selbst richtet er seine Aufmerksamkeit in die Zukunft. Im Bemühen, die Frage offen zu gestalten, nimmt er Abschied von vorgeformten Lösungsmöglichkeiten. Er öffnet eine Tür in eine Welt, die eine Vielzahl von Möglichkeiten zuläßt, die außerhalb seines derzeitigen Vorstellungsvermögens liegen. Dieser Vorgang ist, wie könnte es anders sein, stets begleitet von Gefühlen der Entlastung, der Entspannung und der Hoffnung. Die ganze Person ist eingestellt auf kreative Einfälle. Hierauf werden wir in 11 zurückkommen.

3
Entwurf von Veränderungen

Die dritte therapeutische Zentralfunktion

Zentrieren der Spannungen
Auseinandersetzungen und Dialoge im Spannungsfeld der Lage
Erkennen und Veränderungsmöglichkeiten im Spannungsfeld
Formulieren von Fragen zur Verdeutlichung
Bewußtes Umgehen mit Spannungen
Lösen aus subjektiv bekannter, gewohnter Realität; Einstellung der Person auf kreative Einfälle
Konkretisieren der Ideen zur Veränderung
Kritische Prüfung, Verwerfung oder Bestätigung der Idee
Internalisierung der Idee

Dem Aufbau der Zentralfunktionen folgend müßten wir eigentlich mit einem Lernabschnitt zur zweiten Zentralfunktion beginnen. Obwohl ein solches Vorgehen logisch konsequent scheint und prinzipiell möglich ist, werden wir uns nicht daran halten. Dafür gibt es gute Gründe. Sie ergeben sich aus der Praxis, genauer gesagt, aus den Lernprozessen sowohl des Klienten als auch des Therapeuten. Dieser Dynamik folgt die Didaktik.

Wenn Sie die erste und die zweite Zentralfunktion vergleichen, fällt Ihnen auf, daß beide sich außerordentlich ähnlich sind (vgl. 🕮 5.2). In der ersten Zentralfunktion geht es um das Externalisieren intrapersonaler Lage. Die zweite Zentralfunktion befaßt sich mit dem Darstellen interpersonaler Lage. Wenn wir mit der zweiten Zentralfunktion arbeiten, begeben wir uns mit unseren Klienten in Gruppensituationen, z. B. in Partnerbeziehungen, in Eltern-Kind-Beziehungen, in Familiensituationen oder in Arbeitsgruppen. Nur in der interpersonalen Situation kann interpersonale Lage dargestellt werden, denn solange der Klient allein über seine interpersonale Lage berichtet oder sie darstellt, arbeitet er noch immer im Bereich der ersten Zentralfunktion. Er schafft dann ein Bild davon, wie er interpersonale Lage in seiner intrapersonalen Lage erlebt.

So führt uns der Lernprozeß im Rahmen der zweiten Zentralfunktion in eine völlig neue Situation, nämlich die Gruppe. Trotz der inhaltlichen Ähnlichkeit von erster und zweiter Zentralfunktion fordert damit die Arbeit in der zweiten Zentralfunktion die Entwicklung neuer Fähigkeiten des Therapeuten, die sich nicht unmittelbar aus dem Erlernten ableiten lassen. – So habe ich mich entschlossen, die therapeutische Arbeit mit Gruppen erst später darzustellen, und zwar kontinuierlich aufbauend durch die Bereiche von zweiter, dritter und vierter Zentralfunktion.

Im folgenden Kapitel lernen Sie nun im Bereich der dritten Zentralfunktion. Dieser Lernprozeß entspricht einem unmittelbaren Bedürfnis aller, mit denen nach der ersten Zentralfunktion gearbeitet worden ist. Die Person hat ihre Lage externalisiert, sie hat ineffektive Potentiale herausgearbeitet und zentriert. Sie hat Zentren erkannt, die durch ihre Impulse derartige Potentiale bedingen und sie stabilisieren. Mit dieser Einsicht ist die Motivation zur Veränderung gewachsen. Nun fordert die Person Hilfe zur Auseinandersetzung in ihrer Lage und zur Veränderung. Wir folgen diesem Anspruch in unserem gemeinsamen Lernprozeß und beginnen die Arbeit im Bereich der dritten Zentralfunktion.

Veränderung der Lage durch intrapersonale Dialoge

📖 *8 Theorie zu intrapersonalen Auseinandersetzungen*

📖 8.1 Erlebnisse von Macht und Ohnmacht bei ineffektiven Potentialen

Psychodynamik hat ihren Ursprung in intrapersonalen Potentialen. Aus ihnen gewinnen wir Kräfte, unsere Realität wahrzunehmen, uns in ihr zu orientieren, zu planen und unsere Entwürfe zu realisieren. Aus diesen Potentialen gewinnen wir die Freiheit, unser Leben so zu gestalten, wie es uns entspricht, uns nützt und befriedigt. Solange wir über ausreichend freies Potential verfügen, können wir uns im Zusammenspiel von intra- und interpersonaler Dynamik entwickeln. Unsere Entwicklung folgt im allgemeinen einem Circulus vitalis.

Nicht immer sind Potentiale frei verfügbar. Immer dann, wenn unterschiedliche Tendenzen intrapersonale Dynamik binden, bilden sich ineffektive Potentiale. Sie stehen uns nicht mehr zur Lebensbewältigung, Entwicklung und Bedürfnisbefriedigung zur Verfügung. Gebundenes Potential kann die gesamte Lage im Sinne eines Circulus vitiosus beeinträchtigen. Bei objektiver Betrachtung unterscheiden sich freie und gebundene Potentiale lediglich durch eine mehr oder weniger gelungene Organisation ihrer Kräfte. Theoretisch erscheint es relativ einfach, durch ein entsprechendes Arrangement eine Balance zu schaffen, die Potentiale frei macht und diesen Zustand konstant erhält.

Gegen diese rationalen Überlegungen stehen unsere emotionalen Erfahrungen. So empfinden wir die Dynamik jedes Potentials als Macht; solange uns Potentiale frei verfügbar sind, fühlen wir uns sowohl unserer Person als auch unseres Lebens mächtig. Nicht selten übertragen wir diese Eigenmachtgefühle als Machtanspruch auf andere Personen. – Auch gebundene Potentiale erleben wir als Macht. Da wir jedoch über deren Dynamik nicht mehr frei verfügen können, unterstützen sie unsere Eigenmachtgefühle nicht. Sie verselbständigen sich zu einer fremden Macht, die uns hindern, beherrschen und sogar gefährlich werden kann. Wir fühlen uns nicht länger als Herr unserer Lage, sondern haben den Eindruck, beherrscht zu werden. Auch diese Gefühle der Unsicherheit und Abhängigkeit übertragen wir im interpersonalen Raum auf andere Menschen.

Das Erlebnis, nicht mehr aus eigener Macht aktionsfähig zu sein, erweckt in uns allen Unruhe. Das Gefühl, fremden Mächten, auf die wir nur geringen Einfluß haben, ausgeliefert zu sein, steigert diese Unruhe zur Angst. Im psychischen wie auch im physischen Bereich suchen wir uns in einer solchen Situation zu schützen. Nicht selten entwickeln wir Abwehrsysteme, die spezifische Schutzfunktionen in unserer intrapersonalen Lage übernehmen. Auch sie können als Abwehr und Widerstand in den interpersonalen Raum übertragen werden.

8.2 Das Umzentrieren ineffektiver Potentiale

Häufig scheint es mir vermessen, wenn wir uns ein Bild über psychodynamische Abläufe machen. Wir versuchen damit Gebiete zu erfassen, die noch wenig erforscht sind und weiten Raum für Spekulationen lassen. Ich möchte begründen, warum ich mich im folgenden diesen «Spekulanten» anschließen will.

Schon in der Antike spielten in der Wissenschaft zwei Prinzipien eine wesentliche Rolle: das eine ist der kreative Entwurf eines möglichen Zusammenhangs, einer Theorie, das andere ist die Forschung, die schrittweise nach logischen Prinzipien Gesetze erarbeitet. Beide Möglichkeiten entsprechen unseren Gehirnfunktionen. Sie ergänzen sich zu optimaler Wirkungseinheit – auch im wissenschaftlichen Denken. Wichtig erscheint es zu lernen, beide Möglichkeiten wissenschaftlicher Erkenntnis in Bescheidenheit als das zu akzeptieren, was sie sein können: Schritte, die uns einer objektiven Realität näher bringen können. Aus einer solchen Haltung heraus können wir auch heute noch bewundernd Freuds Analogie zur Psychodynamik betrachten, obwohl Freud sich selbst schon zu seinen Lebzeiten immer wieder «überholte». Auf der anderen Seite werden wir ebenso Verhaltensforschung sehr ernst nehmen, ihren Erkenntnissen schrittweise folgen und ihre Ergebnisse im Bewußtsein ihrer «Vorläufigkeit» unserem Wissen hinzufügen.

Im KIM versuchen wir nun, Psychodynamik mit Hilfe physikalisch-mathematischer Denkmodelle zu erfassen. Wir versuchen, eine Brücke zu schlagen von praktischen Erfahrungen zu wissenschaftlichen Untersuchungen.

Im Mittelpunkt der dritten Zentralfunktion steht die Arbeit in psychischen Potentialen. Als eine der effektivsten und vielseitigsten Möglichkeiten bieten sich hierzu intrapersonale Dialoge an. Im therapeutischen Prozeß werden sie externalisiert. Wir können aufgrund von Eigenerfahrungen versuchen, die Funktionen dieser Dialoge zu erkennen. Wir können die Wirksamkeit derartiger Dialoge untersuchen. Wir können auf entsprechende Interventionen innerhalb verschiedener Therapieformen hinweisen. Diese und andere Möglichkeiten bleiben jedoch unbefriedigend, solange wir nicht unserem Tun eine Theorie zugrunde legen, die uns gezieltes Handeln, exaktere Überprüfung und bewußtere Korrektur ermöglicht. Nehmen Sie die folgenden Überlegungen als einen weiteren Schritt in diese Richtung.

In der Physik finden wir eine Grundformel für Potentiale: Potentiale ergeben sich danach aus der Beziehung «beliebiger Körper» zueinander. Die Beziehung wird bestimmt duch die «potentielle Energie» und die «Eigenschaften» der Körper («bezogen auf andere Körper»).

Übertragen wir diese physikalische Formel auf vermaschte Systeme, so ergibt sich eine interessante neue Formulierung: Potentiale in vermaschten Systemen ergeben sich aus der Beziehung der Subsysteme zueinander und zum vermaschten System. Die Potentiale werden bestimmt durch die potentielle Energie der Subsysteme und durch ihre Eigenschaften innerhalb des vermaschten Systems, dem sie zugehören (Dichte, Rangordnung, Anordnung u. a. m.).

Übertragen wir nun diese Formulierung auf die Psychodynamik, so können wir sagen: Psychische Potentiale ergeben sich aus der Beziehung bestimmter intrapsychischer Bereiche zueinander. Sie erhalten Qualität und Quantität durch die potentielle Energie einzelner Bereiche und deren Beziehungen zueinander. In der intrapersonalen Lage beschreiben wir diese Beziehung und messen das Potential in der aktuellen Situation.

Zum besseren Verständnis greife ich zurück auf ein Ihnen bekanntes Beispiel aus dem Abschnitt über Spannungen (🕮 2.1).

Sie erleben eine Arbeitssituation in einer Gruppe. Jeder Gruppenteilnehmer besitzt potentielle Energie. Die Personen hindern sich durch unterschiedliche Tendenzen gegenseitig an der Arbeit. Die potentielle Energie des einzelnen verbraucht sich im Kampf gegen die anderen. Die Lösung liegt auf der Hand. Die Teilnehmer müßten einen Weg finden, ihre Bedürfnisse, Ziele und Arbeitswege zu akzeptieren und zu koordinieren. Dann könnte sich ihre einzelne und persönliche Energie zu einem gemeinsamen Gruppenpotential verwandeln. Mit dessen Hilfe könnte die Arbeit geleistet werden.

Im Sinne unserer theoretischen Überlegungen könnten wir das Beispiel weiter modifizieren. Wir könnten fragen, wie die Beziehungen der Personen zueinander beschaffen sind, ob z. B. in der Gruppe Vorgesetzte mitarbeiten, ob sich

Freunde miteinander verbünden oder Feinde bekämpfen, ob Außenseiter oder Mitläufer hindern.

Sie können sich im folgenden Ihrer Neigung entsprechend sowohl am physikalischen Denkmodell, an kybernetischen Modellen oder auch am praktischen Modell einer Gruppensituation orientieren. In allen Modellen wird deutlich, daß Veränderungen in Potentialen weitgehend abhängig sind von der Art und Weise, in der die Träger potentieller Energie (Körper – Subsysteme – Personen) aufeinander bezogen sind. Im physikalischen Modell fragen wir nach Eigenschaften, die sich aus der Beziehung mehrerer Körper zueinander ergeben, im kybernetischen Modell danach, wie die Vermaschung der Subsysteme funktioniert, und im Grundmodell, wie sich die Beziehungen einzelner Personen zueinander gestalten.

Lassen Sie mich das an einem simplen Beispiel aus meiner Familiensituation noch einmal deutlich machen.

In unserer Familie wird das Familienpotential mit bedingt und gestaltet durch unsere neunzehnjährige Tochter. Sie verwirklicht in der Familie ihre potentielle Energie. Zur Zeit arbeitet sie in Island. Sie fühlt sich weiterhin unserer Familie eng verbunden. Auch ihre potentielle Energie scheint nicht gemindert. Nur eine Eigenschaft (bezogen auf unsere Familie) hat sich verändert: Vor ein paar Monaten lebte sie innerhalb der Familie, jetzt besteht eine räumliche Distanz. Diese Veränderung hat zur Folge, daß das Potential der Familie anders als bisher durch sie beeinflußt wird: Im alltäglichen Leben weniger stark, durch lange Briefe jedoch intensiv und akzentuierend.

Im folgenden übertragen Sie Ihr jeweiliges Denkmodell auf die intrapersonale Lage von Personen. Wir gehen davon aus, daß intrapersonale Lage in jedem Fall bestimmt wird durch die potentielle Energie einzelner psychischer Bereiche, die aufeinander bezogen wirksam werden. So entstehen meßbare Spannungen. Aus der Art und Weise aber, in der die psychischen Bereiche aufeinander bezogen funktionieren, ergibt sich die Qualität des Potentials. Bei mißlungener Organisation kommt es zu gebundenem Potential, das meßbar und darstellbar ist. Dieses Potential kann sich verändern, wenn die beteiligten psychischen Bereiche ein neues Verhältnis zueinander finden. Es wird zum freien Potential, wenn sich die potentiellen Energien aller Teilbereiche effektiv verwirklichen können.

Derartige Veränderungen der Lage werden sowohl im alltäglichen Leben als auch in den Therapien von uns vorgenommen: Wir können die beteiligten psychischen Bereiche bewußt werden lassen – sie externalisieren – ihre potentiellen Energien aufzeigen – Beziehungen der Bereiche zueinander klären – Möglichkeiten zur effektiven Verwirklichung der potentiellen Energien erarbeiten – eine neue Organisation der gesamten Lage entwerfen – und diese verwirklichen. Wir haben diesen Vorgang in dem Terminus *Umzentrieren der Lage* erfaßt.

8.3 Das Externalisieren intrapersonaler Dialoge

In den Therapien werden unterschiedliche Methoden angewandt, um Klienten beim Umzentrieren intrapersonaler Lage zu helfen. Sobald wir jedoch nach den Funktionen der verschiedenen Interventionen fragen, zeigen sich Übereinstimmungen.

Das Umzentrieren von Potentialen in der Lage gelingt am unmittelbarsten und wirksamsten mit Hilfe von intrapersonalen Dialogen. Dieses therapeutische Vorgehen ist nicht willkürlich entwickelt worden. Es hat sein Vorbild in der Realität des Alltags. Auch im alltäglichen Leben bewältigen wir Konflikte, indem wir uns mit ihnen und in ihnen «aus-ein-andersetzen». Hierzu einige Beispiele:

Wir alle kennen innere Zwiegespräche, in denen wir einen uns belastenden Sachverhalt zu klären suchen. Diese Gespräche haben häufig die Form von Dialogen, die wir mit imaginären Personen führen.

Hier und da bitten wir einen anderen um Rat. Nach einem solchen Gespräch wird uns unter Umständen deutlich, daß wir kaum die Meinung des anderen beachtet haben, weil es uns eigentlich darum ging, mit Hilfe des Dialogs einen eigenen Standpunkt zu finden oder zu festigen.

Immer wieder einmal erleben wir, daß wir auf bestimmte «Typen» allergisch reagieren. Wir verwickeln uns mit Personen, die uns fremd sind, in intensive Auseinandersetzungen. Später erkennen wir aus kritischer Distanz, daß uns diese Personen an eine eigene innere Problematik erinnerten, obwohl sie objektiv nichts damit zu tun hatten. Wir haben sie benutzt zur Auseinandersetzung mit unserem Problem.

Und auch ein weiteres Phänomen wird den meisten von uns bekannt sein: Wir haben die Fähigkeit, ein intrapersonales Theater zu inszenieren. Hier agieren «Personen» auf einer von uns gestalteten Bühne. Die Szenen können aus der erinnerten Vergangenheit stammen, sie können aber auch unseren Entwurf in die Zukunft verdeutlichen. In den Dialogen bearbeiten wir reale Probleme, sowohl im Hinblick auf die Vergangenheit als auch auf unsere Zukunft.

Das letzte Beispiel führt uns in das Traumgeschehen. Die meisten von uns können sich an Traumbilder erinnern. Auch hier gewinnen intrapersonale Realitäten Gestalt. Auch hier finden sowohl in Dialogen als auch in bildhaften Handlungen Auseinandersetzungen statt, die unsere intrapersonale Lage verändern können.

Für das therapeutische Handeln sind mehrere Interventionen aus diesen Mustern abgeleitet worden. Ich möchte Sie darum bitten, hier selbständig weiterzuarbeiten.

Zunächst bitte ich Sie, anhand der oben aufgeführten Beispiele darüber nachzudenken, welche Formen der intrapersonalen Auseinandersetzungen Sie kennen. Überlegen Sie, welche von Ihnen selbst am häufigsten praktiziert werden und welche Sie für Ihre eigene Person am hilfreichsten erlebt haben!

Falls Sie therapeutisch ausgebildet sind, versuchen Sie nun, aus den Ihnen bekannten Therapien diejenigen Abläufe herauszuarbeiten, in denen Klienten zu intrapersonalen Dialogen motiviert werden: Denken Sie dabei an die Übertragungssituation, das nicht-direktive Gespräch, die Möglichkeiten der Gestalttherapie, des Psychodramas und andere mehr.

Bei Störungen, das heißt in ineffektiven Potentialen, sind derartige intrapersonale Auseinandersetzungen erschwert. Dafür gibt es verschiedene Gründe: Zum ersten können intrapsychische Bereiche an der Realisierung ihrer jeweiligen potentiellen Energie stark gehindert werden. Sie haben dann wenig Möglichkeiten, sich im Dialog darzustellen. Zweitens kann die Organisation des gesamten Potentials der intrapersonalen Lage so beschaffen sein, daß kaum eine Chance bleibt, verschiedene Bereiche im Dialog aufeinander zu beziehen. Zum dritten kann sich im Laufe der Zeit ein Muster gebildet haben, nach dem intrapersonale Dialoge ablaufen. Sie drehen sich im Kreis und erstarren, ohne daß der notwendige Durchbruch zu Lösungen gefunden wird. Aufgrund dieser und ähnlicher Situationen ist der Klient nicht mehr fähig, effektive, d. h. Veränderung bewirkende intrapersonale Dialoge zu führen. Er braucht hierzu die Hilfe des Therapeuten.

Der intrapersonale Dialog wird im KIM, wie auch in einigen anderen Therapien unmittelbar externalisiert. Er vollzieht sich nach dem Vorbild der zwischenmenschlichen Kommunikation. Im Dialog wird die direkte Auseinandersetzung zwischen «Gesprächspartnern» gesucht.

Das Nachdenken über ein Problem hat einen anderen Stellenwert im therapeutischen Prozeß als die Auseinandersetzung im Problem. Die Funktionen sind unterschiedlich. Der intrapersonale Dialog kann nicht durch Nachdenken ersetzt werden und umgekehrt.

Ich wünschte, ich könnte Ihnen an dieser Stelle eine allgemein gültige Begründung dafür geben, daß externalisierte intrapersonale Dialoge wie die Kommunikation im intrapersonalen Raum ablaufen. Ich kann aber nur einige eigene Überlegungen hierzu anführen. Sie erklären die Form der Dialoge aus der Fähigkeit des Menschen, intrapersonale Lage in Gestalten zu erfassen. Unter 🕮 8.1 ist dargestellt, wie psychische Dynamik von uns selbst erlebt wird. Hier spielt das Erlebnis von Macht und Ohnmacht eine wesentliche Rolle. Macht steht für ein Potential, das in sehr unterschiedlicher Weise wirksam werden kann. Die Art und Weise, in der sich Macht verwirklicht, bewerten wir nach unseren Normen. Mit Mächten, die unseren Normen entsprechen, verbünden wir uns im allgemeinen ohne weitere Reflexion. Von den Mächten, die uns nicht entsprechen, suchen wir uns zu distanzieren. Aus dieser Distanz heraus betrachtet scheinen gewisse psychische Gegebenheiten in uns ein eigenständiges Leben zu führen.

«Im» Menschen lebt die Seele wie ein «Vogel» (nach den alten Ägyptern), die «anima vegetativa» (nach Aristoteles, von Comenius übernommen), das «Es» (nach Freud), der «Aggressionstrieb» (nach Konrad Lorenz) ...

Offensichtlich entzieht sich diese innerpsychische Realität dem direkten Zugriff. So versuchen wir, ihr Formen zu geben, in denen sie von uns anschaubar und begrifflich erfaßbar wird. Da es sich um unsere eigene intrapersonale Dynamik handelt, finden wir für sie Gestalten, die unserer gesamten Lage am meisten entsprechen. Mit der Gestaltgebung erreichen wir mehreres zugleich: Die Objektivierung geistiger Prozesse, die Distanzierung von ihnen, die Möglichkeit der Auseinandersetzung in und mit ihnen und schließlich die Chance zu Veränderungen.

Den Skeptiker möchte ich bitten, in diesem Zusammenhang an ontogenetische und phylogenetische Entwicklungsprozesse zu denken. Soweit wir die Menschheitsgeschichte anhand der uns überlieferten Dokumente zurückverfolgen können, begegnen uns Aussagen über intrapersonale Abläufe in Gestaltform. Aus unserer heutigen Zeit hierzu zwei extreme Beispiele:

In der Vorstellungswelt aller mir bekannter Religionen kann sowohl «das Gute» als auch «das Böse» im Menschen Gestalt annehmen. Meist haben diese Gestalten Macht, das zu bewirken, was ihrer Tendenz entspricht. – In unserer Kultur richten sich der Exorzismus sowie gewisse Anleitungen zur evangelischen Seelsorge gegen derartige Erscheinungen. Selbst unseren modernen Kirchen gelingt es nur schwer, den Dämonenglauben zu überwinden und durch das Erlösungsbewußtsein diese zutiefst menschliche Erfahrung aufzuheben.

1978 wurde die schwedische Kinderbuchautorin Astrid Lindgren mit dem Friedenspreis des Deutschen Buchhandels in der Paulskirche geehrt. Dieser Auszeichnung gingen viele andere voraus. Die besondere Fähigkeit Astrid Lindgrens liegt darin, daß es ihr gelingt, Bereiche aus der intrapersonalen Lage von Kindern in den Gestalten von Menschen lebendig zu machen. So verwirklichen Pippi Langstrumpf und Karlsson auf dem Dach unmittelbar Wünsche, Erfahrungen und Ängste von Kindern. So führen die Brüder Löwenherz Dialoge, die ein Abbild intrapersonaler Auseinandersetzungen mit dem Tod sind.

Neben diesen Überlegungen zeugt vor allem die therapeutische Praxis von der Fähigkeit und dem Bedürfnis des Menschen, sich innerhalb seiner Lage mit Hilfe der Gestaltbildung zu erleben, zu verstehen, sich auseinanderzusetzen, zu verwandeln und sich neu zu arrangieren.

Im KIM nutzen wir diese Fähigkeit. Wir helfen Klienten, intrapsychische Bereiche in Gestalten zu externalisieren, und führen sie in den Dialog mit ihnen.

8.4 Die Inszenierung eines Dialoges

Jedes äußere Geschehen, an dem ich beteiligt bin, betrifft auch meine innere Situation und modifiziert meine intrapersonale Lage. Nicht selten erlebe ich mich dabei als abhängig von anderen Personen. Ich bin dann geneigt, meine Lage vorwiegend als umweltbedingt zu sehen, ohne meine persönlichen inneren Voraussetzungen adäquat zu berücksichtigen. Wenn ich Schwierigkeiten habe, beschäftigt mich vor allem die Frage, wie sich meine Mitmenschen verändern sollten. Leider entziehen sie sich jedoch meist meiner Einflußnahme. Ich stoße an Grenzen. So wird das Erlebnis meiner intrapersonalen Lage nicht nur bestimmt durch meine subjektive innere Konstellation, sondern ebenso durch Gefühle der Ohnmacht und Abhängigkeit von anderen Personen.

Ganz gleich, ob ich nun meine Schuld an meiner mißlichen Lage vorwiegend mir selbst oder meiner Umwelt zuschreibe – der effektivste Weg zur Veränderung führt stets über meine eigene Person. Darum beginnen alle Therapien damit, dem Klienten zu helfen, sich seiner eigenen Person möglichst ungestört und konzentriert zuzuwenden. Die Verwirklichung der ersten Zentralfunktion ist stets Voraussetzung für die Arbeit in der dritten Zentralfunktion. Das gilt auch für die Inszenierung intrapersonaler Dialoge im Rahmen des KIM.

Mit den Fragen «Was bewirkt das in dir?» – «Was erlebst du in dir?» – «Was fühlst du dabei?» führen wir den Klienten auf seine eigene intrapersonale Betroffenheit zurück. In dem Maße, in dem er seine Probleme von Personen und Gegebenheiten der Umwelt löst, können sie in seiner intrapersonalen Lage Gestalt gewinnen. Das so schwer überschaubare Zusammenspiel von objektiver interpersonaler Lage, subjektiv erlebter interpersonaler Lage und intrapersonaler Lage des Klienten kann nun in *einer* Dimension seiner Lage, nämlich der gegenwärtigen intrapersonalen Situation, bearbeitet werden. Hier liegt eine Chance für den therapeutischen Prozeß.

Ein Beispiel macht das deutlich:

Eine Mutter bittet einen Sozialtherapeuten um Rat. Durch Schwierigkeiten mit ihrer Familie gerät die Klientin ständig von neuem in Depressionen.

Weder der Internatsaufenthalt der Kinder noch die Eheberatung der Partner, weder der seelsorgerliche Einfluß der Kirche noch die Ratschläge guter Freunde haben die mißliche Situation bisher verändern können.

Da die Familie zur Zeit nicht erreichbar ist, beginnt der Sozialtherapeut mit der Klientin allein zu arbeiten. Er hilft ihr zunächst, die intrapersonalen Bereiche zu verdeutlichen, die durch das Verhalten ihrer Familie besonders beeinträchtigt werden: Da sind einmal ihre Normen, die mit hohem Anspruchsniveau darauf drängen, von der Familie beachtet und verwirklicht zu werden. Da sind zum anderen ihre eigenen Bedürfnisse, die permanent auf Befriedigung drängen. – Die Arbeit geht nur langsam voran. Immer wieder versucht die Klientin durch Einwände: «Ja, aber, wenn doch die Kinder ... Jeder weiß doch, daß man ... Mein Mann sagt immer ...» das Gespräch von der intrapersonalen Betroffenheit zum interpersonalen Geschehen hin zu verschieben.

Schließlich wird mit Hilfe einer zeichnerischen Analogie die interpersonale Lage dargestellt. Parallel hierzu wird die intrapersonale Situation festgehalten. Danach wird das erste Blatt vom Tisch genommen. Die Klientin kann sich nun auf die Zeichnung ihrer intrapersonalen Lage konzentrieren und sich mit eigenen Normvorstellungen und Bedürfnissen auseinandersetzen.

Im allgemeinen gelingt es dem Klienten, intrapersonales Geschehen gestalthaft zu erleben und zu externalisieren. Die Formen der Gestalten sind vielfältig. Zunächst tauchen sie meist schemenhaft auf und gewinnen erst nach und nach eine deutlichere Struktur. Im Verlauf der Dialoge wandeln sie sich erneut. Beim Externalisieren ist es wichtig, sie in der Realität «festzuhalten»; wir können sie z. B. an einen Tisch setzen und ihren Platz mit Gegenständen bezeichnen, die sie symbolisch repräsentieren.

Im obigen Beispiel hilft der Sozialtherapeut der Klientin, Normen und Bedürfnissen Gestalt zu geben und sie zu externalisieren. Für die Klientin erwächst dabei die Gestalt eines Riesen mit «monumentalem Aussehen». Sie erlebt ihn als «steinern», als «streng», aber auch als «gerecht». – Der Bedürfnisbereich gewinnt das Aussehen eines Kindes, das sehr «vital», aber auch «unvernünftig» ist und «das die ganze Welt will».
Riese und Kind werden nun aufgefordert, am Tisch Platz zu nehmen, um miteinander ein Gespräch zu führen.

Ohne die Hilfe des Sozialtherapeuten verlaufen auch externalisierte innere Dialoge im gewohnten, oft praktizierten Muster. Es fällt den «Gestalten» schwer, aufeinander zu hören. Sie sind es nicht gewohnt, gegenseitig ihre emotionale Befindlichkeit ernst zu nehmen und mitzuteilen. Es ist ihnen neu, über ihre Bedeutung für die Person nachzudenken und sie deutlich zu machen. Der Sozialtherapeut gibt den Gestalten die Möglichkeit, das zu lernen. Er bezieht sie im Gespräch immer wieder aufeinander und hält sie damit in der unmittelbaren Auseinandersetzung fest. Der Sozialtherapeut verbündet sich mit keinem der Gesprächspartner und garantiert dadurch Chancengleichheit. Er greift niemals in das inhaltliche Geschehen ein und akzeptiert damit jede Lösung.

Vom Klienten erfordert es intensive Arbeit, sich in die Gestalten seiner intrapersonalen Lage «hineinzubegeben». Manchmal hilft es ihm, den Platz der Gestalt einzunehmen, die gerade im Dialog an der Reihe ist. Zunehmend lernt er, sich mit beiden konträren Gestalten so zu identifizieren, daß er spontan agieren und reagieren kann. Die Sprache kann nur noch unvollkommen die intensiven, tiefgehenden Auseinandersetzungen widerspiegeln. So wie der Klient seine Gestalten und die Realität, für die sie stehen, besser versteht, verändern sie sich. Es werden aus Steinen lebendige Wesen, Nebel und Wolken werden greifbar, übermächtige Figuren werden menschlicher, Winzlinge wachsen. Fast immer verändert die Gestalt bei der Frage nach ihrer Funktion ihren bedrohlichen Charakter. So können aus Feinden schließlich Partner und manchmal sogar Freunde werden. Im Dialog erlebt der Klient, wie sich die Gestalten arrangieren, sich nicht länger behindern, einen neuen Wirkungsbereich finden, sich zu neuen Zielen verbünden, sich gegenseitig verstärken oder auch zu einer neuen Gestalt verschmelzen.

Im Beispiel standen sich ein Riese und ein Kind gegenüber. Es ist schwer, den Riesen an einen Tisch zu bitten, denn eigentlich paßt er nicht in das Zimmer, nicht an den Tisch und schon gar nicht auf einen Stuhl. Der Sozialtherapeut bittet ihn deshalb, auf dem Fußboden Platz zu nehmen. Während sich der Riese nur mühsam aus seiner Starrheit und Unfähigkeit zur Kommunikation löst, zappelt das Kind herum. Es redet überstürzt und trotzig. Keiner sieht den anderen an, und keiner hört auf den anderen.

Beide werden gebeten, ihre Gefühle mitzuteilen. Der Riese muß eine lange Pause einlegen. Während er seine Gefühle erforscht und mitteilt, verändert sich seine Gestalt. Er wird kleiner, lebendiger und gewinnt menschliche Züge. – Danach werden beide Gestalten nach ihrer Bedeutung für die Person befragt.
Nun beginnt das Kind zu überlegen. Als es schließlich spricht, hat es seine Stimmlage verändert. Es wird deutlich, daß die Gestalt gewachsen ist und nun eher einer jungen Frau gleicht.
In den weiteren Auseinandersetzungen wenden sich die Gestalten immer konzentrierter einander zu. Der Dialog läuft nun ohne Hilfe des Therapeuten schneller und schneller. Und schließlich löst sich die Spannung des Klienten in einem tiefen Seufzer. Die Lösung ist gefunden und der Dialog damit beendet.
In diesem Fall ist ein Bündnis geschlossen worden, zunächst auf Zeit. Der ehemalige Riese akzeptiert, daß äußere Einflüsse ihn erstarren ließen. Er will versuchen, sich lebendig zu entwickeln. Das ehemalige Kind wird seine «erwachsenen Bedürfnisse» leben lernen. Beide zusammen wollen sich so ergänzen, daß die Klientin zu intrapersonaler Balance findet.
In dieser veränderten intrapersonalen Lage wird die Klientin auch ihre Familiensituation anders als bisher erleben. Sie wird in neuer Weise agieren und Erfahrungen machen.

8.5 Dialogformen

Fast jedes gestörte intrapersonale Potential läßt sich in Form von Gestalten externalisieren. Alle externalisierten Gestalten können kommunizieren. Ihre Beiträge führen den Klienten ohne rationale Korrektur unmittelbar zu einem neuen Verständnis seiner Lage.

Es ist unmöglich, die Fülle der Möglichkeiten für derartige Dialoge darzustellen. Darum habe ich versucht, die am meisten praktizierten Dialoge unter rein formalen Gesichtspunkten zusammenzufassen.

Als Partner in einem Dialog kann die Person, wie sie sich als Ganzheit in der Situation erlebt, einer Gestalt gegenüberstehen, die ein Störungspotential repräsentiert.

Form 1

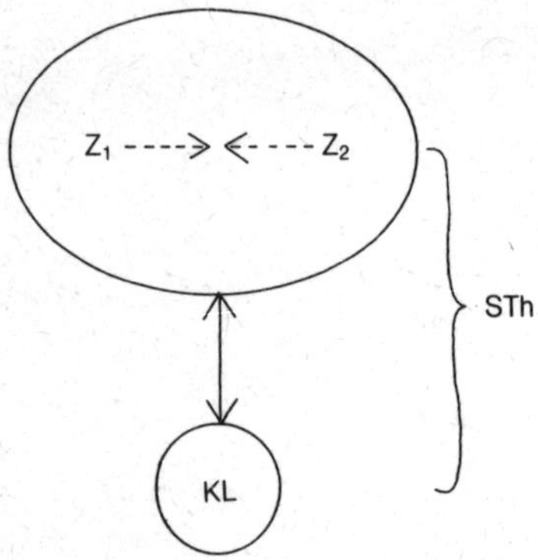

Diese Form des Dialoges wird häufig angewandt in der Therapie mit Kindern, im Dialog mit «dem Symptom» oder in der Auseinandersetzung mit «der Schuld». Beispiele hierzu: «Der Mißmutmann» (H. E. Schumann 1977) und der Dialog mit dem Symptom im Abschnitt 🕮 10.3. Der Dialog mit der Schuld wird im Rahmen der fünften Zentralfunktion behandelt.

Häufig werden Potentiale nicht als Ganzes in einer Gestalt externalisiert. Ihrer inneren Struktur entsprechend zerfallen sie beim Externalisieren in zwei Bereiche oder Zentren, die gegensätzliche Impulse in die Lage senden. Aus dieser Situation ergeben sich zwei andere Dialogformen. Der Klient wird gebeten, jedem Zentrum eine Gestalt zu geben. Er kann dann nacheinander mit beiden Gestalten Dialoge führen. Ein Beispiel hierzu finden Sie in H. E. Schumann 1977: «Der Mann und das Kind».

Form 2

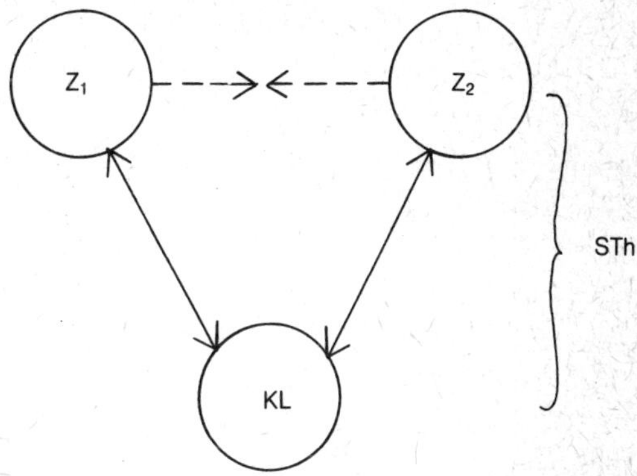

Aus der gleichen Ausgangskonstellation wie oben läßt sich noch eine dritte Dialogform ableiten. Bei ihr wird die Person des Klienten als Gesprächspartner ausgeschaltet. Der Dialog entwickelt sich zwischen beiden gegensätzlichen Zentren.

Form 3

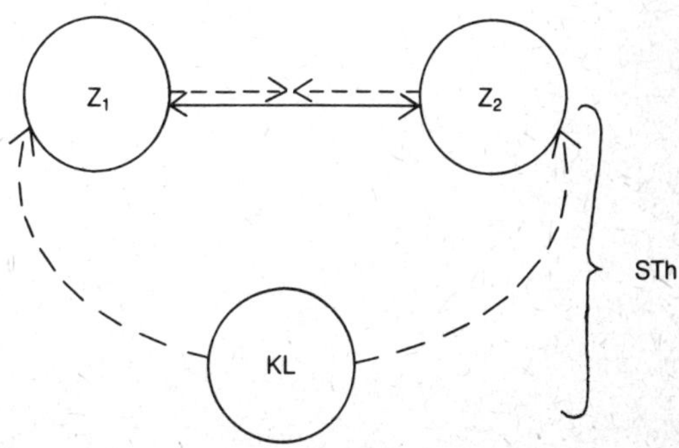

Nach diesem Muster werden Sie im folgenden üben und ein Beispiel aus einem Seminar nachlesen können.

Es gibt noch eine vierte Form, die bisher nur sehr selten praktiziert wird. Trotzdem will ich sie der Vollständigkeit halber aufzeigen. In Form 4 handelt es sich um ein Dreiergespräch, in dem die beiden Zentren und die Person des Klienten ähnlich wie in einem Familiengespräch miteinander «diskutieren».

Form 4

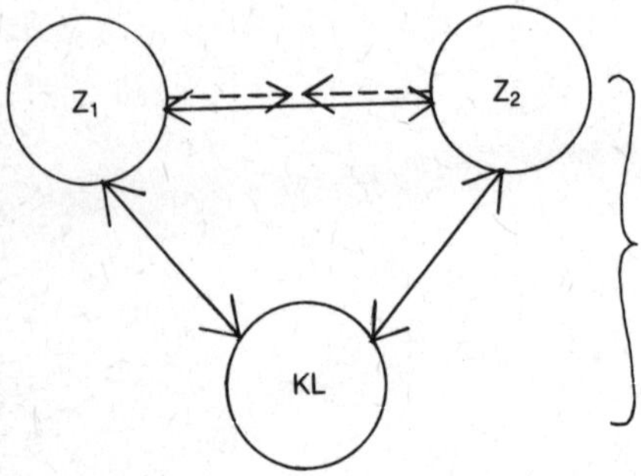

Diese vier Grundformen lassen sich nach Bedarf variieren. Mit zunehmender Erfahrung entwickelt der Therapeut die passende Form «nahtlos» aus der jeweiligen Gesprächssituation. Er lernt es, ohne aufwendige äußere Arrangements Dialoge zu inszenieren.

8 *Übung für drei Personen*

8.1 Einführung in die Übung

In dem externalisierten intrapersonalen Dialog lernen Sie einen Funktionsträger kennen, der sowohl vom Klienten als auch vom Therapeuten ein besonderes Maß an Geduld, Konzentration, Bescheidenheit und Mut erfordert.

Als Klient müssen Sie Geduld aufbringen, die Gestalten in Ihrer Lage zu finden, sie zu externalisieren und zur Kommunikation zu führen. Der Dialog fordert dann Ihre gesammelte Konzentration, denn die Fülle neuer Empfindungen und Gedanken können Sie leicht vom Gespräch ablenken und die Gestalten verblassen lassen. Vor allem aber brauchen Sie Bescheidenheit und Mut, um unerwartete Selbsterfahrungen zu tolerieren und es zuzulassen, daß sich Lösungen in Ihnen vollziehen, die Ihnen bis dahin nicht vorstellbar waren.

Auch als Therapeut brauchen Sie Geduld, und zwar zunächst für sich selbst. Sie werden zu intensivstem Engagement gefordert. Gleichzeitig müssen Sie auf jede inhaltliche Stellungnahme oder Hilfe verzichten. Aus dieser Situation entstehen in Ihnen selbst Spannungen, die Sie ständig von neuem aushalten und verändern müssen. (In den Therapeutendialogen wird diese Aufgabe bearbeitet. Vgl. 🕮 9 und 👥 9). – Ebenso wie vom Klienten wird auch vom Therapeuten ein Höchstmaß an Konzentration gefordert. Sie stehen vor der Aufgabe, in den Schilderungen des Klienten Gestalten zu erkennen, ihre Darstellung zu verstehen, sie im Dialog aufeinander zu beziehen und präsent zu halten. Wie kein anderer Funktionsträger fordert der externalisierte Dialog darüber hinaus eine Haltung des Therapeuten, die Bescheidenheit und Mut vereinigt. Nur in einer solchen Haltung kann er dem Klienten die Bewältigung seiner Dialoge zutrauen, Wege und Umwege des Dialoges akzeptieren, jede mögliche Lösung tolerieren und den Klienten mit dieser Lösung aus der gemeinsamen Arbeit entlassen.

Lernen Sie die intrapersonale Dynamik des Klienten als eine Realität kennen, die, zweckmäßig eingesetzt, wesentliche und anhaltende Veränderungen in der Lage bewirkt. – Im externalisierten Dialog wird noch einmal deutlich, daß diese Sozialtherapie keinen großen Zeitaufwand fordert, sondern allein einen effektiven Einsatz des psychischen Potentials des Klienten.

ጰ 8.2 Anweisung zur Durchführung

Sie werden nun Dialoge nach der Form 3 üben. Hierzu sollten sich Partner finden, die sich akzeptieren, die intensiv zusammenarbeiten und sich gegenseitig vertrauen können. Es bleibt Ihnen überlassen, ob Sie in Zweier- oder Dreiergruppen miteinander arbeiten. In jedem Fall üben Sie einmal in der Situation des Klienten und einmal in der Situation des Therapeuten. In der Dreierkonstellation kommt für jeden die Rolle des anteilnehmenden Beobachters hinzu. Suchen Sie sich einen Raum, in dem Sie völlig ungestört arbeiten können. Sorgen Sie für einen Tisch, bequeme Stühle, gutes, nicht zu grelles Licht, Material für analoge Darstellungen, ein Tonbandgerät und diesmal auch eine Erfrischung.

Der Dialog soll zwischen zwei externalisierten Gestalten aus einem gemeinsamen Störungspotential heraus geführt werden. Nun müssen Sie ein geeignetes Störungspotential in Ihrer Lage entdecken. Versuchen Sie sich an Situationen zu erinnern, in denen Sie sich schwer entscheiden konnten, in denen Sie von gegensätzlichen Gefühlen hin- und hergerissen wurden oder aufgrund einer ambivalenten Haltung handlungsunfähig waren. Zu dieser Übung eignen sich auch innere Konflikte, die Sie nicht lösen können, weil zwei verschiedene Standpunkte in Ihren Überlegungen sich ständig gegenseitig in Zweifel ziehen. Wenn es in Ihrem Leben Situationen gibt, von denen Sie sagen: «Teils denke ich so, teils ganz anders ...» oder: «Einerseits fühle ich so, andererseits so ...» oder: «Manchmal verhalte ich mich so, und manchmal ...» – dann haben Sie einen guten Ansatz für den folgenden Dialog gefunden.

Zu einer abgesprochenen Zeit treffen Sie sich mit Ihrem Gesprächspartner. Sie bestimmen die Reihenfolge der Übungen und überlassen dann dem Therapeuten die Initiative.

Als Therapeut bitten Sie den Klienten, sich an einen Tisch zu setzen. Rechts und links von ihm stellen Sie, einander zugewandt, zwei Stühle hin. Sie selbst bleiben im Hintergrund. Nun fordern Sie den Klienten auf, sich zu entspannen und – so gut es geht – seine Lage zu externalisieren. Danach bitten Sie ihn, sich die beiden gegensätzlichen Zentren in seinem Innern als Gestalten vorzustellen. (Sie helfen ihm, wenn Sie ihn zum Märchenerzähler oder zum Dichter werden lassen.) In dem Maße, in dem der Klient die Aufgabe verstanden hat und sich entsprechend konzentriert, beginnen seine Vorstellungen Gestalt anzunehmen.

Helfen Sie dem Klienten durch Nachfragen, die jeweilige Gestalt deutlicher zu sehen. Bitten Sie ihn, das Verhalten, den Ausdruck und, wenn möglich, das Gesicht zu beschreiben! Arbeiten Sie so lange, bis die Gestalt dem Klienten ganz deutlich wird. Danach lassen Sie sich am Tisch Platz nehmen. – Anschließend wird das zweite «Zentrum» in entsprechender Weise externalisiert.

Nun sitzen sich die beiden Gestalten gegenüber. Klare Realität erhalten sie jedoch erst, indem der Klient Namen für die beiden findet. Mit ihrem Namen wird die Gestalt zur Person. Als Therapeut können Sie, selbst wenn der Klient völlig ratlos erscheint, bei der Namensgebung nicht helfen. Sie haben jedoch noch ein Mittel, die beiden Gestalten «am Tisch festzuhalten». Lassen Sie den Klienten irgendeinen Gegenstand im Zimmer finden, der zu der jeweiligen Gestalt paßt, und legen Sie diesen Gegenstand vor die Gestalt auf den Tisch.

Dieses Hilfsmittel kann für den weiteren Verlauf wichtig werden. Sie können erleben, wie der Klient im Dialog mit den Gegenständen hantiert. Für ihn ist das eine Hilfe zur Konzentration. Sie selbst können leichter erkennen, welche der Gestalten gerade kommuniziert. Während des Dialoges ändert der Klient oft den Abstand, er findet neue Konstellationen und macht sich selbst und gleichzeitig auch Ihnen Veränderungen der Lage deutlich, die er in Worten nicht ausdrückt.

Und nun beginnt der eigentliche Dialog. Bitten Sie den Klienten, sich in eine der Personen hineinzudenken, und lassen Sie dann diesen ersten Gesprächspartner (A) in direkter Rede den zweiten Gesprächspartner (B) ansprechen. Fragen Sie nun B, ob er verstanden hat, was A meint. Sorgen Sie dafür, daß der Gesprächsinhalt wirklich verstanden wird. Danach bitten Sie B, zunächst zu sagen, wie er sich bei A's Reden fühlt.

Mit dieser Frage nach den Gefühlen der Gesprächspartner durchbrechen Sie das Muster, in dem bisher Auseinandersetzungen des Klienten innerhalb seines Potentials abliefen. (Er nannte das «Nachdenken» und hat doch häufig nur mit Hilfe gleichbleibender Argumente und Gegenargumente rationalisiert.)

Nun ist B an der Reihe, seine Bedürfnisse, Forderungen oder Wünsche zu äußern. Ihre Aufgabe als Sozialtherapeut wird es mehr und mehr, den Gestalten bzw. der Person zu helfen, tiefer nachzudenken, sich klarer auszudrücken und persönlicher darzustellen.

Fällt das Ihrem Klienten sehr schwer, so setzen Sie ihn vorübergehend auf den Stuhl des jeweiligen Sprechers. Der Klient kann sich dann besser mit seiner Gestalt identifizieren.

Zunehmend werden Ihnen als Therapeut Machtpositionen im Dialog deutlich, und gleichzeitig fühlen Sie, wie in Ihnen Sympathie oder Antipathie für einen der Gesprächspartner wächst. Jetzt müssen Sie doppelt wachsam sein. Mit beinahe übermenschlicher Unparteilichkeit müssen Sie für Chancengleichheit sorgen. Selbst Ihr Tonfall könnte Ihre persönlichen Wünsche für den Klienten verraten.

Wenn ein Dialogpartner den anderen unterdrücken will, können die Machtverhältnisse sehr einseitig werden. Dann braucht es unter Umständen viel Zeit und Geduld, bis deutlich wird, daß jeder der Partner ein Recht auf Existenz hat. Die gegenseitige Anerkennung überwindet Bedrohung und Terror, und darauf kommt es an.

Nach einiger Zeit stellen Sie fest, daß es Ihres Eingreifens kaum noch bedarf. Der Dialog läuft von selbst. Die Gesprächsbeiträge werden kürzer, die Pausen länger. Der Klient selbst ist gefühlsmäßig stark betroffen. Die Auseinandersetzung scheint in einer Dimension stattzufinden, die sich in der verbalen Kommunikation nur unvollkommen darstellt. Hier und da können Sie als Therapeut dem Dialog wahrscheinlich inhaltlich nicht mehr ganz folgen. Werden Sie nicht unruhig; was jetzt geschieht, ist nicht mehr Ihre Angelegenheit. Nur der Klient selbst kann an dieser Stelle eine Lösung finden. Sie werden wahrscheinlich überrascht sein, wie unvermutet die Lösung da ist und der Dialog vom Klienten beendet wird. Seine Entspannung, seine Zufriedenheit bleiben unter Umständen zunächst das wichtigste Kriterium für eine gelungene Arbeit. Wenn Sie Glück haben, wird Ihnen der Klient seine Lösung deutlicher machen. Schütteln Sie nicht den Kopf, akzeptieren Sie! – Während der Klient im allgemeinen leicht beschwingt mit seinem Tonband von dannen geht, schleichen Sie völlig erschöpft aus dem Zimmer. Gönnen Sie sich beide eine lange Pause!

(In den Seminaren legen wir die Übungen so, daß ein Dialog am Nachmittag, der zweite am darauffolgenden Tag stattfindet. Wenn möglich richten wir danach einen freien Nachmittag ein.)

Die Dialoge werden häufig in eigenen intrapersonalen Auseinandersetzungen weitergeführt, z. B. in Tag- oder Nachtträumen. Das Ergebnis kann dabei modifiziert, die Lösung differenziert und in Handlungsentwürfen realisiert werden.

Es ist sehr wichtig, daß dieser Entwicklungsprozeß unter keinen Umständen durch Diskussionen über den Dialog gestört wird.

ꔮ 8.3 Auswertende Beobachtung zur Übung

Nachdem Sie die Übung sowohl in der Therapeuten- als auch in der Klientenrolle erlebt haben, sollen Ihre Erfahrungen ausgewertet werden. Bisher haben Sie meistens Erfahrungsberichte von Kursteilnehmern gehört, die aus der direkten Wiedergabe von Tonbandaufzeichnungen bestanden. In dem Maße jedoch, in dem unsere methodische therapeutische Arbeit differenzierter wird, werden auch die Erlebnisqualitäten beim Klienten vielfältiger und eindringlicher. Damit verändern sich auch deren Berichte in der Gruppe. Erfahrungen, die der einzelne macht, können nicht mehr so selbstverständlich auf der verbalen Ebene kommuniziert werden. Der einzelne ist oft «sprachlos», ihm «fehlen die Worte» – und so beginnt er mit Hilfe seiner ganzen Person, seine Betroffenheit mitzuteilen. Die Art und Weise, in der Teilnehmer etwas darstellen, ist ebenso aussagekräftig wie der Inhalt. Der Gesichtsausdruck, die Gestik und Haltung, die Modulation der Stimme, die langen Pausen, das Lachen und vielleicht auch einmal das Weinen teilen unmittelbar und adäquat die neuen Erfahrungen mit.

So bitte ich Sie diesmal nicht als Teilnehmer in die Gruppenauswertung. Ich schlage vor, einmal mit den Trainern zusammen einen Arbeitstag zu erleben, an dem Dialoge geübt wurden.

Nach den Arbeitsanweisungen fällt uns auf, daß die Gruppe skeptisch und gespannt, ängstlich und erwartungsvoll ist. Relativ schnell wählt der einzelne seine Partner und trifft die nötigen Arrangements.

Ebenso sind wir Trainer in angespannter Erwartungshaltung. Wir wissen, daß etwa zehn Personen gleichzeitig in eine intensive therapeutische Arbeit mit sich selbst geführt werden, die existentielle Bereiche anspricht und zu Veränderungen motiviert. Uns ist bewußt, daß die noch wenig geübten «Therapeuten» eine harte Arbeit leisten, die sie bis an die Grenzen ihrer Fähigkeiten und Kräfte führt. Wir sind bereit, jedem Ruf in eine der therapeutischen Szenen zu folgen, um Hilfe zu leisten. Als Trainer versuchen wir, «Antennen auszufahren», mit deren Hilfe wir aus den Begegnungen an diesem Tag «erfühlen», wie die Befindlichkeit der einzelnen Gruppenmitglieder ist und ob ein Bedürfnis nach einem beratenden oder teilnehmenden persönlichen Gespräch vorliegen könnte.

Es ist ein sehr stiller Arbeitstag. Ein Teilnehmer geht vorüber, in sich gekehrt und grübelnd, ein anderer versunken lächelnd. Der erste ist wahrscheinlich gerade Therapeut gewesen, der zweite kommt aus der Klientensituation. Wir machen eine Probe aufs Exempel und fragen die beiden. – In der Halbzeit wird die unterschiedliche Befindlichkeit dann ganz deutlich. Die Gruppe zerfällt, auch für Außenstehende sichtbar, in einen Klienten- und einen Therapeutenteil. Die Therapeuten sind nicht ganz zufrieden, sie denken noch immer angespannt nach über ihre eigene Person, die so schwer verständlichen Klienten und das überraschende Geschehen. Den Klienten dagegen scheint vieles klarer geworden zu sein, sie wirken noch immer in sich ruhend und zufrieden.

Die Mittagspause wird für alle eine intensiv genutzte Ruhepause. Verabredungen fallen heute offensichtlich aus.

Am Nachmittag scheint die Arbeitsatmosphäre an Intensität zuzunehmen. Die ehemaligen Klienten wechseln nun in die Therapeutenrolle. Sie haben bereits am Vormittag erfahren, worum es geht. Sie fühlen sich darum sicherer und werden in ihrer Arbeit noch intensiver.

Mehrere Male wird einer von uns Trainern in eine Kleingruppe geholt. Hier treten Schwierigkeiten auf: Ein Klient kann für seine äußere belastende Situation nicht das Äquivalent in seiner inneren Lage finden; ein Zentrum entzieht sich hartnäckig der Forderung, Gestalt anzunehmen; ein Dialog stagniert auf der rationalen Ebene, und ähnliches. – Unsere Aufgabe als Trainer ist es, uns mit Hilfe des Tonbandes schnell in die aktuelle Situation hineinzufinden, das hindernde Moment aufzuspüren, es behutsam zu entfernen und die Teilnehmer dann allein weiterarbeiten zu lassen.

Eine ernstzunehmende «Panne» könnte nur dann entstehen, wenn einer der «Therapeuten» Lage, Weg oder Lösung seines Klienten zu interpretieren oder bearbeiten begänne. Hier ist für uns Trainer größte Wachsamkeit geboten. In vorbereitenden und auswertenden Gesprächen müssen die jeweiligen Therapeuten informiert und auf die Konsequenzen einer falschen «Hilfsbereitschaft» hingewiesen werden.

Im Laufe des Nachmittags verändert sich das Bild. Immer mehr Teilnehmer kommen sehr gelockert, sehr zufrieden, versonnen oder begeistert, meistens körperlich erschöpft zu kurzen informellen Begegnungen zu uns. Viele ihrer Informationen sind aus dem inhaltlichen Zusammenhang gerissen und darum nur schwer verständlich. Ihre Erlebnisqualitäten sind eindeutig und beeindruckend: «Es hat geklappt.» – «Es war unvorstellbar.» – «Unglaublich, überraschend.» – «Es hat völlig unerwartete Lösungen gebracht.» – «Es läuft innerlich noch immer weiter.» – «Es war sehr, sehr anstrengend.» – »Es hat mich zutiefst befriedigt.»

Und während wir als Trainer noch immer in Spannung die letzten Teilnehmer erwarten, wird es wieder stiller in der Gruppe. Heute wird kaum etwas Gemeinsames unternommen. Einige Teilnehmer sitzen beim Glas Wein, andere schlafen bereits und träumen ihren Dialog weiter. (Morgen werden wir davon im Gruppenbericht hören.)

Der erste Tag mit Dialogen ist beendet. Einer von uns Trainern faßt unsere Gefühlslage kurz und treffend zusammen: «Ich möchte auch mal wieder ein Teilnehmer sein.»

ᯤ 8.4 Ein Dialogbeispiel aus einer Übung

Sie haben oben einen Übungstag aus der Perspektive der Trainer nacherleben können. Im folgenden Beispiel kommt ein Teilnehmer zu Wort. Er stellte sein Tonband zur Verfügung, das wir bis auf einige Kürzungen unverändert wiedergeben.

Zunächst fasse ich die Vorgeschichte zusammen: Eine Seminarteilnehmerin hat eine Problematik in einer Freundschaft. Ihre Freunde hatten ihr etwas erzählt, das ihnen nachträglich außerordentlich peinlich ist. Seitdem ist das gute Verhältnis gestört. Obwohl die Klientin meint, daß ihre eigene Haltung unverändert sei, wechselt die Zuwendung der Freunde zwischen Zurückweisung und dem Bemühen um alte Vertrautheit. Bei Einladungen kommen beide Verhaltensweisen zum Ausdruck. Die Klientin fühlt sich dadurch verletzt. Sie kann sich jedoch nicht entschließen, die Beziehung zu verändern ...

Klientin: «Ja, und dann geht der Trouble bei mir wieder los, dann wird es sehr bedrängend für mich. Ich komme aus der Spannung überhaupt nicht heraus. Vor der Einladung weiß ich nicht, was ich tun soll, ob ich hingehen soll oder nicht. Und wenn ich mich entscheide, nicht hinzugehen, habe ich ein schlechtes Gewissen, und wenn ich hingehe, dann bin ich verkrampft ... Ja ...»

Sozialtherapeut: «Du kommst also aus der Spannung nicht heraus ...»

KL: «Und hinterher ist die Spannung auch noch da. Einerseits sage ich mir, gut, daß ich da war. Und andererseits frage ich mich, warum ich eigentlich den Quatsch noch mitmache. Es ist beschissen!»

STH: «Im Grunde sagt ja die Kommunikation: Komm, aber bleib bitte draußen.»

KL: «Ja.»

STH: «Das ist der äußere Anteil, den ich sehe. Kannst du die beiden Spannungszentren, von denen du eben sprachst, etwas näher bezeichnen, so daß sie Gestalt annehmen?»

KL: «Ja, es sind also wie zwei Personen in mir, die dem entsprechen. Die eine, die sehr viele Argumente hat und sehr viele Intentionen, die alles hat, um zu sagen:

Schluß! Und die andere Person, die eigentlich klar und deutlich sagt: Nein, natürlich wird das Verhältnis aufrechterhalten! – Und dazwischen bin ich. Und ich mache nichts von beiden, gar nichts von beiden. Und ich fühle mich dabei gar nicht wohl.»

STH: «Welches Geschlecht haben die Personen?»

KL: «Die sind beide weiblich.»

STH: «Hm, wollen wir sie noch irgendwie benennen?»

KL: «Ja, also die sind beide so ich selbst, habe ich das Gefühl. Nein, aber ... (langsam): es sind doch ganz klar zwei, und doch kann ich sie eigentlich kaum trennen. Warte mal, da fällt mir gerade etwas ein. – (Pause) – Ja, ich heiße Eva-Maria, ich könnte die eine Eva nennen, die andere Maria.»

STH: «Welche ist Eva?»

KL: «Eva ist die, die ‹Schluß› sagt.»

STH: «Eva, die ‹Schluß› sagt, ist also die rationale?»

KL: «O nein, die hat ganz viele Gefühle!»

STH: «Aber sie hat aufgrund der Gefühle eine Folgerung gezogen?»

KL: «Ja, eben eine Folgerung: Eva sagt, wenn da jemand sagt, er will dich nicht, dann – (zögert und spricht sehr langsam) – dann hast du es überhaupt nicht nötig, in irgendeiner Weise noch etwas anzubieten. Dazu bist du ja eigentlich zu schade. Und dann noch unter deinem Angebot zu leiden.»

STH: «Hm.»

KL: «Das ist ja irre, was du da machst!»

STH: «Ja gut, ich darf da eben mal rübergreifen. – (Der Therapeut ergreift eine leere Kassettenhülle und ein Brillenfutteral, die auf dem Tisch liegen. Die Kassette wird der Eva zugeordnet, das Futteral der Maria.) – Sagen wir mal, das ist Eva.»

KL: «Ja, schön eckig.»

STH: «Ich habe dich eben unterbrochen, als du mit Maria angefangen hast. Die kenne ich noch nicht.»

KL: «Ja, was ist das eigentlich für eine? Hm – (Pause) – Maria sagt (langsam, betont): Warum machst du dich eigentlich abhängig von dem, was ein anderer über dich sagt? Du müßtest doch eigentlich so frei sein, daß, nun ja, du deine Person so verwirklichst, wie es dir eigentlich entspricht – unabhängig von dem, was ein anderer sagt oder meint. Du müßtest so leben, daß du genau das tust, was du für richtig hältst, und eigentlich auch das tun, was du möchtest.»

STH: «Hm, Maria sagt also mit anderen Worten: Warum nimmst du dir nicht die Freiheit, so zu sein, wie du sein möchtest und sein mußt?»

KL: «Ja.»

STH: «Es ist für mich noch eine Frage dabei: Zu wem sagt Maria das? Sagt sie das zu Eva?»

KL: « – (Pause) – Ja, das ist eigentlich ein Dreiergespräch. Maria sagt es zu Eva; aber Eva schlägt sofort zurück. Folglich sagt Maria es lieber zu mir.»

STH: «Hm, lassen wir dich jetzt mal ein bißchen raus. Du sagtest, Eva schlägt sofort zurück. Eva wird sicher ihre Gründe haben, sofort zurückzuschlagen. Aber ich vermute, daß Eva die Maria nicht richtig verstanden hat. Ich weiß es nicht genau. Was meinst du? Was erlebt Eva, wenn Maria ihr das sagt?»

KL: «Ich war immer noch bei Maria ... (langsam, wiederholend) – Was Eva erlebt, wenn Maria ihr das sagt? – (Pause) – Eva sagt: Weißt du, Maria, könnte es nicht sein, daß du den Weg des geringsten Widerstandes gehen möchtest?»

STH: «Das sagt Eva. Aber die Frage war eben: Was erlebt Eva, wenn Maria das sagt? Maria spricht ja davon, daß sie einen Freiraum haben möchte, sich selbst zu verwirklichen, wie das von ihren Fähigkeiten, Begabungen und Bedürfnissen vorgegeben ist. Ich könnte mir denken, daß das auf Eva in irgendeiner bestimmten Weise wirkt, z. B. im Sinne einer Forderung oder auch einer Einschränkung. Ich weiß jetzt nicht, ob ich das richtig sehe.»

KL: «Mir fällt dazu etwas ein, das hindert mich, jetzt zu sagen, wie das auf Eva wirkt ... (stockt) – Bei Eva ist da ein Erlebnis aus der Kindheit; sie war etwa vier Jahre alt. Sie war im Harz – ich weiß nicht mehr ... irgendwo – und hatte da eine Freundin, mit der sie spielte. Furchtbar gern spielte. Und eines Sonnabends ging sie dahin, und da schrubbte jemand den Flur, und der sagte etwas unfreundlich: Heute geht das nicht mit dem Spielen! Und Eva ging nach Hause und fand das völlig berechtigt. Zu Hause fragte die Mutter: Warum kommst du? Und da erzählte Eva das Ganze. Und dann sagte die Mutter: Das mußt du dir für alle Zeiten merken: Niemals geht man an eine Stelle zurück, an der man rausgeworfen worden ist. Niemals! – Und eigentlich fand das Eva damals unberechtigt. Sie konnte das nicht verstehen ... Ich habe noch nie darüber nachgedacht, aber ich konnte damals nicht verstehen, daß meine Mutter so reagierte ... Ich habe kein einziges Mal mehr mit diesem Mädchen gespielt. Und da das eigentlich über meine Kraft ging, die Situation normal zu handhaben, weder gegen die Mutter meine Meinung zu vertreten noch zu der betreffenden Familie zu gehen, um die Sache richtigzustellen, so habe ich diese Freundin nie wieder angesehen. Also, das war eine ganz schwierige Situation. Und seither hat Eva eigentlich versucht, niemals eine Situation so weit zu treiben, daß sie hinausgeworfen wird. Sie will das nicht noch einmal erleben. Das ist die Eva, die da ist.»

STH (unterbricht): «Eva hat also, unter dem Eindruck einer

mütterlichen Forderung stehend, auf sehr elementare Bedürfnisbefriedigung verzichtet, nämlich zu spielen. Im Spielen vollzieht sich ja das, was die Maria als Forderung vertreten hat.»

KL: «Ja, und von daher sagt Eva auch eigentlich nur das eine, sie sagt immer nur: Man tut es nicht! Und dann aber auch: Warum solltest du leiden?»

Sehr lange Pause.

KL: «Ja, jetzt merke ich, wie die Eva in mir sehr stark wird, weil jetzt die Mutter und auch sehr viel Umwelt sie sehr stark machen.»

Lange Pause. Im Hintergrund fängt ein Staubsauger an zu heulen, er wird aber von der Klientin nicht wahrgenommen.

KL: «Also, ich glaube, Eva würde eigentlich ganz gern verstehen, was Maria meint, das wäre eine dolle Sache!»

STH: «Hm, mir kommt es so vor, als ob Eva schon ein Stück verstanden hat, was Maria meint. – Aber Maria sollte ...»

KL (unterbricht): «Eva hat Maria noch nicht verstanden, darf ich mal sagen, es ist mehr so, daß Eva leidet, an sich selbst.»

STH: «Ja, gut, dann sollte Eva zu Maria noch einmal sagen, wie sie sich fühlt. Aber vielleicht hilft es Eva auch, wenn Maria noch einmal sagt, was sie wünscht.»

KL: «Ja, jetzt – Maria sagt: Ich brauche eigentlich Verstärkung durch dich, aber im Augenblick bist du gegen mich.»

STH: «Was sagt Eva dazu?»

KL: «Eva sagt: Ich wünschte – (seufzt) – daß wir irgendeinen Weg fänden. Im Augenblick ist es ja so, ich kann die Mutter aufgeben, die kommt mir ja selbst ein bißchen blöd vor, aber – (stockt, wiederholt) – ich habe eigentlich das Gefühl, als ob meine Stärke ja gerade darin liegt, daß ich da so ein Stück Stolz habe, daß ich da so irgend etwas Sicheres bewahre.»

STH: «Kann Maria das verstehen?»

KL: «Ja – ja.»

STH: «Und was sagt Maria dazu?»

KL: «Sie sagt, daß Freiheit ein Risiko ist und wahrscheinlich nicht gewonnen werden kann ohne dieses Aufgeben von einem Stück Sicherheit.»

STH: «Wie fühlt sich Eva nun?»

KL (mit schwankender Stimme): «Völlig überrumpelt ...»

Lange Pause.

STH: «Und kann Eva der Maria jetzt sagen, was sie fühlt, so daß Maria in dieses Gefühl von Eva mit hineinkommt?»

KL: «Also, ich muß tatsächlich die beiden zusammenlegen. (Klientin nimmt Kassette und Brillenfutteral in die Hand.) Das ist nicht anders möglich. Jetzt geht es mir so, daß ich gar nicht mehr recht weiß, wer wer ist. – (Pause, dann zum Therapeuten): Kannst du noch einmal sagen, was du gefragt hast?»

STH: «Ob Eva Maria ihre Gefühle mitteilen kann? – Du sagtest eben, Eva ist völlig überrumpelt von der letzten Äußerung, die sich darauf bezieht, daß es ein Risiko bedeutet, sich Freiheit zu nehmen; daß ohne Risiko die Freiheit nicht gewonnen werden kann, ohne die Bereitschaft zum Risiko. Davon ist Eva überrumpelt, und Eva hat jetzt Gefühle, von denen ich meine, sie müßte sie Maria irgendwie mitteilen, damit Maria daran teilhaben kann.»

KL: «Ja, Eva sagt jetzt: Weißt du, meine Angst ist jetzt, daß du, wenn du dir diese Freiheit nimmst, daß du dann ganz allein bist.»

STH: «Ich habe das nicht verstanden. Kannst du das noch einmal wiederholen?»

KL: «Eva sagt: Meine Angst ist, daß du, wenn du dir diese Freiheit nimmst, daß du ganz allein bist.»

STH: «Und was sagt jetzt Maria?»

KL: «Maria sagt: Ja, ich kann es verstehen, und es ist auch Realität – (Pause) – aber Maria sagt, daß ja gerade das das Wagnis ist, und nicht solche Dinge, die in der Beziehung zu Menschen passieren können. Sondern das Aushalten des Alleinseins.»

Pause.

STH: «Ist das für Eva einsehbar?»

KL: «Ja, jetzt sagt Eva: Ach, laß mir mal ein bißchen Zeit. – Dann sagt Maria: Na ja, nun hast du ja schon fünfunddreißig Jahre dir dazu Zeit gelassen. Was heißt eigentlich für dich Zeit?»

STH: «Darauf müßte Eva Maria eigentlich eine Antwort geben.»

KL: «Hm, ich möchte mal so sagen (die Klientin nimmt die Kassette, die Eva symbolisiert, und legt sie dicht hinter das Brillenfutteral, das Maria symbolisiert – sie seufzt, räuspert sich) – besser kann ich es nicht mehr ausdrücken.»

Nach diesem Dialog war die Beziehung zu den Freunden in überraschender Weise verändert. Es kam der Klientin so vor, als hätten die Freunde eine andere Einstellung zu ihr gewonnen. Erst ein Vierteljahr später kam sie auf den Gedanken, die Veränderung dem Dialog zuzuschreiben.

🕮 *9 Theorie zur intrapersonalen Lage des Therapeuten*

🕮 9.1 Das intrapersonale Therapeutensystem in einer Analogie

Vielleicht hat man Ihnen einmal gesagt, Sie hätten Talent dazu, Therapeut zu sein. Ganz gleich, ob Sie das als Kompliment auffaßten oder ob Sie Distanz und leise Kritik daraus spürten – wir alle müssen es aufgeben, uns auf derartige Naturtalente zu verlassen. Auf der anderen Seite haben Sie sich vielleicht hier und da von Regeln und Vorschriften für den Therapeuten unangenehm berührt gefühlt, weil es Ihnen schien, als mache man Sie damit zum Psychotechniker. Vielleicht ging es Ihnen ähnlich wie einem jungen Kollegen, der in einer Supervision sagte: «Vor allem möchte ich auch als Sozialtherapeut ich selbst bleiben.» Im folgenden wollen wir gemeinsam erarbeiten, welche Voraussetzungen hierzu erfüllt sein müssen.

Unter 🕮 2.3 haben wir die innere Situation des Therapeuten als ein vermaschtes System dargestellt. Es wurde deutlich, daß die naive Person mit ihrem gesamten intrapersonalen System auf die Befriedigung eigener Bedürfnisse programmiert ist. Das therapeutische System wird zusätzlich erworben. Es richtet sein Programm ausschließlich auf die Lage des Klienten. Damit wird es zum natürlichen Gegner der Ansprüche aus der naiven Person.

Ich möchte Sie nun zu einem Gedankenspiel mit einem Modell einladen. Ich wage das trotz aller eigenen Vorbehalte, weil ich weiß, daß dieses «Spiel» erstaunlich schnell ein gutes Bild vom Therapeut-Sein vermitteln kann, vorausgesetzt, daß wir es nicht mit wissenschaftlicher exakter Theorie verwechseln. Die Idee dazu stammt von meinem Sohn. Er schlug vor, das Therapeutensystem als ein Regelsystem darzustellen, das in der Lage des Therapeuten relativ eigenständig funktioniert. Erstaunlich gut lassen sich die technischen Termini auch als therapeutische verwenden. Hierzu eine Skizze: Wir zeichnen die naive Lage des Therapeuten als einen Kreis und in ihm das therapeutische System als Oval ein (s. S. 223).

In (1) sehen wir, wie sich «Meßfühler» auf die Lage des Klienten richten. Der Begriff «Meßfühler» scheint mir in diesem Zusammenhang angemessen zu sein. In unserer Realität müssen wir beides leisten: Spannungen in der Lage des Klienten quantitativ messen und qualitativ erfühlen. – Dann kommt das

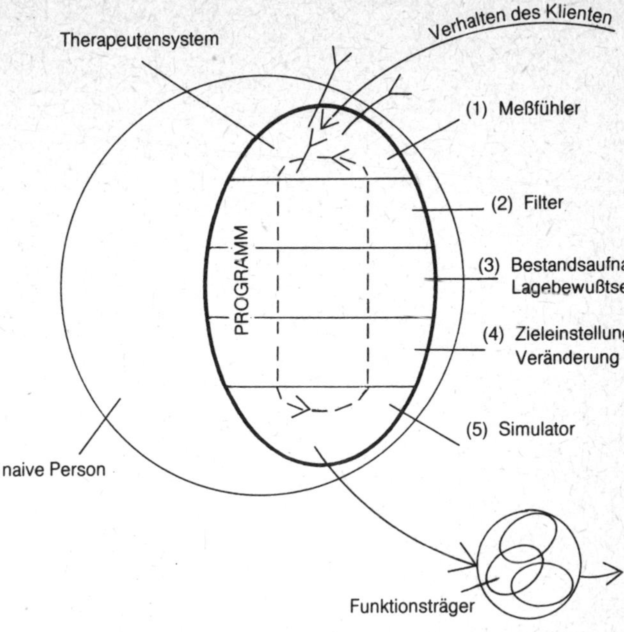

eigentliche Programm. Es hat verschiedene Aufgaben zu bewältigen. Ein «Filter» (2) sondiert, welche Eingaben weiter verarbeitet werden sollen und welche als nicht therapie-relevant zurückgestellt werden. Die eingefütterten Daten des Klienten werden im Zusammenhang mit einem allgemeinen Wissensfundus (Speicher mit Daten zur Lage) weiterverarbeitet. So entsteht das aktuelle «Lagebewußtsein» (3). Aus ihm wird im weiteren Programm «Lageveränderung» (4) geplant. Ineffektive Potentiale werden geortet. Ziel des Programms ist ihre Verwandlung in freies Potential. Eine Möglichkeit hierzu bietet der Einsatz der Zentralfunktionen (gespeicherte Daten zu den Zentralfunktionen). Eine Entscheidung im Sinne der Zielvorstellung wird gefällt. Dieses Ergebnis wird in den «Simulator» (5) gefüttert. Hier wird deduktiv und mit Hilfe kreativer Fähigkeiten ein möglicher Funktionsträger entwickelt, der die ausgewählten Zentralfunktionen durch das gesamte therapeutische intra- und interpersonale System tragen kann. Im allgemeinen wird es zum entsprechenden therapeutischen Handeln erst dann kommen, wenn mehrmalige «Durchläufe» durch das intrapersonale Therapeutensystem eine bewußte Kontrolle und damit Sicherheit für die Effektivität des Handelns gewährleisten.

9.2 Die Bedeutung der intrapersonalen Balance für die Lage des Therapeuten

Im vorigen Abschnitt wurde deutlich, welche Arbeit geleistet werden muß, damit das therapeutische System funktioniert. Arbeit kann jedoch nur dort geleistet werden, wo Energie zur Verfügung steht. Das gilt in psychophysischen ebenso wie in technischen Bereichen. Das Therapeutensystem kann nicht aus sich selbst heraus funktionieren, es greift zurück auf die Energiequellen der gesamten Person des Therapeuten. Gibt es dort Störungen, die den Energiezufluß hindern, so wird die Therapie zu einem untragbaren Stress für den Therapeuten. Sie endet in einem formalen Leerlauf, der sowohl den Klienten als auch den Therapeuten mit Mutlosigkeit erfüllen kann. Es gibt nur eine wirkliche Arbeitsalternative für den Therapeuten, nämlich ein Arrangement zwischen seinem naiven System und seinem Therapeutensystem, das ein störungsfreies Miteinander beider Systeme garantiert. In der idealen Therapeutensituation wird das Arrangement zu einem Bündnis (auf Zeit), in dem das naive System seine Dynamik dem Therapeutensystem zur Verfügung stellt. Naive Person und Therapeutensystem verschmelzen dabei zur therapeutischen Person.

Eine solche Situation ist nur selten ein Zufallsprodukt. Sie ist fast immer ein bewußt und konsequent erarbeiteter Funktionszustand, der während der Therapie ständig gefährdet wird und immer neu erarbeitet werden muß. Hierzu eine Überlegung: Folgen wir den therapeutischen Regeln, die die Distanz zum Klienten betonen, so schützen wir uns zwar vor der Betroffenheit unseres naiven Systems, gleichzeitig blokken wir jedoch auch die Bereitstellung von Energie ab. Folgen wir dagegen jenen therapeutischen Regeln, die die persönliche Nähe zum Klienten fordern, so erleben wir zwar die starke persönliche Betroffenheit, doch unser naives System wird darauf mit Forderungen nach seinen eigenen Zielen reagieren. Dann entstehen zwischen naivem System und Therapeutensystem die schon häufig erwähnten Spannungen. Es muß also unser Ziel sein, zwischen dem naiven System und dem Therapeutensystem eine innere Balance herzustellen.

Es ist darum kein Zufall, daß in jeder Therapie von dem Therapeuten eine Haltung gefordert wird, die eine Ergänzung zu dem ist, was in den jeweiligen Interventionen kommuniziert wird. Zur näheren Erläuterung greife ich aus einer Vielzahl einige Beispiele heraus.

Im Rahmen der *analytischen Therapie* arbeitet der Therapeut mit der Übertragungssituation. Der Klient befaßt sich mit Zentren seiner Lage, die ineffektive Potentiale darstellen. Er gibt ihnen die Gestalt von Personen aus seinem gegenwärtigen oder vergangenen Leben und projiziert diese auf den Therapeuten. Nun kann sich der Klient mit einem Zentrum seiner externalisierten Lage auseinandersetzen, z. B. mit «Autoritäten», die ihn fordern, unterdrücken oder sich in anderer Weise seiner bemächtigen. Diese Auseinandersetzung erlebt der Therapeut unmittelbar in den Aktionen des Klienten. Für die naive Person des Therapeuten bedeutet diese Situation Stress. Die Therapeutenregel: Bewahre Distanz! hilft ihm, sich an den Funktionen der Übertragung zu orientieren und entsprechend seinem Therapeutensystem zu reagieren.

In der *nicht-direktiven Therapie* wird als eine der wesentlichen Interventionen der «verbale Spiegel» eingesetzt. Je besser der Therapeut die Lage des Klienten versteht, desto deutlicher kann er sie ohne persönliches Beiwerk verbalisieren. Dabei muß sich seine naive Person mit ihren Gefühlen und Meinungen zunächst distanzieren. Die Forderung: Bleibe echt und mit dir selbst kongruent! zwingt den Therapeuten zu intrapersonalen Auseinandersetzungen, nach denen er seine gesamte Person in die Kommunikation einbeziehen kann.

In der *Familientherapie* nach dem kommunikativen Ansatz wird der Therapeut zum «Spielregler», der dafür sorgt, daß das Interaktionsfeld nach den Regeln positiver Kommunikation gestaltet wird. Dabei kann und muß er häufig in seiner therapeutischen Rolle Macht verwirklichen. Seine naive Person bleibt jedoch weitgehend aus dem Prozeß ausgeschlossen. – Für diesen Therapeuten gilt darum die Regel: Bringe deine eigene Person ein! Er wird aufgefordert, zunächst durch eigene Kommunikation zu zeigen, wie man miteinander reden kann, worüber man sprechen kann und vor allem, was er selbst als Person fühlt und denkt.

Im *KIM* geht es darum, therapeutische Haltung lebendig zu gestalten. Wir verstehen darunter die fortlaufende Auseinandersetzung des Therapeuten innerhalb seiner eigenen intrapersonalen Lage. Diese Auseinandersetzung findet in Dialogen zwischen den Ansprüchen des naiven Ich und den Forderungen des Therapeutensystems statt. Wir nennen sie «Therapeutendialoge». Sie haben zwei Ziele: Einmal schaffen sie eine Balance in der intrapersonalen Lage des Therapeuten. Zum zweiten sorgen sie dafür, daß für die therapeutische Arbeit Energie bereitsteht. Die folgende Skizze macht das deutlich (s. S. 227).

Im Dialog können sich beide Systeme mit ihren konträren Zielen für eine gewisse Zeit so einigen, daß das naive System seine Forderungen zurückstellt und die Ziele des Therapeutensystems akzeptiert. Optimal ist eine Lösung, in der das naive System eigenes ineffektives Potential in freies Potential für

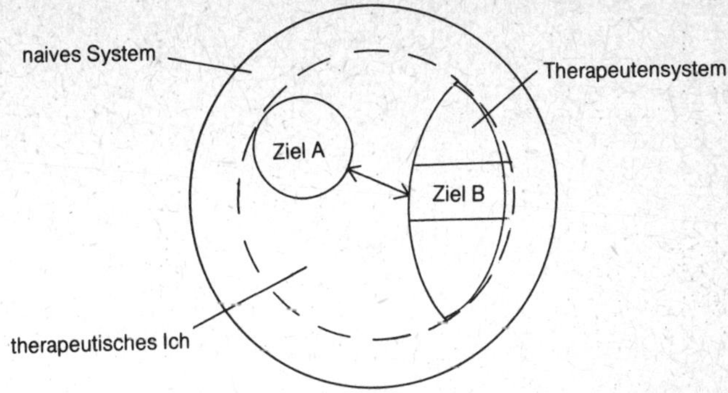

das Therapeutensystem umwandelt. (Im folgenden Beispiel 🕮 9.3 können Sie nachlesen, wie so etwas in der Praxis funktioniert.)

Fast unmöglich wird dieses Arrangement, wenn das naive System in sich starke Diskrepanzen hat, z. B. zwischen seinem Wunschbild und seinem subjektiven Selbstbild. Der Therapeut findet dann unterschiedliche «Gesprächspartner» in seiner intrapersonalen naiven Lage vor: einmal antwortet das Wunschbild, ein andermal antwortet das Selbstbild auf die Ansprüche des Therapeutensystems. Der Therapeut wird in sich selbst unsicher.

Innerhalb der Therapie kann eine solche Situation nur schwer bewältigt werden. Zunächst müßte im Dialog zwischen dem Selbstbild und dem Wunschbild in der naiven Person des Therapeuten ein störungsfreies Verhältnis erarbeitet werden. Erst danach kann der Therapeut einen Therapeutendialog führen.

Therapeutendialoge zu erlernen, ist relativ einfach. Schon in der ersten Übung erfassen Sie, worum es geht. Sie müssen nun die Ausdauer haben, diese Dialoge so lange zu üben, bis sie selbstverständlich Ihr therapeutisches Handeln begleiten. Bald werden Sie wissen, wann es nötig wird, bereits vor einer Therapiestunde einen Dialog in sich selbst zu führen. Ihre Vorbereitung zur Therapiestunde konzentriert sich dann darauf, Ihre naive zur therapeutischen Person umzustellen.

Mit Sicherheit werden in allen Therapierichtungen derartige Dialoge geführt. Im KIM wird es Ihre Aufgabe, diese Dialoge bewußt zu gestalten. Dann erst können Sie sicher sagen: Zwar wird die Interpunktion für den therapeutischen Prozeß vom Klienten gesetzt, durch die intrapersonale «Einstellung» des Therapeuten wird sie jedoch erst ermöglicht.

9.3 Intrapersonale Therapeutendialoge als Quelle der psychischen Energie im therapeutischen Prozeß – ein Tonbandbeispiel

Im folgenden geben wir ein Gespräch wieder, in dem eine Sozialtherapeutin (STH) nach einer Therapiestunde zu klären versucht, welche Dialoge in ihrer eigenen Lage abgelaufen sind. Mit Hilfe einer dritten Person, die als Beobachter (BE) an der Arbeit teilnahm, erinnert sie sich der Dialoge zwischen ihrer naiven Person und ihrem Therapeutensystem.

Das Beispiel kommt aus einer Lernsituation, die den nachfolgenden Übungen ähnlich ist. Der Dialog wurde von einer Seminarteilnehmerin geführt, die Erfahrungen als Sozialtherapeutin hat und sich nun zum ersten Mal ihren Therapeutendialog bewußt macht.

STH: «Vielleicht kannst du mir eine Einstiegsfrage geben.»

BE: «Am Anfang wirktest du etwas angespannt. Hat das mit der Problematik zu tun oder mit der gesamten Situation? Es kann ja sein, daß du immer zu Beginn eines Gespräches etwas angespannt bist, oder hast du das nicht so erlebt?»

STH: «Ich könnte mir vorstellen, daß das damit zusammenhängt, daß die Klientin mich schon gestern auf ihr Problem angesprochen hat; daß ich mich sehr bemühen wollte, mich auf ihr Problem zu konzentrieren und ihr zu helfen. Diese Anspannung war mir außerdem ein Gegengewicht gegen das vorherige Gerede der Klientin.»

BE: «Du hast das aber nur als Anspannung erlebt und nicht als Verspannung?»

STH: «Ich habe es nicht als Verspannung erlebt. Mein berufliches Ich bzw. das therapeutische System hat erst mal wahrgenommen, daß die Klientin sehr rasch Tränen in den Augen hatte und daß ihre Augen und ihr Sprechen nicht übereinstimmten; sie hat also munterer gesprochen als sie geguckt hat; sie gab sich verbal gelockerter, als es ihrer Haltung entsprach, ihrem Aussehen. Was bei mir ankam, war aber vor allem ihre Betroffenheit. Und ich habe mich am Anfang sehr darauf konzentriert, ihr erst einmal zu helfen, daß das zum Ausdruck kommt.»

BE: «Daß *was* zum Ausdruck kommt?»

STH: «Ihr wirklicher Zustand und nicht ihr Schon-darüber-Gedachtes, sondern das, was es in ihr auslöst. Dabei habe ich mein naives Ich und mein therapeutisches System nicht mehr so auseinanderhalten können, die haben sich da eigentlich zusammengeschmissen.»

BE: «Es war also nicht eine Spannungssituation zwischen beiden, sondern das war etwas, was absolut übereinstimmte?»

STH: «Ja, so habe ich mich jedenfalls erlebt. Da war für mich keine Spaltung. Das therapeutische System hat eigentlich am stärksten darauf bestanden, daß wir nicht bei ‹Ball› und ‹Stock› oder so etwas bleiben» (die Klientin hatte als Gestalten für ihren Dialog Ball und Stock gewählt).

BE: «Dabei warst du rein therapeutisch orientiert.»

STH: «Ich kann das bei mir ganz schlecht trennen, weil ich mich in solchen Situationen immer sehr ganzheitlich erlebe. In meiner naiven Person störte mich, daß sie sozusagen einen Dialog mit sich führen wollte, zwischen Ball und Stock. Ich habe gedacht, sie ist doch ein Mensch, und das habe ich ihr auch gesagt.»

BE: «War das nur, daß sie sich mit Ball und Stock verglich, oder berührte es dich, daß der eine schlägt und der andere geschlagen wird – also eine Rollenfixierung?»

STH: «Nee, das hat mich nicht so berührt, weil ich sie etwas kenne und glaube, daß das nicht ganz so hinhaut. Nur, ich dachte, der Dialog zwischen einem Stock und einem Ball kann eigentlich nicht eine Person erfassen. Und ich war daher etwas beharrlich, daß die Gestalten zu Personen wurden; genauso ging mir das mit dem Vater. Auch dabei habe ich gedacht, wenn der Dialog zwischen dem Vater und ihr stattfindet, dann ist das wiederum die äußere Lage, die dargestellt wird, und nicht eine Externalisierung von Innerem. Und deswegen wollte ich gern, daß sie sich ihrer inneren Lage bewußt wird. Eigentlich war ich nicht beunruhigt, daß das lange dauerte. Ich habe da keine Angst bekommen; ich habe gedacht, ich werde das schon hinkriegen, daß das Personen werden. Und ich hätte mich auch nicht gescheut, wenn das gar nicht geklappt hätte. Dann wäre ich noch einmal zurückgegangen in die Problemschilderung und hätte sie noch einmal angeregt, ihr Problem und die damit verbundene Lage zu externalisieren. Mir fiel ein, daß, wenn sie noch einmal ihre Lage externalisiert, ich ihr vielleicht besser helfen kann, die Pole in sich zu finden. Also, da habe ich mich auch als sicher erlebt. Ich wollte auch keinen Zwang ausüben; das ist meistens so, wenn ich mich sicher fühle, dann brauche ich keinen Zwang.»

BE: «Verstehst du unter ‹sicher› deine gesamte Person, oder nur dein therapeutisches System?»

STH: «Ich schätze, daß ich in so einer Situation zwischen meinem therapeutischen System und meiner naiven Person keine so scharfe Trennung vornehme. Die Trennung zwischen dem Beruflichen und dem Naiven liegt darin, daß ich der naiven Person verbiete, Anteilnahme auszudrücken; aber nicht in der Konzentration auf den Vorgang.»

BE: «Und auch nicht in der Reaktion?»

STH: «Doch, in der Reaktion wäre meine naive Person wahrscheinlich bei dem Tod von Joachim [einem Freund der Klientin] viel mehr beteiligt gewesen und hätte Zuneigung geäußert und nachgefragt, während mein therapeutisches System mir das verboten hat und gesagt hat, das geht jetzt nicht.»

BE: «Dieses Verhalten hat aber keinen Zwiespalt in dir ausgelöst bzw. keine spürbare Spannung?»

STH: «Nein.»

BE: «Dahin ging meine Frage. Du schaffst aus naiver Person und therapeutischem System eine therapeutische Person – und sagst dann: ich in meiner ganzen Person.»

STH: «Ja.»

BE: «Gut. Hat es aber Stellen im Gespräch gegeben, wo dir das nicht gelungen ist?»

STH: «Ja, natürlich. Meine naive Person neigt zu spontanen Anteilnahmereaktionen. Den Friedrich [Person aus dem Leben der Klientin] hätte ich gern ein bißchen durch den Fleischwolf gedreht und hätte ihm gesagt, was er für ein dusseliges Schwein ist, und anderes Hübsches. Das konnte ich ja nun in dieser therapeutischen Situation nicht so recht ausleben. Da war meine naive Person sehr rasch mit Wertungen bei der Hand.»

BE: «Aber das war keine Spaltung innerhalb deiner naiven Person, sondern nur zwischen dem therapeutischen System und der naiven Person.»

STH: «Nein, das war keine Spannung innerhalb meiner naiven Person. Eine solche Spannung war sicherlich streckenweise auch da, nämlich als ich dachte, die Situation sieht bei dir selbst anders aus, aber es gibt in dir auch gewisse Ähnlichkeiten. So könnte ich auch in meiner naiven Person Pole aufbauen zwischen Helfen-Wollen und Helfen-Müssen und Nicht-Wissen, was ich für mich will. Es gab also eine gewisse Problemaffinität. Manchmal – und da weiß ich jetzt nicht, ob das mein therapeutisches System war oder meine naive Person – da dachte ich, jetzt geht sie [die Klientin] wieder zurück. Und dann gehen wir wieder ein Stück vorwärts, und dann gehen wir ein Stück zurück. Dann war in meiner naiven Person eigentlich der Wunsch, beiden Partnern, der Vera und der Nora [personifizierte Pole der Klientin], zu sagen: Ihr könntet ja miteinander etwas anstellen. Wenn ihr nur endlich lernen würdet, euch das vernünftig zu sagen! – Plötzlich wurde ich auf einen wütend und ergriff Partei. Dann fiel mir wieder ein, du darfst keine Partei ergreifen, für keinen von beiden. Du mußt deine Rolle so auffassen, daß du beiden hilfst, damit sie miteinander sprechen können. Ich habe mich von Anfang an darauf konzentriert, daß Nora und Vera nicht *über* sich sprechen, sondern *mit* sich sprechen. Im Anfang rutschte ihr [der Klientin] das ja so leicht hin, daß sie sozusagen als Gesamtperson mit den beiden Polen sprach, so daß der Dialog zwischen den beiden in dem Übereinander-Reden bestand, aber nicht in dem Miteinander-Reden. Und ich habe dann versucht, ihr zu helfen. Alle Bemühungen von mir gingen dahin, daß die beiden miteinander ins Gespräch kamen. Und das kamen sie ja dann auch.»

BE: «Aber was war, bis die beiden ins Gespräch kamen, in dir los? Was fand da statt?»

STH: «Da kam manchmal der Gedanke: Hättest du sie die Lage nicht noch stärker externalisieren lassen müssen?»

BE: «Im therapeutischen System, nicht in der naiven Person?»

STH: «Wenn ich so etwas mache, schlüpft meine naive Person sozusagen mit ihrer ganzen Kraft und Vitalität in die Berufsperson.»

BE: «War das hier auch so?»

STH: «Ja, ich habe mich mindestens nicht geteilt erlebt. Ich habe also nicht erlebt, daß in meiner naiven Person lauter Prozesse liefen, die mit dem beruflichen System nichts zu tun hatten, sondern es liefen immer mal so kleine ‹Aufleuchter› in der naiven Person, etwa: ‹Ja, wie machst du das eigentlich, wenn du dich so total in deine berufliche Rolle gibst? Was passiert eigentlich mit deiner naiven Person? Na ja, das hatten wir ja schon! Das kennen wir ja schon, dieses Problem bei dir selbst!›»

BE: «Ja, dieses Wiederantreffen von Eigenem beim anderen ... Gab es da auch keine Spannung sonderlicher Art? Oder hat das gegenläufige Pole ausgelöst?»

STH: «Nein, gegenläufige Pole hat es, glaube ich, überhaupt nicht ausgelöst. Zumindest habe ich sie nicht wahrgenommen. Aber gelegentlich hat meine naive Person sich geärgert.»

BE: «Was hast du mit dem Ärger getan? Was ist da abgelaufen?»

STH: «Zwischen dem Ärger und dem therapeutischen System?»

BE: «Ja.»

STH: «Da hat mein therapeutisches System zu meiner naiven Person gesagt: Du bist jetzt nicht gefragt! Also kusch dich mal, bitte schön. Es geht jetzt hier nicht darum, ob du dich darüber ärgerst und ob du das schön findest oder nicht, sondern es geht darum, daß du der Klientin hilfst, sich mit ihrem Problem auseinanderzusetzen. Und dein Ärger, der nützt überhaupt nichts, solange er nicht in Kraft für sie umgesetzt wird. Das war ungefähr dieses Stückchen Dialog, das lief, wenn die

Klientin rückwärts ging. – Dann lief es ja eine Strecke ohne mich, da war sie ja sehr mit sich im Gespräch.»

BE: «Wie fühltest du dich da? Sie war ja mehrere Male über lange Zeit sauber im Gespräch mit sich selbst.»

STH: «Ich fühlte mich wachsam und dachte: Solange sie alleine spricht mit sich, ist es gut. Manchmal ging es so rasch mit ihr, daß ich den Wechsel gar nicht ganz mitkriegte, daß ich also erst nachdem sie gesprochen hatte, rekonstruieren konnte, ob es Nora oder Vera gewesen war, die etwas gesagt hatte. – Was ich unterdrücken mußte, sowohl vom therapeutischen System her als auch von der naiven Person, waren diese Aussagen: Ihr seid ja schon relativ dicht beisammen! – Dann kam noch einmal ein Fragezeichen, als die Klientin die Vera und die Nora verdoppelte und wir dann plötzlich vier Personen am Tisch hatten. Da habe ich gedacht: Okay, wenn das nun sein muß, dann machen wir das auch zu viert, dann wird es eben ein Familiengespräch; darauf soll es mir jetzt auch nicht ankommen. Und ich hatte den Eindruck, nachdem ich der Klientin das angeboten hatte, wurden die Pole wieder eins. Die Klientin hat das Angebot ja nicht aufgegriffen.

Dann fiel mir auf, daß die Nora ja immer wie eine Sprengstoffbombe gegen die Vera ankullerte, daß sie also zunächst immer massiv am Kullern war. Und in meinem naiven Ich war so ein bißchen Ärger: Wenn die hier so planlos rumkullert, dann kann die auch nie zu was kommen. Wenn die also wirklich sozusagen ohne Kopf immer bloß gegen die anderen antrudelt, dann wird das nichts. Dann ärgerte ich mich über die Vera, die eine Zeitlang so formal von Leistung und von Weiß-Ich-Was sprach und nicht inhaltlich füllte, was sie eigentlich meinte.»

BE: «Du sagst, du hast dich geärgert. Wo lag der Ärger?»

STH: «Ja, vielleicht lag der Ärger eher im therapeutischen System, weil die naive Person das vielleicht besser verstehen könnte. Ich kann es aber nicht astrein sagen.»

BE: «Könnten wir an der Stelle noch ein bißchen bleiben? Ärger ist doch etwas, was mit Emotionen zu tun hat. Kann das therapeutische System Emotionen haben, oder sitzen die in der naiven Person?»

STH: «Ja, das ist eben eine Frage, ob dann nicht jeweils meine naive Person sozusagen unter die berufliche rutscht.»

BE: «Das Ganze ist natürlich eine gedankliche Konstruktion, darüber sind wir uns ja klar.»

STH: «Ich habe in meinem beruflichen Bereich viele Gefühle, darum kriege ich das jetzt schlecht auseinander.»

BE: «Aber vielleicht hilft es, wenn du dir sagst: Die Reaktionen auf die Aktionen des Klienten kommen ja ohnehin, sowohl aus der naiven Person wie aus dem therapeutischen System. Sie wirken zusammen. Das wird immer so sein, es ist darum schwer, so scharf zu trennen. Aber ich meine trotzdem, es bleibt die Frage nach deiner Betroffenheit.»

STH: «Ja, es war Betroffenheit gegenüber der Gefühlslage der Klientin. Und diese Betroffenheit verstärkte das therapeutische System darin, möglichst exakt zu funktionieren. Sozusagen je stärker die Betroffenheit war, desto mehr fand ein Dialog zwischen meiner naiven Person und dem therapeutischen System statt: Bitte, kümmere dich hier mal darum, daß das gut läuft für sie! Das ist jetzt wichtig, und du mußt jetzt ganz gut funktionieren! Es war die Betroffenheit, die in Aktion in das berufliche System überfloß.»

BE: «Es war also immer eine Diskussion zwischen naiver Person und therapeutischem System. Diese Diskussion lief.»

STH: «Ja.»

BE: «Waren nirgendwo Spannungen innerhalb deiner Person? Keine konträren Pole? War da keine Betroffenheit, die auf solche Spannungen schließen lassen würde?»

STH: «Eine Betroffenheit, die in mir sozusagen das Kräftepotential gebunden hätte – ich glaube nicht. Ich habe sie nicht erlebt.»

BE: «Gebunden nicht, so weit wollte ich eigentlich nicht gehen. Sondern eine Betroffenheit, die eine Diskussion innerhalb deiner naiven Person ausgelöst oder notwendig gemacht hätte. Denn hier war es ja so, daß du aus der naiven Person heraus immer eindeutige Informationen an das therapeutische System geben konntest und zurück. Die lagen ja immer auf einer Zwei-Weg-Straße.»

STH: «Ja, und wahrscheinlich ist meine gesamte naive Person, wenn da nicht etwas ganz Gravierendes mit ihr geschieht, so darauf eingestellt, sich in solchen Situationen auf das therapeutische System einzustellen, daß da nicht all zu viele Störungen passieren. – Was geschehen ist, ist, daß die Naivperson streckenweise dachte: Hältst du das durch? Behältst du jetzt auch die Kraft, das weiterhin anzuregen? Und behältst du die Wahrnehmungsfähigkeit, herauszufinden, wo die Klientin aufhören kann und wo für sie vielleicht die Lage geklärt ist? Es gibt auf dem Band, glaube ich, wenigstens *eine* relativ lange Pause, wo sie mit dem Apfel in der Hand dasaß und ich mir überlegte, ob das jetzt das Ende ist.»

BE: «Was ist in der Pause in dir vorgegangen?»

STH: «Da hab ich gedacht: Vielleicht ist das ein Zeitpunkt, wo sie mit sich selber – allein, ohne mich ... wo das besser weiter wirkt, als wenn das wieder aufgegriffen wird im Reden.»

BE: «Aber es ist kein Dialog da bei dir abgelaufen?»

STH: «Nein. Da war auch nur eine Konzentration: Wie geht das weiter? – Naiver Ärger ist später in mir hochgekom-

men, bei dem Apfelkompott im Etui. Da hab ich gedacht: Diese alte Scheißzicke, jetzt rettet sie sich doch wieder ins Lächerliche! Jetzt ist sie kurz vor der Lösung, und da fällt ihr ein, daß sie einen Apfel in der Hand hat und ein Etui, und jetzt verkneift sie sich die Lösung, indem sie also Apfelmus im Etui macht. Da hätte ich also am liebsten naiv gesagt: Du nimmst das hier nicht ernst. Bitte schön, das geht hier nicht um Apfelkompott im Etui, sondern das sind ja nur die Hilfsbrücken, damit wir reden können. Das habe ich mir verkniffen in zweierlei Hinsicht: einmal, weil ich von meinem naiven Ich eben weiß, daß ich gelegentlich zuschlagen kann und ich nicht wußte, ob ich mit diesem Satz nicht alles kaputtmachen würde; und zweitens, vom therapeutischen System her, weil ich gedacht habe: Wenn das jetzt ihr Widerstand ist, der hochkommt, dann laß sie nicht beim Apfelkompott in der Schüssel stecken, sondern dann hole sie heraus!
In meinem naiven Ich ist noch etwas abgelaufen. Ich erlebe sehr viele Sterbefälle derzeit, und zwar nicht unbedingt so dicht stehende wie bei der Klientin, aber im Kollegenkreis. Und der Film gestern abend hat da auch ganz stark bei mir reingehauen. Ich habe den Wiesen hütter* gelesen und auch die ‹Gespräche mit Sterbenden›*, und ich setze mich sehr viel mit dem Sterben auseinander. Ich fragte mich, ob das irgendwie jetzt dran ist, die stärkere Auseinandersetzung mit dem Sterben. Das lief mal so naiv bei mir ab. Naiv lief auch bei mir ab – aber vielleicht auch nicht nur naiv, sondern auch im therapeutischen System –, daß die Klientin viele Situationen vermengt hat, daß sie von Freundesverlust zur Gesellschaft kam. Daß da verschiedene Bereiche, die für mich unterschiedliche

* Gemeint sind die Bücher «Blick nach drüben. Selbsterfahrungen im Sterben» von Eckart Wiesenhütter (Gütersloh 1978) und «Interviews mit Sterbenden» von Elisabeth Kübler-Ross (Stuttgart 1977).

Wertigkeiten hätten, in gleicher Wertigkeit nebeneinandergestellt wurden. Das lief naiv ab. Im therapeutischen System lief ab, daß das eben alles Dinge sind, die ihr zentrales Problem betreffen.»

BE: «Da war eine Stelle, wo es dir gelang, ganz sauber den Widerspruch zwischen Gefühl und Verstand zu definieren und zu externalisieren. Ich glaube, bei dir eine gewisse Entspannung im Äußeren beobachtet zu haben. Kann das möglich sein? Da war der Klientin das erste Mal die Personifizierung der Pole gelungen, und die sprachen auch erstmals miteinander, das kam ganz deutlich heraus. Da kam es, daß du so entspannt wirktest. Da habe ich mich gefragt, was ist jetzt bei dir, was läuft da jetzt ab. Hattest du bis dahin nur unter deiner Naiv-Spannung gestanden oder war auch da ein Dialog abgelaufen zwischen deiner naiven Person und deinem therapeutischen System?»

STH: «Weiß ich nicht. So wie ich mich einschätze, war das die Entspannung nach dem Es-ist-geschafft.»

BE: «Da bist du sicher? Da muß aber doch Spannung gewesen sein.»

STH: «Also zwischendurch habe ich auch so halb bewußt die Hände gefaltet. Also ich weiß nicht genau, wann Beten anfängt und aufhört, aber so ein Stück davon war drin: Gib ihr die Kraft, wenn du so willst, oder gib ihr die Möglichkeit, daß das so weiterläuft, wenn du so willst! Also, das ist ja nicht das therapeutische System, was betet, sondern das war meine ganze Person. Das war zwischendurch mal drin, aber ich kann dir jetzt nicht sagen, an welcher Stelle.»

BE: «Ja, das verstehe ich. Aber wichtig scheint mir jetzt nur zu sein, daß doch ganz klar herausgekommen ist, daß deine Aktion auf die Reaktion der Klientin nicht ausschließlich vom therapeutischen System her kam, sondern von der ganzen Person; und daß der Dialog zwischen der naiven Person und dem therapeutischen System ständig stattfand. Aber daß keine Spannungen, keine gegenläufigen Pole in deiner Naivperson entstanden. Wollen wir das einfach so feststellen?»

STH: «Aus meiner naiven Person machten sich meine Werthaltungen bemerkbar, oder so etwas: Du bist vielleicht ganz schön beschissen – kam da. Du bildest dir ein, zu sagen, wie schnell jemand anderes was machen sollte, und du weißt ganz genau, wie du dich selbst mit solchen Sachen abstrampelst und welche Bereiche du aus deinem Leben ausklammerst und gar nichts machst, und hier fängst du an zu motzen. Das war im naiven Ich.»

BE: «Es hat in dir gesagt, du darfst nicht motzen. Aber hat da ein Gespräch stattgefunden zwischen deinem naiven Ich und dem therapeutischen System? Oder hat innerhalb deines naiven Ich auch jemand gesprochen?»

STH: «Ja, innerhalb meines naiven Ich hat sich mein Erwachsenen-Ich bemerkbar gemacht, oder mein Gewissen, oder der Anteil von mir, der nach Ewigkeit strebt, oder wie immer du das nennen willst – der Anteil von mir, der aufpaßt, der Zensor ...

Also das war vielleicht so ein kleiner innerer Dialog in dem naiven System: Halte dich zurück, Pippi! Wir kennen das! So ungefähr. Das war so ein kleiner innerer Dialog. Und das therapeutische System hat zu dem naiven gesagt: Du weißt doch, daß das nicht hilft. Du mußt jetzt deine Ungeduld, bitte schön, beiseite schieben; die Ungeduld hilft nicht.»

BE: «Ja, nun habe ich das so verstanden, daß ein Teil deiner naiven Person gesagt hat: Was soll das, warum werten wir so? Und der andere Teil hat gesagt: Was soll das, hast du irgend etwas dazu zu sagen? Das geht dich gar nichts an! Du hast nicht zu werten! Der andere hat wiederum gesagt: Ich werte wohl!»

STH: «Nein, der andere hat erschrocken gesagt: Du hast ja schon recht, du!»

BE: «Jaha, aber das war schnell, kurz?»

STH: «Ja, das war ganz schnell und kurz. Das ist also kein ineffektives Spannungspotential in mir, sondern die beiden kennen sich. Die wissen so ein bißchen, wie man aufeinander aufpassen muß.»

BE: «Also, ich würde es nicht für sinnvoll halten, wenn wir jetzt den Dialog vertiefen wollten. Ich glaube nicht, daß der uns sehr viel weiter brächte. Nicht?»

ᴥ 9 *Übung für drei Personen*

ᴥ 9.1 Einführung in die Übung

In der folgenden Übung werden zwei Arbeitseinheiten zeitlich und inhaltlich aufeinander bezogen. Nacheinander werden zwei Gespräche geführt. Zunächst arbeiten Sie mit einem Klienten. Sie lassen ihn seine Lage externalisieren und einen intrapersonalen Dialog führen. Unmittelbar danach erinnern Sie sich in einem zweiten Gespräch mit Hilfe eines Beobachters an Ihre eigene intrapersonale Situation als Therapeut. Da es sich um eine Übungssituation handelt, nimmt auch Ihr ehemaliger «Klient» an dieser Arbeit teil.

Diese Übung hilft Ihnen, auf dem Wege des exemplarischen Lernens zu einer neuen Sensibilität für Ihre eigene innere Lage als Therapeut zu gelangen. Wenn Sie Glück haben, gewinnen Sie schon in der ersten Übung einen Einblick, wie sich Ihr persönliches Arrangement in der therapeutischen Situation gestaltet, und Sie erfahren, aus welchen Energiequellen Sie derartige Prozesse gestalten. Je mehr Sie sich Ihrer eigenen Situation bewußt werden, desto gezielter können Sie Stress vermeiden und Psychohygiene treiben. Sie lernen, Ihr Potential effektiver für sich selbst und andere einzusetzen, sowohl in der Gestaltung Ihres persönlichen Lebens als auch in der beruflichen Situation.

⚮ 9.2 Anweisung zur Durchführung

Die folgende Übung ist anstrengend. Sie erfordert neben intensiver Konzentration verhältnismäßig viel Zeit. Sie hat für jeden Teilnehmer zwei Übungseinheiten, die ohne lange Erholungspause nacheinander durchgeführt werden müssen. Es ist gut, wenn Sie ausgeruht und leistungsfähig in die Übung gehen. Zunächst suchen Sie sich zwei Partner, mit denen zusammen Sie gut lernen können. Einer von Ihnen ist Klient, der zweite ist Sozialtherapeut und der dritte ein anteilnehmender Beobachter. Als Klient stellen Sie sich in dieser Übung dem Therapeuten als «Übungsobjekt» zur Verfügung. Er wird Ihnen helfen, Ihre Lage zu externalisieren, und Sie dann, wie im Abschnitt ⚮ 8 beschrieben, in den entsprechenden Dialog führen. Damit haben Sie Ihre Aufgabe in der Übung zunächst erfüllt. (Ihre eigene Erfahrung als Klient ist in dieser Übung nur ein erfreuliches Nebenergebnis.)

Als Therapeut führen Sie Ihren Klienten in einen Dialog nach einer der Grundformen. Konzentrieren Sie sich dabei zunächst völlig auf Ihr therapeutisches Handeln. Vertrauen Sie Ihrem Gedächtnis, das fähig ist, sich auch der eigenen Gefühle, die Sie im Augenblick zurückstellen müssen, nachträglich zu erinnern. Wenn Ihre sozialtherapeutische Aufgabe am Klienten abgeschlossen ist, machen Sie eine kurze Pause. Unterbrechen Sie keinesfalls Ihre innere «Nähe» zur Übung durch neue Reize, intensive Gespräche oder gar fachliche Überlegungen.

Als Beobachter müssen Sie diesmal schon während des Gespräches stärker als bisher aktiv werden. Sie folgen dem Ablauf des therapeutischen Gespräches und registrieren dabei Veränderungen in der Klientensituation. Ihre Aufmerksamkeit konzentrieren Sie jedoch in dieser Übung auf den Therapeuten. Aus seinem Verhalten, Aussehen, der Gestik, Stimmlage, aus Aktion und Reaktion versuchen Sie seine innere Lage zu erschließen und Abläufe in der Lage zu erfühlen. Sie halten mit Hilfe des Tonbandzählers wichtige Abschnitte fest, die Veränderungen der Therapeutenlage aufzeigen können. Sie notieren sich darüber hinaus Ihre Beobachtungen und Fragen. Auch Sie sollten die Pause nicht durch neue Eindrücke oder Reize füllen.

Zur zweiten Übungseinheit setzen Sie sich zu dritt zusammen. Der ehemalige «Klient» hat die Chance zu hören, was sein Verhalten in der Lage des Therapeuten bewirkt hat. Erfahrungsgemäß führt diese Einsicht in die Lage seines ehemaligen Therapeuten zu einer Intensivierung der Prozesse im Klienten. (Damit soll jedoch keinesfalls für ähnliche Praktiken in der realen Therapiesituation geworben werden.) Der Klient bleibt im folgenden also ein stiller Beobachter, der nur auf direktes Befragen seines ehemaligen Therapeuten mit in das Gespräch einsteigt.

Dafür wird der Beobachter nun zum aktiven Partner des Therapeuten. Anhand seiner Notizen und mit Hilfe des Tonbandes ruft er den Gesprächsablauf nach und nach in das Bewußtsein des Therapeuten zurück. Er erinnert den Therapeuten an bestimmte Verhaltensweisen und hinterfragt, welche Gefühle diesem Verhalten entsprachen. Der Beobachter bittet den Therapeuten, zu überlegen, wie er mit seinen eigenen Gefühlen umgegangen ist. Sehr behutsam hilft er ihm, diese Gefühle und die mit ihnen verbundenen Auseinandersetzungen in Dialogform darzustellen. Mit «beharrlicher Konsequenz» führt er den Therapeuten an «dunkle Löcher» in seinem Gedächtnis und wartet, ob dem Therapeuten «ein

Licht aufgeht». Damit gibt er wichtige Anstöße zur Erkenntnis des intrapersonalen Musters, nach dem der Therapeut den Prozeß in sich entwarf, gestaltete und verarbeitete.

Als Therapeut sind Sie nach dem ersten Arbeitsprozeß mit dem Klienten unmittelbar in einen zweiten übergewechselt. Jetzt geht es um Ihre eigenen intrapersonalen Abläufe. Sie dürfen dabei beruhigt den Forderungen Ihres Beobachters folgen. Er hat die größere Distanz und darum auch den weiteren Überblick. Er wird sich Mühe geben, Sie an das wesentliche Geschehen in Ihrer Lage heranzuführen. Folgen Sie konzentriert seiner Leitung. Versuchen Sie, sich seinen Fragen zu stellen und sich dann zu entspannen! Mit Sicherheit werden Ihnen nun innere Erfahrungen, die Sie machten, deutlicher. Sie werden sich prozessualer Abläufe erinnern und zunächst mühsam, dann immer leichter Ihren Therapeutendialog in Worte fassen können.

Besondere Aufmerksamkeit sollten Sie der Beantwortung folgender Frage widmen: Was habe ich als Therapeut mit meinem jeweiligen gebundenen Potential gemacht? Zum Beispiel mit meiner Ungeduld, oder meiner Angst ...? In der Beantwortung dieser Frage werden Sie die entscheidende Antwort darauf finden, aus welchem inneren Engagement Ihre therapeutische Arbeit lebt.

⚘ 9.3 Auswertung im Plenum

Unsere letzte Übung hat alle Teilnehmer sehr nachdenklich gestimmt. Zunächst sind sie sehr angespannt in die Übung gegangen. Trotz ihrer Bedenken war es allen möglich, den Ablauf im Sinne der Anweisung durchzuführen. Danach kam eine Phase der Erschöpfung, und nun, einen Tag später, ist die Distanz gefunden, die eine gemeinsame Auswertung möglich macht.

Da der Therapeutendialog bedingt ist durch die Arbeit mit

dem Klientendialog, besteht eine große Abhängigkeit beider Dialoge voneinander. Manche der Teilnehmer haben das anhand der Tonbänder nachgeprüft. In der Zusammenarbeit von Klient und Therapeut haben sich sehr unterschiedliche Konstellationen ergeben, denen eine Fülle verschiedenartiger Erfahrungen entspricht. Wir wollen sie unter einem Aspekt zusammenfassen und stellen darum in der Gruppe noch einmal die Frage: Was tun wir als Therapeuten mit unserem eigenen gebundenen Potential, das sich während der Therapie störend bemerkbar macht?

Die meisten der Teilnehmer sind mit solchen eigenen Störungspotentialen konfrontiert worden. Sie berichten unter anderem über Ungeduld, wenn der Dialog nur mühsam voranging, über Aggressionen, wenn eine ihnen lieb gewordene Gestalt Einbußen erleiden mußte, von Depressionen, wenn im Dialog ein Problem aus ihrer eigenen Situation anklang, von überschießender Hilfsbereitschaft, wenn der Klient sehr betroffen schien, und von vielen anderen Gefühlen. Den Erlebnissen gemeinsam war die große Angst, daß der Klient nicht zu einer Lösung kommen könnte, und Gefühle der Hilflosigkeit beim Nichterkennen eines Lösungsweges. Mehrere Teilnehmer hatten während des Dialoges die Vorstellung, dem Klienten in einen Tunnel hinein zu folgen, in dem es immer enger und dunkler wurde und aus dem sie als Therapeut keinen Ausweg sahen. Deutlich erlebten alle Therapeuten die Situation unmittelbar vor der Lösung als Konfrontation mit einem undurchdringlichen Hindernis, meistens mit einer Wand.

Aus dieser inneren Ge- und Befangenheit haben sich die Therapeuten manchmal schnell, hier und da nur sehr langsam lösen können. Die Therapeutendialoge haben offensichtlich bei allen individuellen Unterschieden ein ähnliches Grundmuster, das etwa nach folgendem Schema abläuft:

Naive Person (NP): «Ich halte diesen Zustand nicht aus!»

Therapeutensystem (TS): «Um dich geht es doch gar nicht.»

NP: «Aber *ohne* mich geht es schließlich auch nicht, und ich kann und will jetzt nicht mehr!»

TS: «Jetzt blockierst du, und ich werde dadurch unfähig und kann nicht weitermachen – (bittend) – stelle dein Anliegen zurück, du kommst später dran!»

NP: «Und was soll ich jetzt tun?»

TS: «Vergiß einen Augenblick deine eigenen Bedürfnisse und leih mir dein Potential.»

NP: «Und das gebundene Potential in mir, was wird mit dem?»

TS: «Mach auch das frei für mich ...»

NP: «Ich will es versuchen.»

Die Teilnehmer erlebten, daß sie überraschend Fähigkeiten in sich entwickeln konnten zu Geduld und Festigkeit, zu Durchhaltevermögen und Toleranz. Sie erlebten ihr therapeutisches Ich nicht als System des Verzichtes, sondern als ein System der Freiheit.

Das letzte scheint mir besonders interessant. Im Arrangement zur therapeutischen Person verwandeln sich unter anderem gebundene Potentiale aus der naiven Person in freie Potentiale für das Therapeutensystem. Diese Wandlung kann unter Umständen den Therapeuten derart beflügeln, daß er nur ungern aus der Therapeutensituation hinausgeht, um als «normale Person» wieder mit seinen eigenen Problemen zu leben. Der Therapeut vergißt dabei, daß auch die naive Person in der Therapeutensituation etwas lernt und daß sich für ihn selbst ähnliche Lernprozesse wie in der Klientensituation anbahnen.

Ich weiß nicht, wieweit Sie sich mit Ihren Erfahrungen in dieser Abstraktion eines Therapeutendialoges wiederfinden. Wir sind hier an einer Stelle, wo die Erfahrungen über einen gemeinsamen Kern hinaus außerordentlich reichhaltig und individuell geprägt sind. Suchen Sie sich darum auch als Leser Gesprächspartner, mit deren Hilfe Sie in Übungen klären können, wie Sie Ihre spezielle Therapeutensituation gestalten und welche Fragen sich für Sie daraus ergeben!

Wir werden auf solche Fragen bei der Erarbeitung des Begriffes der Multistabilität zurückkommen.

🕮 *10 Theorie zum Symptom*

🕮 10.1 Das gestörte intrapersonale System in einer Analogie

Im letzten Abschnitt haben wir uns Gedanken über den Therapeuten gemacht. Wir haben seine Lage als vermaschtes System begriffen, in dem das Therapeutensystem als Subsystem funktioniert. In einer simplen Analogie haben wir seine Abläufe aufgezeichnet. Dabei wurde noch einmal deutlich, daß das Therapeutensystem in seinem Programm auf Störungen in der Lage des Klienten gerichtet ist und auf deren Veränderung zielt.

Auch die Lage des Klienten begreifen wir als ein vermaschtes System. Störungssysteme sind Subsysteme, die durch ineffektive Potentiale gekennzeichnet sind. Trotz ihrer Eigenständigkeit beeinflussen sie letzten Endes mehr oder weniger die gesamte Lage des Klienten. Seit Freud haben sich Therapeuten immer wieder Gedanken gemacht über die Gesetzmäßigkeiten, nach denen solche gestörten Systeme funktionieren. Ob ihre Erklärungen hierzu in Vergleichen gegeben wurden (wie bei Freud), zur Theorie entwickelt wurden (wie bei Rogers) oder zu Formeln verdichtet wurden (wie bei den Verhaltenstherapeuten), stets blieben sie Analogien zu einer schwer faßbaren Realität. Ich möchte hier nun eine kybernetische Analogie einführen. Sie kann ohne jeden Anspruch auf wissenschaftliche Beweisführung einige Zusammenhänge verdeutlichen und unmittelbar einsichtig machen.

In Abschnitt 🕮 9.1 haben wir das Therapeutensystem in einer zeichnerischen Analogie dargestellt. Sie lehnt an Vorstellungen aus der Kybernetik an. In gleicher Weise wollen wir auch Störungssysteme als Subsysteme in der Lage von Klienten begreifen und aufzeichnen. Wie im ersten Beispiel übertragen wir auch hier die Terminologie aus der Kybernetik auf das psychodynamische Geschehen. (Hierzu gelten natürlich die gleichen Vorbehalte wie in Abschnitt 🕮 9.1.)

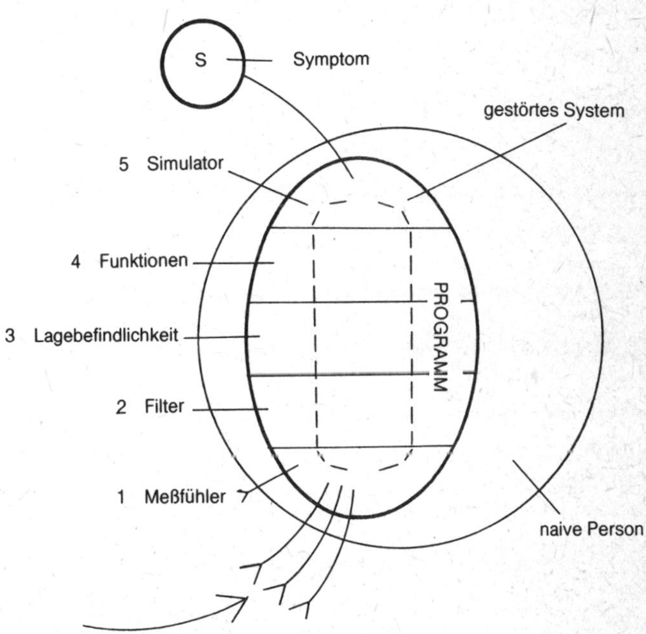

In (1) sehen Sie «Meßfühler», die sich auf die Umwelt richten. Durch sie werden Umweltreize aufgenommen. Im

«Filter» (2) wird all das, was für das Störungssystem nicht relevant ist, ausgefiltert. Die neuen Erfahrungen werden im Rahmen der schon vorhandenen Lage ausgewertet und eingeordnet. Daraus ergibt sich eine veränderte «Lagebefindlichkeit» (3). Jedes gestörte System sucht seine Homöostase zu erhalten. Darum entwickelt es in (4) «Funktionen», die die Homöostase bewahren und stabilisieren können. Diese Funktionen benötigen zu ihrer Realisierung wiederum Funktionsträger. Im «Simulator» (5) kann der Klient derartige Funktionsträger entwickeln. Er schickt sie in den interpersonalen Raum. Wir nennen sie «Symptome».

Unter *Symptomen* verstehen wir also die Mitteilung einer Störung in den interpersonalen Raum. Meist geschieht das in einer verschlüsselten Analogie.

Symptome erreichen in einem gemeinsamen Interaktionsfeld die Lage des Therapeuten. Hier werden sie von den Meßfühlern des Therapeutensystems erfaßt. Beide Subsysteme, das Therapeutensystem und das Störungssystem, schließen sich damit zum therapeutischen System zusammen. Innerhalb des naiven Interaktionsfeldes zweier Personen wird ein therapeutisches Interaktionsfeld funktionalisiert. Therapie hat begonnen.

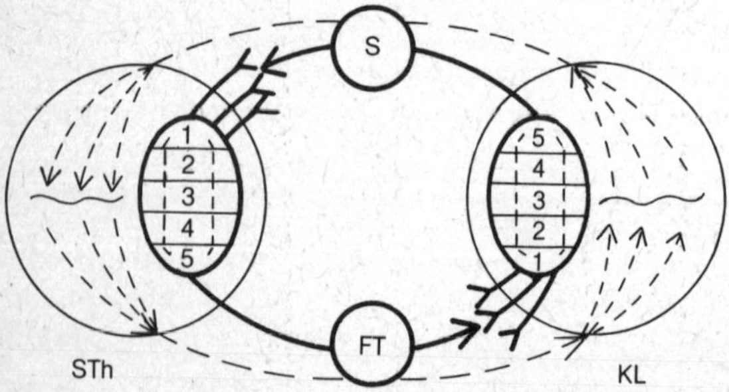

10.2 Das Symptom als Brücke in die Lage des Klienten

Wenn wir die letzte und vorletzte Skizze betrachten, fällt uns auf, welch schwierige Aufgabe der Therapeut zu lösen hat. Er richtet Funktionsträger (FT) auf die Lage des Klienten, die Veränderungen bewirken sollen. Dem Programm des Therapeutensystems entspricht jedoch nicht das Programm des Störungssystems, denn in ihm wird Homöostase angestrebt. Alle Funktionsträger, deren Funktionen die Homöostase des Störungssystems bedrohen, werden darum zunächst abgewehrt.

Seit Freud ist so viel über Abwehr und Widerstand geschrieben worden, daß wir uns mit der folgenden Einsicht zunächst begnügen können: Der therapeutische Funktionsträger läuft Gefahr, schon bei der ersten Berührung mit dem Störungssystem «aufgefangen» zu werden oder «steckenzubleiben».

Wir suchen darum einen Weg, den Klienten ungehindert durch seine Abwehr zu erreichen. Wenden wir uns noch einmal der Analogie des Störungspotentials zu. Offensichtlich haben Störungspotentiale zwei Kontakte zur Umwelt, zum einen die Meßfühler, zum anderen die Symptome. Die Symptome scheinen für die Person außerordentlich wichtig zu sein, denn sie können selbst dann nicht aufgegeben werden, wenn sie der Person schwere Frustrationen bereiten. Jedes Störungspotential muß sich im interpersonalen Raum verwirklichen. Häufig werden vom Klienten selbst oder von seiner Umwelt Versuche unternommen, Symptome auszuschalten oder vorübergehend abzustellen – vergeblich. Nach kurzer Zeit treten sie in veränderter Form erneut in Erscheinung. Hier funktioniert der Simulator des Störungssystems mit unerschöpflicher Kreativität.

Dieser Kreativität verdanken wir auch eine andere Eigenart des Symptoms. Häufig gestaltet es sich als Analogie zur Störung, der es entspricht und die es kommuniziert. *

* Vgl. Dührssen 1955, Alexander 1977, Menninger 1974.

In der frühen Kindheit oder bei relativ neu erworbenen Neurosen oder psychosomatischen Erkrankungen können wir leicht vom Erscheinungsbild des Symptoms auf die Eigenart der Störung schließen.

Meist reagiert die Umwelt jedoch negativ auf das Symptom einer Person. Die Person ihrerseits versucht, Frustrationen zu vermeiden, und findet eine neue Form, ihre Störung zu kommunizieren. Sie «erfindet» einen neuen Funktionsträger für ihre Störung, d. h. ein neues Symptom. Durch diese Schutzmaßnahme geht etwas von der unmittelbaren Beziehung zwischen Störung und Symptom verloren. Bei lang anhaltenden Störungen können wir ganze Symptomketten zurückverfolgen. (In Dialogen äußern sie sich in einem ständigen Gestaltwandel des Symptoms.)

Es wird im Laufe der Zeit immer schwieriger, vom Symptom auf dessen Funktionen zu schließen. Doch auch dann bleibt das Symptom ein Verhaltensphänomen, das mit der Störung korrespondiert.

Die therapeutische Chance besteht darin, das Symtpom als eine Brücke zu nutzen. Im Alltag führt diese Brücke von der intrapersonalen Lage in den interpersonalen Raum. In der therapeutischen Situation wollen wir diesen Weg im umgekehrten Sinne gebrauchen, um einen direkten, unbehinderten Zugang zum Störungspotential des Klienten zu gewinnen. Betrachten Sie zunächst die Skizze auf S. 251.

Wie Sie sehen, versuchen wir hier, anstelle des üblichen Weges die Lage des Klienten über das Symptom zu erreichen. Damit umgehen wir seine gesamte Abwehr und nehmen mit Hilfe des Symptoms Kontakt zum Störungspotential auf. Wie aber können wir das praktizieren?

Wir, Therapeut und Klient, nehmen davon Abstand, das Symptom als Feind zu sehen und zu bekämpfen. Wir nehmen es ernst. Wir lassen es Gestalt annehmen. Wir halten diese Gestalt im Dialog fest. Wir fragen das Symptom, welche besonderen Funktionen es hat. Wir versuchen es zu verstehen

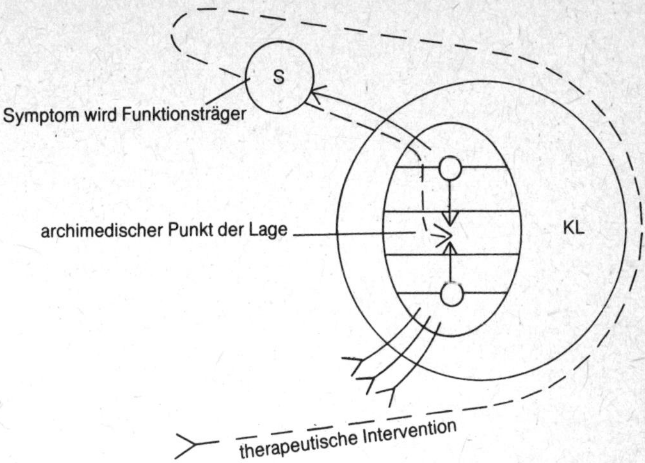

(vgl. Stevens 1977). Wir setzen uns mit ihm auseinander und ziehen die Konsequenzen. Ein Beispiel finden Sie im nächsten Abschnitt.

Unsere Symptome haben eine starke Affinität zu unserer Kreativität. Es fällt ihnen darum meist nicht schwer, Gestalt anzunehmen. Sie werden als Klient erstaunt sein über die Vielfalt und Vielzahl seiner Möglichkeiten. Tiere aller Art, Fabelwesen des Himmels und der Erde, Berge und Wolken, Steine und Monumente, Pflanzen und abstrakte Gebilde – alles kann dem Symptom zu seiner Gestaltwerdung dienen. Oft verbirgt das Symptom zunächst sein Gesicht, entzieht sich uns durch Schweigen, weicht zurück vor unserer Berührung und verflüchtigt sich. Wenn wir es trotzdem in der Auseinandersetzung festhalten, wechselt es seine Gestalt. Es wird zugänglicher, freundlicher, ein Gesprächspartner, mit dem wir zusammenarbeiten können. Doch sein Geheimnis gibt es im allgemeinen erst dann preis, wenn wir es nach seiner Aufgabe fragen. Nun müssen wir einsehen, daß nicht das Symptom unser Feind ist, sondern daß wir selbst es sind, die uns Schaden zufügen. Die Funktion des Symptoms ist es, diesen Schaden soweit wie möglich auszugleichen bzw. zu verhindern, daß Schlimmeres mit uns geschieht. Erschüttert erleben wir auf der einen Seite unsere innere Zerrissenheit und auf der anderen die spezifischen Schutzfunktionen des Symptoms. Vor diesem Hintergrund können wir das Symptom nicht länger ablehnen. In uns werden Gefühle von Anerkennung lebendig. Das Symptom wird uns zum Freund, der uns erinnert und mahnt, wo wir Verhalten ändern müssen, damit wir uns nicht länger schaden. Wir werden motiviert zu intrapersonalen Veränderungen. Wir werden dankbar.

Es ist eine häufige Beobachtung, daß während des Dialogs mit dem Symptom die jeweilige Symptomatik körperlich und psychisch erlebt wird. So beginnen im Dialog mit der Migräne Kopfschmerzen; bei Magengeschwüren Magenschmerzen; im nachfolgenden Beispiel schwollen die Beine der Klientin erneut an.

Nach dem Dialog verschwindet diese Symptomatik. Je nach dem Arrangement, das wir getroffen haben, oder der Lösung, die wir gefunden haben, werden wir weiter mit dem Symptom leben können, werden es langsam verlieren oder auch eine Spontanheilung erfahren.

10.3 Der Dialog mit dem Symptom – ein Tonbandbeispiel

Im folgenden Beispiel begegnen wir einen Symptom, das im Dialog Schwierigkeiten macht. Obwohl es sich um ein Körpersymptom handelt, will es keine Gestalt annehmen. Trotz der offensichtlichen Bereitschaft der Klientin zeigt es kein Gesicht. Und obwohl es freundlich zugewandt erscheint, versucht es doch, sich der Auseinandersetzung zu entziehen. Hinter seiner vordergründigen Erscheinung verbergen sich existentielle Konflikte. In sehr ruhigen Gesprächsbeiträgen stellt es schließlich die Klientin überraschend vor eine endgültige Alternative.

Dieser Dialog führte bei der Klientin durch eine starke Erschütterung zu entscheidenden Veränderungen in der gesamten Lebensführung.

KL: «Das Symptom hat sich an Handgelenken und Fußgelenken und den Knien festgesetzt. Eigentlich sind auch die Hände meist verquollen. Und da fällt mir plötzlich so ein, daß das eigentlich das einzige war, von dem ich das Gefühl hatte, daß es das ausdrückt, was ich eigentlich bin. Ich finde mich ja gar nicht schön, und ich finde mich im Moment viel zu dick, und ich fand mich immer sehr unpassend aussehend für das, was ich fühlte – aber das geht wohl vielen Menschen so. Aber das einzige, von dem ich wirklich meinte, daß es mir entspricht, das waren nicht die Füße, sondern eigentlich die Beine, und das waren die Hände und die Handgelenke, so etwa die Hände mit den Armen bis zu den Ellenbogen. Ja, und an dieser Stelle sitzt also nun das Symptom und verformt mich so, daß ich mich ausgesprochen nicht mag. Angeschwollene Beine, dicke Knie und auch dann diese unbeweglichen Hände erlebe ich als eine starke Minderung meiner Ausdrucksfähigkeit.
Auch aus einem zweiten Grund ist dieser Zustand mit ziemlicher Angst besetzt. Ich habe ja Reisen und ähnliches immer auf die Zeit verschoben, wenn ich berufliche Aufgaben abgeschlossen habe. Und ich stehe dicht davor, es ist jedenfalls absehbar. Ja, und dann wollte ich nach Island fahren und Norwegen und die Schärenküste kennenlernen und eigentlich auch noch mal in den Süden fliegen. Aber wenn das so mit mir weitergeht, dann

frage ich mich, ob ich das nächste Mal im Harz noch auf den Berg mit hinauf kann. Weißt du, selbst wenn ich durch ein Kaufhaus gehe, spüre ich eine Einschränkung, und die macht mir Angst.

Und dann ist da noch ein Drittes: Für mich sind dicke Hände und unförmige Beine vielfach der Ausdruck eines sehr trägen, undifferenzierten Alters. Ich mag Frauen nicht, die auf so dicken, unförmigen Beinen durch die Gegend watscheln.

Dann ist da aber noch eines: Ich konnte eigentlich immer mit meinen Händen im Gegensatz zu meinem Geist alles machen, was ich wollte. Wenn ich malen wollte, konnte ich es. Und wenn ich basteln wollte, gelang mir das auch. Ich hatte früher einmal sehr geschickte Hände. Seit langem brauche ich sie nicht für solche Dinge. Aber eigentlich hatte ich mir fürs Alter vorgenommen, ich wollte wieder malen und ähnliches tun.

Und so sitzt das Symptom eigentlich nicht am Rande meiner Existenz, nicht an der Peripherie, sondern es betrifft mich zentral in meinem Lebensgefühl. Es ist von daher sicher wichtiger, als in der kleinen Schwellung deutlich wird. Ich bin mir sicher, daß es kein Symptom ist, das eben mal so mit irgendwelchen Säftchen oder Pillen behoben werden könnte. Es sitzt tiefer.

Und das ist nun dieses Gefühl, das Symptom fesselt mich. Zuerst war es nur das eine Bein und dann auch das andere. Nachdem beide Beine dick waren, kam auch noch ein Knie dazu und dann das andere Knie und jetzt die Hände. Ich habe das Gefühl, ich werde von außen her gefesselt.»

STH: «Und du hast eine gestalthafte Vermutung.»

KL: «Ich komme über das Körpergefühl heran. Es ist sehr voluminös, wenn ich es ansehe, wendet es sich ab.»

STH: «Es braucht sehr viel Platz?»

KL: «Ja, wenn ich vom Körpergefühl ausgehe, dann ist da ein dumpfes, sich ausweitendes Gefühl, und wenn ich das externalisiere, dann erlebe ich etwas wie eine große, feuchte, fast nasse Dunstwolke, wie in einer Waschküche. Bloß, daß es kalt ist. Und es hat die Form – natürlich eine weibliche Form – eines großen runden Schneeballes, so wie man früher die Schneemänner baute. Es hat überhaupt keine Hände, sondern es quillt irgendwie rund auf, und es hat auch keine Füße. Es ist sehr freundlich, es schwebt nicht, sondern im Gegenteil, es läßt sich schwer nieder. – Sehr mögen tue ich es nicht.»

STH: «Aber freundlich ist es?»

KL: «Das ist eben das Schwierige. Dieses Ding da – einen Namen hat es leider nicht – verwandelt sich ja dauernd. Es nimmt ständig anders quellende Formen an.
Was ich jetzt sehr bedrängend fühle, ist, daß dieses Ding da mein Mitleid haben will. Plötzlich geht mir auf, daß eigentlich nicht ich die zu Bemitleidende bin, sondern das Symptom. Ja, das macht mich jetzt ziemlich ratlos, weil ich nicht weiß, was ich damit anfangen soll.»

STH: «Kann dir das Symptom seine Gefühle sagen?»

KL: «Ja, das Symptom sagt: ‹Du brauchst dir nicht vorzustellen, daß ich mich bei dir wohlfühle. Die Form, in der ich da sitze, ist etwas, was du mir gegeben hast und in der du mich festhältst. Ich würde mich eigentlich viel lieber verwandeln in so ein schwebendes Dunstwölkchen, das verfliegt, oder in lichten Nebel, der sich auflöst. Kannst du dir das vorstellen? Aber nein, ich hocke hier nun. Du könntest dich eigentlich auch mal schämen, und nun laß mich doch endlich los.› Und jetzt werde ich natürlich ziemlich wütend.»

STH: «Was antwortest du dem Symptom?»

KL: «‹Ja, ich verstehe dich also überhaupt nicht. Ich erlebe dich wirklich als einen Klotz an Armen und Beinen: Du breitest dich aus, nimmst immer mehr Raum ein, belastest mich, fesselst mich, hinderst mich, und ich bin völlig machtlos. Ich weiß auch nicht, womit ich dich festhalte oder aber uns beide in diese merkwürdige Situation hineinbringe.»

STH: «Du weißt das nicht, aber das Symptom hat dir gesagt, du würdest es fesseln. Dann weiß das Symptom es doch vielleicht. Laß es dir doch von ihm einmal sagen.»

KL: «Ich kann nicht ganz verstehen, was das Symptom sagt, aber es versucht mir deutlich zu machen, daß irgendwie meine Rücksichtslosigkeit ...»

STH: «Warum sagt es das Symptom nicht selbst?»

KL: «Weißt du, das ist ganz schwierig. – Das Symptom hat eigentlich kein Gesicht, oder es ist ein sehr verschleiertes Gesicht, und ich kann seinen Mund nicht sehen. Es ist so, als ob es eigentlich bloß tönt. Es ist daher sehr schwierig, es direkt zu hören. Das ganze Symptom ist so sehr verwolkt. Aber es versucht mir etwas verständlich zu machen, und irgendwie spielt da Rücksichtslosigkeit eine große Rolle.»

Pause.

KL: «Das ist ja ganz merkwürdig, ich spüre ein gewaltiges Kribbeln in den Armen und Beinen, und gleichzeitig sagt das Symptom etwas: ‹Weil du keine Rücksicht auf dich selbst nimmst, siehst du mich an und hältst mich fest.›»

KL (als Person): «Ja, ich verstehe das eigentlich nicht. Ich erlebe das so, als ob ich gefesselt werde, und nicht, daß ich dich festhalte. – So, jetzt fallen die ganz schön übereinander her – aber ganz gewaltig. Und ich habe wahnsinniges Herzklopfen. Ich finde es einfach unfaßbar, daß das Symptom sagt, ich halte es fest. Ich muß jetzt mal wieder in das Symptom hineingehen.»

KL (als Symptom): «Ich sitze jetzt da und bin das Symptom: Weißt du, wenn ich dich so sitzen sehe in deinem grünen Kleid, geht mir einiges durch den Kopf. Guck dich doch mal selbst an. Es gibt doch überhaupt nichts, um dich zu bremsen. Wenn du Kopfschmerzen hast, nimmst du Pillen, wenn du nicht schlafen kannst, schreibst du und stehst auf. Und wenn du Herzschmerzen hast, machst du eine Handbewegung und stellst sie ab. Du arrangierst dich mit all diesen Krankheiten und nimmst dann keine Rücksicht mehr auf sie. Du nützt die Freiheit aus, die sie dir lassen. Und ich bin jetzt sozusagen deine letzte Chance.»

Lange Pause.

Klientin weint und sagt als Person: «Ich bin sehr betroffen durch dies letzte.»

STH: «Du hast aber verstanden, was das Symptom dir sagen will.»

KL: «Jetzt sagt das Symtpom: ‹Siehst du, gerade jetzt erlebst du das alte Muster. Du machst keine Pause.›»

STH: «Was fängt das Symptom jetzt mit deiner Betroffenheit an? Kommuniziert es nun irgend etwas?»

KL: «Ja, es hat ja von Anfang an keine Überheblichkeit kommuniziert und keine Freude an seiner Gebundenheit. Es sagt jetzt: Ich bin ja eigentlich völlig von dir abhängig. Es liegt alles an dir. Es gibt nichts, was ich noch deutlicher machen könnte. Du kannst es ruhig aufgeben, dich zu bedauern. Bedauernswert bin ich.»

Pause.

KL: «Jetzt distanziert sich das Symptom immer mehr von meiner Person. Es hat mich ja auch völlig auf mich selbst zurückgeworfen.»

STH: «Du kannst es nicht verstehen, daß das Symptom das Bedauernswerte ist?»

KL: «Doch. Mir bleibt ja gar nichts anderes übrig. Das ist

völlig klar. Ich finde es im Augenblick nur sehr beunruhigend.»

STH: «Was ist für dich jetzt so beunruhigend?»

KL: «Für mich ist beunruhigend, daß sich das Symptom als Partner in der Auseinandersetzung entzieht und das Problem so stark in meine Person hineinverlagert.»

STH: «Du kannst es nicht bitten, als Gestalt noch einmal näherzukommen, damit du ihm das sagen kannst?»

KL: «Jetzt sage ich zum Symptom: Du gibst mir jetzt alle Verantwortung für unser Aneinandergebundensein. Es ist mir im Augenblick sehr schwer. Es ist mir fast zu schwer. Ich weiß eigentlich nicht, wie ich es lernen soll, besser mit mir selbst zu leben. Ich habe das Gefühl, wenn ich anfange, auf all diese Dinge so Rücksicht zu nehmen, wie es alle Menschen tun und wie es angemessen ist, daß ich dann sehr bald sterben werde. Ich habe manchmal eine sehr schmale Beziehung zum Leben. Nur von der körperlichen Existenz her. Es erfordert sehr viel Kraft für mich, zu leben, und wenn ich die einsetze, schieße ich immer ein bißchen über das Ziel hinaus. Wenn ich jetzt noch lernen soll, das zu dosieren, dann weiß ich nicht, wie ich das schaffen soll.»

STH: «Meint das Symptom wirklich ‹dosieren›?»

KL (als Symptom): «Nein, ich meine ja nicht dosieren, ich meine: wirklich lernen, auf die anderen Symptome zu achten und auch die Begrenzung des Herzens zu akzeptieren.»

KL (als Person): «Das ist wahnsinnig schwierig. Jetzt habe ich auch das Bild dazu: Es ist etwa so, als wenn man eine Gratwanderung macht, und an beiden Seiten geht es steil ab. Ein Absturz – das würde den Tod bedeuten. Aber ich will doch ein Ziel erreichen, darum renne ich, anstatt vorsichtig zu gehen. – Ja, das ist genau das richtige Bild! Weil jedes langsame Gehen und vorsichtige Tasten, die Rücksicht und das Ausloten des nächsten Schrittes die Absturzgefahr vergrößert ... Ja, das ist genau das richtige Bild.

STH: «Kann das das Symptom verstehen?»

KL (als Person): «Ja, völlig.»

Lange Pause.

KL: «Aber da ist jetzt auch die Lösung. Das Symptom macht ein Angebot: ‹Paß mal auf, du gehst tatsächlich auf einem Grat. Das akzeptiere ich. Stelle dir aber einmal vor, du gäbest mir dabei eine Chance. Du gingest in Zukunft nicht mehr so hastig und ohne die Angst, vor deinem Ziel abzustürzen. Dann gäbe es für mich die Möglichkeit, mich als stützende Wolke unter dich zu legen, dir sozusagen unter deine Arme zu greifen und rechts und links an den Füßen den Weg ein bißchen zu verbreitern.›»

KL (als Person): «Jetzt ist das Symptom nicht mehr nur eine Wolke, sondern es sind vier Wolken, und die sind nicht mehr grau, sondern ein bißchen von der Sonne beschienen, so von oben.»

KL (als Symptom): «Ja, dann müßtest du eigentlich jetzt viel besser vorwärtskommen.»

KL (als Person): «Ja, da läßt sich kaum noch etwas sagen.»

Sehr lange Pause.

KL: «Ich will versuchen, meine Hütte dort zu finden bzw. mein Ziel dort zu sehen, wo ich gerade stehe.»

Nach diesem Dialog hat die Klientin sechzehn Stunden geschlafen. Im weiteren Verlauf hat sie mit Erfolg ihre «Gratwanderung» anders als bisher gestaltet. Im Laufe eines Monats traten ihre Schwellungen nur noch selten auf. Sie wurden von der Klientin als «freundliche Warnung» akzeptiert. Die Klientin hat ihre Herzrhythmusstörungen völlig verloren. Zwei weitere Dialoge halfen ihr, ihre Ziele, Wege und Kraft zu größerer Befriedigung und Effektivität für sich und andere einzusetzen. Entgegen einer medizinischen Prognose ist die Klientin ein Jahr später wieder voll arbeitsfähig.

⚘ *10 Übung für zwei Personen*

⚘ 10.1 Einführung in die Übung

In der nächsten Übung lernen Sie, einen Dialog mit einem Symptom zu führen.

Diesmal arbeiten Sie als Therapeut allein mit Ihrem Klienten; damit entspricht diese Übung auch der Realität in Ihrer Praxis.

Sie können Ihre Erwartungen weniger als bisher auf die Übung «einstellen». Dialoge mit dem Symptom sind außerordentlich verschieden, denn jedes Symptom findet seine überraschende Gestalt, seine besonderen Kommunikationsformen und seine einzigartige Funktion. Unsere Vorbereitung sollte sein, daß wir uns frei machen von bestimmten Erwartungen und Hoffnungen oder gar Ansprüchen.

Als Therapeut werden Sie darum Ihr Therapeutensystem rechtzeitig einsetzen und bewußt gebrauchen müssen, denn häufig lösen die Dialoge mit dem Symptom auch im Therapeuten Unruhe, Zweifel und Ängste aus. Dem können wir nur mit Hilfe eigener Dialoge begegnen. Solange wir über freies Potential in unserer Lage verfügen, bleiben wir handlungsfähig, und nur dann können wir unseren therapeutischen Simulator funktionalisieren und mit dem Klienten zusammen Variationen finden, die den Dialog weitertragen.

Als Klient werden Sie in der Übung mehr als im alltäglichen Leben mit Ihrem Symptom konfrontiert. Das wird Ihnen zunächst unangenehm sein. Meist belasten uns unsere Symptome, häufig fühlen wir uns Ihnen gegenüber machtlos, und manchmal haben wir regelrecht Angst vor ihnen.

Es wird für Sie eine neue Erfahrung sein, das Symptom außerhalb Ihrer selbst zu erleben und ihm gegenüberzusitzen. Vielleicht sind Sie schockiert über seine Gestalt und irritiert über seine Kommunikation. Mit Sicherheit jedoch erfahren Sie Neues über sich, Ihre Störungen und deren Funktion. Das kann Ihre Balance vorübergehend erschüttern.

Trotzdem wagen wir es, derartige Übungen durchzuführen, denn der Erfolg ist sicher: Sie werden eine Lösung für Ihre Fragen finden – Sie werden eine Chance zu Veränderungen sehen – Sie werden sich physisch und psychisch wohlfühlen. Das gilt jedoch nur, wenn Sie die Bedingungen sorgfältig beachten.

Hier möchte ich den Leser bitten, die Übungen nicht allein zu praktizieren. Die Übung darf unter gar keinen Umständen in ihrem Verlauf unterbrochen oder gar vor dem Ende abgebrochen werden. Um das zu gewährleisten, muß ein Therapeut dabei sein, der Erfahrung mit dem KIM hat und entsprechende Hilfen geben kann.

⚭ 10.2 Anweisung zur Durchführung

Sie arbeiten zu zweit. Wählen Sie einen Partner, zu dem Sie Vertrauen haben. Dann suchen Sie einen Raum, in dem Sie völlig ungestört und entspannt arbeiten können. Der eine ist Therapeut, der andere Klient. Der Dialog wird auf ein Tonband aufgenommen.

Als Therapeut lassen Sie sich zunächst das Symptom schildern. Dann helfen Sie dem Klienten, eine Gestalt für das Symptom zu finden. Konfrontieren Sie nun den Klienten mit seiner Symptom-Gestalt so, daß sich beide ansehen können. Lassen Sie beide miteinander einen Dialog führen.

Wappnen Sie sich mit Geduld, Toleranz und Festigkeit, denn Sie werden sie brauchen. Ist das Symptom übermächtig und groß, so folgen Sie Ihrem Klienten gedanklich dorthin, wo er seinem Symptom begegnen und sich ihm stellen kann. Ist das Symptom sehr unruhig, so finden Sie einen Platz, wo es sich niederlassen kann, und wenn es sich verflüchtigen will, so halten Sie es liebevoll, aber beharrlich fest.

Vielleicht verbirgt das Symptom sein Gesicht. Dann lassen Sie den Klienten um die Gestalt «herumgehen» und ihren Ausdruck beschreiben. Manche Symptome können oder wollen nicht reden. Erinnern Sie sich, daß es verschiedene Kommunikationsformen gibt. Häufig hilft es Klienten, wenn sie das Symptom vorsichtig berühren und ihre Erfahrungen dabei schildern. Diese Beispiele lassen sich fortführen. Eines ist ihnen allen gemeinsam: Wichtig ist, daß der Klient zu seiner Symptomgestalt zunächst einmal Kontakt aufnimmt und daß er dabei so behutsam wie nötig vorgeht. Die eigentliche Auseinandersetzung erfolgt danach im Dialog.

Fast immer wird das Symptom im Gespräch zunächst seine Macht entfalten. Lassen Sie sich als Therapeut nicht blenden und beginnen Sie nicht, Partei zu ergreifen. Bleiben Sie auch bei härtester Bedrängnis Ihres Klienten neutral. Setzen Sie Ihre Kraft ein, um beiden Gesprächspartnern in der Auseinandersetzung die gleiche Chance zu gewähren. Sorgen Sie dafür, daß beide, Klient und Symptomgestalt, sich ansehen, aufeinander hören, sich zu verstehen suchen, ihre Gefühle akzeptieren und, wenn nötig, etwas miteinander tun.

Mit dem letzteren kommen wir zu einem neuen Aspekt des Dialogs. Immer dann, wenn die verbale Kommunikation unzureichend ist, helfen Sie dem Klienten, andere Umgangsformen mit der Symptomgestalt zu finden. Lassen Sie gegebenenfalls den Klienten das Symptom berühren, seine Oberfläche erfühlen, es streicheln. Lassen Sie den Klienten seine Hände ausstrecken, damit sich das Symptom hineinlegen kann, lassen Sie es aufheben, an sich heranziehen und anderes mehr. Bei all Ihren Interventionen achten Sie darauf, daß der Klient nicht zu einem Verhalten gezwungen wird, vor dem er Angst oder Widerwillen empfindet.

Manchmal gibt es im Dialog zwischen dem Klienten und seinem Symptom scheinbar unüberbrückbare Meinungsverschiedenheiten und Gegensätze. Der Klient glaubt dann, daß es aussichtslos sei, das Gespräch zu Ende zu führen. Nicht selten fühlen auch Sie als Therapeut sich nun am Ende Ihrer Zuversicht. Beharren Sie darauf, daß beide Gesprächspartner ihre jeweiligen Standpunkte ganz deutlich machen. Vergewissern Sie sich noch einmal, daß jeder Partner den anderen völlig versteht. Danach lassen Sie beide, Klienten und Symptomgestalt, eine Frage formulieren, die ihrem jeweiligen Standpunkt entspricht. Damit haben Sie als Therapeut Ihren Klienten an die Grenze zur Veränderung geführt. Sie sollten sich nun entspannen, die Pause ertragen und gelassen abwarten, was geschieht: Es kann ein neuer Impuls zum Dialog sein, ein zaghaftes erstes Arrangement oder auch eine überraschende Lösung.

Von einem umfassenden Verständnis dieser Lösung bleiben Sie als Therapeut häufig ausgeschlossen. Die letzten Dialogbeiträge sind meist nur bruchstückhaft. Dem Klienten fehlen für seine intensiven Erlebnisse die angemessenen Worte. Sie als Sozialtherapeut können nur dankbar registrieren, daß der Klient seine Arbeit geleistet hat, daß er froh über sein Ergebnis ist und daß es ihm geholfen hat. Im Verlauf der gesamten Übung werden Sie, glücklicherweise, nicht nur die Rolle des gestreßten Therapeuten, sondern auch die des befriedigten Klienten erleben. In der zweiten Position haben Sie es einfacher. Sie folgen den Anweisungen Ihres Therapeuten, Sie arbeiten hart, Sie geben nicht auf, Sie erleben Erschütterungen, Sie fühlen sich betroffen, Sie verändern sich, Sie finden einen neuen Weg ...

Die einzelnen Gespräche nehmen im allgemeinen dreißig bis sechzig Minuten in Anspruch. Da die Übungen beide, den Therapeuten wie den Klienten, sehr anstrengen, sollte zwischen den beiden Gesprächen eine längere Pause liegen, in der Sie sich ausruhen können.

10.3 Erfahrungsberichte aus brieflichen Mitteilungen

Im folgenden greife nicht auf Erfahrungen zurück, die unmittelbar nach der Übung im Plenum berichtet wurden. Es scheint mir instruktiver, Sie an einem Feed-back teilnehmen zu lassen, das wir von Teilnehmern einige Wochen nach dem Seminar schriftlich erhalten haben.

Wie alle Dialoge, so wirken auch die Dialoge mit dem Symptom eine Zeitlang nach, das heißt, sie werden in den folgenden Tagen und Wochen im intrapersonalen Bereich fortgeführt. Aus einer größeren zeitlichen Distanz können wir darum am besten abschätzen, wie effektiv sie für den einzelnen waren. Doch nun lesen Sie selbst, was die Teilnehmer berichten.

Aus dem ersten Brief:

... Sie baten uns, einige wesentliche Abläufe während des Dialoges mit dem Symptom aufzuschreiben. Ich tue das gern, wenn auch etwas verspätet, weil «es immer noch in mir arbeitet».

Bei dem von mir dem Therapeuten vorgestellten Symptom handelte es sich um ein tintenfischartiges Wesen mit Fangarmen, Fühlern und grüngrauen Augen und einem Körper mit Muskeln, die jeweils nach einer gewünschten Richtung verlagert werden können.

Um die Übung machen zu können, mußte diese Qualle erst vom Nordseestrand herbeigerufen werden. Sie hielt sich anschließend längere Zeit in meinem Nacken auf, wo sie die üblichen Verspannungen auslöste und erst nach Änderung meiner Haltung und Auf- und Abgehen im Zimmer von mir abließ und im Schwebezustand im Raum herumgeisterte.

Es war mit Angst und Unsicherheit verbunden, da ich zum erstenmal bewußt erlebte, daß das Symptom dadurch wirksam werden konnte, daß ich mich intensiv mit ihm beschäftigte. Angst und Unsicherheit mußten erst abgelegt werden, ehe sich die Qualle löste. Als der Therapeut die Frage stellte, ob die Qualle bereit wäre, auf dem Stuhl Platz zu nehmen, überlegte es in mir, ob ich die Frage ignorieren sollte und eigenen Gedanken nachhängen, d. h. mein eigener Therapeut sein sollte. Ich fühlte mich bei der Erwähnung, daß mich die Qualle mit grüngrauen Augen ansah, an einen Menschen in meiner Kindheit erinnert und hatte ein zwiespältiges Verhältnis dazu. Darüber wollte ich lieber nachdenken.

Die Stimme des Therapeuten schien einen Klang zu haben, der mich festhielt. Ich hatte Zweifel, ob ich dieser Kraft folgen sollte. Zugleich kam aber ein Gefühl der Bewunderung für den Therapeuten auf, der außerordentlich viel Geduld hatte, Verständnis und Wärme zeigte, so daß ich mich aus freien Stücken zur weiteren Zusammenarbeit mit ihm entschloß. Daraufhin entschloß sich die Qualle, Platz zu nehmen.

Im Dialog war es befreiend, über Beleidigtsein der Qualle, über Scham, Resignation, über Fehlhaltungen wie z. B. Übertreibungen zu sprechen, ohne mich dabei belastet zu fühlen wie in früheren Situationen. Zusammenhänge mit anderen Situationen wurden deutlich, aber nicht ausgesprochen (der Therapeut konnte Pausen gut durchhalten).

Erstaunlicherweise bekam das Symptom einen positiven Sinn für mich, und ich war ihm dankbar – für seine bewachende Funktion. Zwischendurch gerieten Symptom und Person aus dem Konzept.

Da der Therapeut die Fähigkeit hatte, auf die ursprünglichen Lebensbedingungen der Qualle (z. B. kaltes, salziges Nordseewasser) entsprechend einzugehen, entstand immer wieder Heiterkeit und auch das Bedürfnis, den Dialog auf dieser Ebene weiterzuspinnen. (Es kam mir vor wie ein

Märchen, dessen Symbole sich andeutungsweise im Dialog enthüllten, anderen kam ich später in schlaflosen Stunden auf die Spur.)
Schließlich konnten im Dialog Möglichkeiten gefunden werden, wie sich Symptom und Person miteinander arrangieren können, so daß es nicht erst zur Bewegungsunfähigkeit durch zu starken Zugriff der Qualle kommen muß. Dabei entstand der Wunsch, diese Erkenntnisse nicht zu vergessen, sondern etwas zu finden, was die neue Situation stabilisiert ...

Aus dem zweiten Brief:
... Mir war schon vor Beginn der Übung klar geworden, daß verschiedene meiner Symptome in einem Zusammenhang stehen, daß sie unter Umständen dieselbe Ursache haben.
Ich griff nun ein Symptom, das mich im Augenblick besonders störte, heraus. Es nahm die Gestalt eines Felsbrockens an – vielleicht nicht ganz so hart wie ein solcher – aber doch sehr kompakt, sehr kantig. Später zeigte es sich dann auch, daß es eine Art Klauen hatte, mit denen es sich in meinem Körper festkrallen konnte.
Im Verlauf des Dialogs wurde es freundlicher und auch etwas kleiner. Es zeigte mir, daß es eigentlich nicht mein Feind – wie ich es immer empfunden hatte –, sondern mein Freund sein wollte, daß es ein bestimmtes Bedürfnis in mir befriedigte.
Die Hilfe – das «Dasein» meines Partners – war mir sehr wichtig. Es half mir, das Symptom zur Gestalt werden zu lassen, und war auch nötig, die Übung weiterzuführen und abschließen zu können. Ich hätte sonst nicht durchgehalten, da das Ganze auch sehr mit Angstgefühlen verbunden, zudem irgendwie «unwirklich» und mit dem Verstand nicht zu erfassen war.

Aus dem dritten Brief:
Wir arbeiteten in einer Dreiergruppe, in der ich mich sicher und wohl fühlte. Das Vertrauen zueinander half mir, meine starken Ängste vor dieser Übung leichter zu ertragen.
Als Klient in der Übung richtete ich mir zunächst den Raum so her, wie er mir am geeignetsten erschien. Dadurch erhielt die direkte Umgebung ein mir persönlich entsprechenderes Aussehen; mit der Ordnung der Dinge schienen sich auch gleichzeitig Kräfte und Vorstellungen in mir zu ordnen.
Es dauerte trotzdem noch eine ganze Weile, bis ich mich auf mein Problem und seine Darstellung konzentrieren konnte. Das Symptom, das ich schildern wollte, wurde mir durch die verbale Darlegung seiner Wirkungen klarer, und ich begann, mich mehr und mehr für es zu interessieren. Ich benötigte noch ziemlich viel Zeit, um eine Gestalt für den Verursacher des Symptoms zu finden. Er hatte zunächst eine amorphe, unklare, häufchenartige Gestalt, woraus sich langsam so etwas wie ein kleines unförmiges, jedoch menschenartiges Wesen formte, das kleine stechende Augen hatte, wuschelige graue Haare und greise Züge. Die Gestalt des Wesens verursachte mir Unbehagen, es war mir wegen seiner Häßlichkeit unsympathisch, es hatte eine unheimliche Ausstrahlung und ängstigte mich.
Das Wesen hatte es schwer, auf dem Stuhl Platz zu nehmen. Es war gewohnt, im Hause herumzuhasten und sich nach Möglichkeit versteckt zu halten. Erst mein – wenn auch ambivalenter – Wunsch, mit ihm zu sprechen, veranlaßte es, sich manchmal widerwillig auf den Stuhl zu setzen, der mir in etwas Distanz gegenüberstand. Das Wesen wirkte jedoch so, als wollte es bald wieder entfliehen. Erst als es sich etwas beruhigte, was länger dauerte, wurde ich sicherer und nahm ernsthaftere Kontakte mit ihm auf. Die Auseinandersetzung mit ihm war etwas schwierig, weil das We-

sen lange Denkpausen machen mußte, nur langsam sprechen konnte und seine Sprache ungeübt erschien.
Während der Denkpausen liefen in mir lebhafte Bilder ab, die begleitet waren von Erinnerungen an Gefühle, die das Symptom bisher bei mir ausgelöst hatte. Das Nachdenken nahm einen breiten Raum ein, gesprochen wurde nur wenig. Dennoch kam es mir vor, als sei in dieser Zeit viel in mir geschehen.
Das Wesen nahm während des Gegenübersitzens eine deutlichere, einprägsame Gestalt an; ich betrachtete es mit zunehmendem Interesse und erkannte an ihm Details, die ich vorher nicht wahrgenommen hatte. Dadurch kam es, daß es an Unheimlichkeit für mich verlor. Es wurde mir allerdings nicht gerade liebenswert, ich hätte es wohl nicht anfassen können. Es erleichterte mich, daß es nach einer mir wichtigen gegenseitigen Abmachung dann gemessenen Schrittes zur Tür hinaus verschwand. Es würde jedoch wiederkommen, hatte es zuvor noch geäußert. Ich nahm das mit Gelassenheit zur Kenntnis.

Aus dem vierten Brief:
Im Zusammenhang mit einer vor zirka einem Jahr durchgeführten Operation, die seit zehn Jahren anstand und anscheinend einen großen Teil meines Potentials für sich beanspruchte, empfand ich nach der Operation wohl Erleichterung, daß ich sie überstanden hatte. Ich hatte nämlich befürchtet, während der Operation zu ersticken, was sich nachträglich als nicht unbegründet herausstellte. Ich fand jedoch keinen Zugang mehr zu der Problematik, die sich mit der Operation für mich gestellt hatte.
Beim Einstieg in den Dialog wurde mir klar, daß ich das Nichtmehrvorhandensein meines Symptoms als große Leere empfinde und auf der Suche bin, ob ich nicht irgendwo ein neues finde, um das ich meine Kraft zentrieren kann.

Meine «wehmütigen Gedanken» an die Operation werden mir klar. Dazu fällt mir ein Traum ein.
Ich gehe durch eine mittelalterliche Stadt, die an den Hang eines Berges gebaut ist, und komme an einer kleinen Kirche vorbei, in welcher der Oberkörper eines Mannes zur Einbalsamierung vorbereitet wird. – Ich stehe auf einem großen Platz, der der höchste Punkt der Stadt ist. Er wird von einer niedrigen Mauer und einer Kirche begrenzt. Über die Mauer hat man einen herrlichen Blick auf Täler und Höhen. Es ist alles in warmes Licht getaucht. Inmitten des Platzes befindet sich ein rundes Marmorbecken, in welchem, mit Tüchern umschlungen, Menschen bis zur Taille im Wasser stehen. – So weit der Traum. –
Jetzt möchte ich mit dem Mann, der im Becken steht, sprechen. Im Gespräch mit ihm, das er nur widerwillig aufnimmt, erklärt er, daß er wegen einer Verstümmelung – er hat nur ein Bein – im Wasser steht, um diese vor der Umgebung zu verbergen und um existieren zu können.
Ich kann ihn überreden, herauszusteigen, indem ich ihm die Hand gebe und ihm meine Hilfe verspreche.
Zum Erstaunen von uns beiden wird uns klar, daß wir den anderen gar nicht auffallen, da wir uns gut ergänzen. Es erleichtert uns, je weiter wir den Platz überqueren. Das Verlassen des Wasserbeckens und das Überqueren des Platzes empfinde ich als positives Gefühl. – Mir wird «mein Wasserbecken» als Begrenzung meiner Möglichkeiten und als Isolation bewußt, die mich besonders in der letzten Zeit als Schreckgespenst verfolgt hat.

Ein paar Erklärungen können den letzten Fall deutlicher machen. Beim Bemühen, dem Symptom Gestalt zu geben, fällt der Klientin ein Traum ein. In ihm wird die gesamte Lage erhellt, in der das Symptom «steckt». Die Klientin begibt sich in das Bild hinein und nimmt mit ihrem Symptom Kontakt auf. Sie verbündet sich mit ihm und tut etwas mit ihm zusammen. So findet sie einen neuen Platz für ihr Symptom in ihrer Lage. Dabei erkennt sie ihre Grenzen, die sie im Dialog überwunden hat.

Das letzte Beispiel kann ein erster Hinweis darauf sein, wie wir im KIM mit Träumen umgehen; wir werden später darauf zurückkommen.

Einführung der Kreativität in die Methodik

🕮 *11 Theorie zur Kreativität im therapeutischen Prozeß*

🕮 11.1 Lernen von Kreativität

Wenn Sie sich in den letzten Jahren in Bibliotheken und Buchhandlungen Literatur zum Thema Kreativität angesehen haben, werden Sie über die Vielzahl von Neuerscheinungen überrascht gewesen sein. Vielleicht haben Sie auch das eine oder andere Buch in der Hand gehabt, um sich ein Bild über Theorie und praktische Anwendung zu machen. Mit Sicherheit ist Ihnen eine Fülle verschiedener Denkansätze und Meinungen begegnet. Lassen Sie mich einiges herausgreifen, das für uns interessant scheint:

Zunächst fallen unterschiedliche Motivationen zur Beschäftigung mit Kreativität auf. Die einen beziehen ihr Interesse aus dem Umgang mit der Kunst, die anderen aus dem Wunsch nach Leistungssteigerung im Rahmen von Wirtschaft und Technik. Einige Autoren sehen Kreativität als eine Chance im persönlichen Reifungsprozeß wie auch in der Gestaltung von Gruppenprozessen an; manche erhoffen von ihr neue Denkanstöße im Bereich der Wissenschaften.

Alle Autoren beschreiben die Entwicklung von Kreativität als einen Prozeß, in dem mehrere Phasen unterschieden werden: Vorbereitung – Inkubation – Gefesseltsein vom Problem – Einsicht – Verifikation. Andere sprechen von Problemformulierung, Analyse und logischem Fortschritt. Nach Irving A. Taylor* kann sich Kreativität über fünf verschiedene Bedeutungsebenen bis hin zur Genialität entfalten. Sie beginnen im engen persönlichen Bereich und erweitern sich zu umfassender gesellschaftlicher Bedeutung. Taylor unterscheidet dabei die produktive, erfinderische, die erneuernde, emergentive und schließlich die geniale Ebene.

Viele Autoren meinen, daß im kreativen Prozeß Erfahrungen und Eindrücke zueinander in Beziehung gesetzt werden, die vorher noch nicht miteinander verbunden waren. Dabei wird die Frage nach dem Zusammenhang von intelligentem Verhalten und Kreativität interessant. Sie wird verschieden beantwortet. In der Forschung sind hierzu Tests entwickelt worden, doch die Bewertung der Ergebnisse bleibt problematisch.

Allgemein anerkannt werden jedoch zwei wesentliche Voraussetzungen zur Entwicklung von Kreativität: Die eine ist das Interesse des Individuums an bestimmten Dingen und seine Konzentration darauf, die andere sind Reaktionen der Umwelt, die dem Individuum Freiheit lassen und kreatives Handeln anerkennen. – Damit wird kreatives Verhalten eine Fähigkeit, die unter bestimmten Bedingungen gelernt werden kann und funktioniert.

Diesen Zusammenhang erhellen verschiedene Konzepte:

Rolo May betont das «echte Engagement». Nach ihm löst eine «vertiefte Begegnung» mit der Umwelt Kreativität aus.

Jerome S. Bruner sieht die «Liebe zum Objekt» als Voraussetzung zu einem «inneren Drama», das Kreativität fördert.

Erika Landau betont die «Fragestellung» in einer bestimmten

* I. A. Taylor: The Nature of the Creative Process (nach Landau 1969, S. 74–82).

Situation. Mit ihr orientiert sich das «Ich» an der Situation und kommt zu kreativen Lösungen.

Alex F. Osborn zeigt in seiner «brainstorming»-Methode die Bedeutung eines wertfreien Raumes, der freie Assoziationen zuläßt.

Bei Morris I. Stein schließlich spielt die «Distanzierung» von der Situation eine wesentliche Rolle. Er beschreibt sie als «Verifikationsphase».*

Diese Aufzählung könnte beliebig fortgesetzt werden. Eine umfassende akademische Darstellung zur Kreativität finden Sie in Joachim Sikoras Handbuch der Kreativitätsmethoden (Sikora 1976). Es vermittelt detailliert Strategien, mit denen Probleme kreativ gelöst werden können.

Für uns ist es nun unwesentlich, das Für und Wider der einzelnen Theorien abzuwägen. Wir wollen auch auf den reizvollen Versuch verzichten, die verschiedenen Theorien unter einem gemeinsamen Aspekt zu begreifen. – Wichtig ist es für uns, von einem übergeordneten Standpunkt her Folgerungen zu ziehen bzw. gewisse Konsequenzen zu überdenken.

Offensichtlich ergibt sich Kreativität aus dem Zusammenspiel verschiedener psychischer Funktionen. Dieses Zusammenwirken geschieht nicht zufällig, sondern folgt bestimmten Gesetzmäßigkeiten. Die Funktionen und die Gesetzmäßigkeiten ihres Zusammenwirkens sind uns teilweise bekannt. Sehr erfreulich ist, daß es sich bei den psychischen Funktionen, die zur Kreativität befähigen, nicht um Sonderbegabungen handelt, mit denen einige «Auserwählte» bedacht sind. Im Gegenteil, jede geistig gesunde Person hat die Möglichkeit, kreative Fähigkeiten zu entwickeln und zu praktizieren. Damit sind auch Sie gemeint!

Wie ich in 🕮 6.2 bereits dargestellt habe, leben wir in einem Kulturbereich, in dem das Nachvollziehen geistiger Prozesse im Sinne wissenschaftlichen Denkens allgemein höher bewer-

* Nach Landau 1969.

tet wird als der eigene geistige Entwurf. Ein neuer Entwurf führt ja immer in Bereiche, in denen wissenschaftliche oder praktische Begründungen erst noch gefunden werden müssen. Ein solches Denken bleibt darum für jeden von uns ein Wagnis. Und selbst wenn wir in unserem Entwurf ein Stück Wahrheit erfassen, so bleibt doch die Gefahr des Zweifels, der Mißachtung oder auch der Lächerlichkeit bestehen. Aus Angst davor sind viele gute Gedanken nicht ausgesprochen oder auch nie zu Ende gedacht worden.

Die Entwicklung unserer Zivilisation zwingt uns heute dazu, unser begrenztes Wertsystem aufzugeben. Es ist «modern» geworden, kreativ zu denken, und es kann lebensnotwendig werden, kreativ zu handeln. In Kursen und Seminaren wird seit einiger Zeit versucht, Lernprozesse nachzuvollziehen, die in Erziehung und Schulbildung vernachlässigt wurden.

Das KIM kann auf die Kreativität des Sozialtherapeuten ebensowenig verzichten wie auf sein fundiertes theoretisches Wissen und seine praktischen Fähigkeiten. So müssen wir uns Gedanken darüber machen, wie Sie im Rahmen Ihres gesamten Lernprozesses auch Ihre kreativen Fähigkeiten so entwikkeln, daß Sie sie bewußt einsetzen und handhaben können.

Im folgenden möchte ich nicht auf die hirnphysiologischen Voraussetzungen eingehen. Ebensowenig will ich an dieser Stelle Theorien über Denken und Lernen anführen. Uns soll vor allem die Praxis der Lernprozesse zur Kreativität interessieren.

Wenn wir die Theorien zur Kreativität überblicken, wird deutlich, daß sie offensichtlich aus einem guten Zusammenspiel rechts- und linkshemisphärischer Hirnfunktionen entwikkelt wird. Darüber hinaus hat die Erfahrung gezeigt, daß Kreativität sich dann am besten entfaltet, wenn die Person bereit ist, bestimmte Muster, in denen ihr Denken gewohnheitsmäßig abläuft, aufzugeben und sich zu entspannen. Nicht zuletzt spielt der Reiz einer bestimmten Problemstellung mit den daraus resultierenden Fragen eine nicht unwesentliche Rolle.

Auf diesen Aspekt werden wir im Abschnitt 🕮 11.2 zurückkommen.

Zunächst entsteht die Frage, wie wir zweierlei systematisch üben können: Das Aufgeben unserer liebgewordenen Vorstellungen und Denkmuster und das Aktivieren beider Hirnhemisphären. Das erste ist zunächst sehr unbefriedigend, denn wir erleben dabei Unsicherheit. Wir verzichten auf eingefahrene Denkbahnen und erfahren erst später etwas von der Freiheit, neue Wege im Denken zu gehen. Auch das bewußte Umgehen mit den Funktionen beider Hirnhemisphären stößt wahrscheinlich zunächst auf Schwierigkeiten. Wir sind es so gewohnt, mit der angespannten Tätigkeit unserer linken Hemisphäre unser Leben zu bewältigen, daß es uns schwerfällt, gerade dann, wenn uns Fragen oder Probleme bedrängen, umzuschalten auf Ruhe, Gelassenheit und Entspannung – und damit auf die Funktionen der rechten Hirnhemisphäre.

Sie werden im folgenden einige Übungen machen, in denen Sie zweierlei erfahren: Einmal, daß jeder von Ihnen kreativ sein kann, und zum zweiten, daß diese Kreativität kein Zufallsprodukt ist, sondern bewußt geübt werden kann.

Ich möchte Ihnen an dieser Stelle noch eine kleine Hilfe geben. Viele Personen haben Angst davor, auf die absolute Herrschaft ihres linkshemisphärischen Denkens, ihrer Einsichten, logischen Folgerungen und konsequenten Entschlüsse zu verzichten. Sie haben das Gefühl, sich irgendwelchen «Mächten», die Sie nicht übersehen, nicht abschätzen und nicht vorausberechnen können, auszuliefern. Ihnen rate ich, sich noch einmal zu erinnern, daß unsere Arbeit an der Kreativität weder auf eine Art «Geisterbeschwörung» zielt, noch einem geistigen Chaos in uns Tür und Tor öffnet. Im Gegenteil, unser Bemühen richtet sich auf eine konzentrierte Arbeit, die endlich einmal unser gesamtes geistiges Potential zu einer Wirkungseinheit zusammenfaßt. Dabei arbeiten wir nach Regeln, die dem Zufall wenig Spielraum lassen.

Mit dem ersten Übungserlebnis ist jedoch in Ihrem Lernprozeß nur der allererste Schritt getan. Bei Ihnen liegt es dann, Kreativität in Ihrer täglichen Praxis so lange zu üben, bis sie für Sie eine selbstverständliche Form der Lebensbewältigung geworden ist. Nicht nur für die Arbeit mit Ihren Klienten, sondern in erster Linie für Ihr eigenes Leben, zu Ihrer eigenen Erleichterung und Bereicherung.

Eine weitere Aufgabe wird es sein, Konsequenzen aus Ihrem eigenen Lernprozeß zu ziehen und zu überlegen, wie Sie Ihre Klienten lernen lassen können, kreativ zu werden, d. h. ihre Schwierigkeiten selbst zu lösen und ihr Leben auch ohne Ihre Hilfe zu bewältigen. Hierzu gibt es einige ausgezeichnete Praktiken, auf die wir später zurückkommen werden.

11.2 Instrumentelle Kreativität

Ich habe schon vor einigen Jahren begonnen, den Terminus «instrumentelle Kreativität» zu verwenden. Er drückt ein sehr komplexes Geschehen aus.

Wir wissen, daß unser Alltag reicher wird, wenn wir ihn kreativ gestalten. Wir kennen die Erleichterungen, die uns kreatives Denken im Berufsleben schafft. Hier und da erleben wir auch, wie kreative Einfälle uns in schwierigen Lebenssituationen zu Lösungen führen.

In der Therapie ist es unsere Aufgabe, in schwierige Lebenssituationen hinein Hilfsangebote zu machen und den Klienten lernen zu lassen, Lösungen für seine Fragen zu finden. In dieser Situation dürfen wir es nicht dem Zufall überlassen, ob uns ein kreativer Einfall zu Hilfe kommt. Ein Therapeut, der Kreativität dem Zufall überläßt, braucht eine entsprechend längere Behandlungszeit, in der er sich die Geduld seines Patienten honorieren läßt.

Wir müssen es als Therapeuten lernen und es unsere Klienten lehren, kreative Einfälle «nach Bedarf» abzurufen. Sie sollten für uns ein Instrument des Handelns werden, das wir nach Wunsch in Gebrauch nehmen, das wir sozusagen immer bei der Hand haben.

Von entscheidender Bedeutung für die instrumentelle Kreativität ist, daß sie gezielt zur Lösung festumrissener und präzise definierter Fragen eingesetzt werden kann. Dieser bewußte und gezielte Einsatz macht die eigentliche Definition der instrumentellen Kreativität aus. Es kommt darauf an, scheinbar gegensätzliche Fähigkeiten des Menschen, nämlich seine Möglichkeit zur Anspannung, Konzentration und Abstraktion einerseits und seine Möglichkeit zur Entspannung, zur Freiheit des Empfindens, des Denkens und grenzenaufhebenden Entwurfes andererseits, zu einem äußerst wirksamen geistigen Instrument zusammenzufassen.

Um instrumentelle Kreativität zu erlernen, bedarf es eines speziellen Trainings. Das Ineinandergreifen links- und rechtshemisphärischer Gehirnfunktionen, der unmittelbare Übergang von höchster Anspannung zu tiefer Entspannung, von der Konzentration auf eine Frage zu ihrer Freigabe in kreative Offenheit und das Umsetzen des kreativen Einfalles in realitätsgemäßes Handeln – das alles braucht eine bestimmte Technik. Diese Technik können Sie lernen und so lange üben, bis sie zur Selbstverständlichkeit in Ihrem therapeutischen Handeln wird.

Abschließend möchte ich nun noch etwas zu dieser Technik sagen und Sie damit gleich auf die nächste Übung vorbereiten. Um Kreativität gezielt einsetzen zu können, ist es zunächst wichtig, das Ziel möglichst genau festzulegen. In den Abschnitten 📖 und 👫 7 haben Sie gelernt, ein komplexes Problemfeld zu verdichten, Störungszentren aufzufinden und schließlich den «archimedischen Punkt» der gestörten Lage zu finden. Sie haben sich bemüht, aus dem verdichteten Störungsfeld eine offene Frage zu formulieren. Mit dem Formulieren der Frage hatten Sie einen Zustand höchster linkshemisphärischer Anspannung und Konzentration erreicht. Was Sie nun lernen müssen, ist, diese Frage festzuhalten und sich mit ihr in einen Zustand größtmöglicher Entspannung zu begeben. Hirnphysiologisch gesehen heißt das, von der intensiven Funktion der linken Hemisphäre auf die intensive Funktion der rechten so umzuschalten, daß das Arbeitsergebnis der linken Hemisphäre der rechten zur «Weiterarbeit» übergeben wird.

Bei der Tätigkeit der rechten Hemisphäre erlischt langsam die Frage. Sie wird abgelöst von Bildern, die auftauchen, wechseln, verschwinden und neu entstehen. Diese Prozesse müssen Sie zulassen. Nach wenigen Minuten – nach einiger Übung sind es nur noch Sekunden – versetzen Sie sich erneut in einen Zustand durchschnittlicher Anspannung. Greifen Sie noch einmal zurück auf Ihre Ausgangsfrage und erleben Sie, wie aus der Arbeit Ihrer rechten Hemisphäre ein neuer Gedanke, ein überraschender Einfall, eine übergeordnete Konsequenz einleuchtet.

Die linke Hemisphäre greift wiederum die «Lieferung» der rechten Hemisphäre auf und entwickelt daraus realisierbare Möglichkeiten für die jeweilige Situation.

In 👥 11 werden diese verschiedenen Abläufe, zunächst langsam aufeinander folgend, geübt. Später werden Sie ähnliche Abläufe in Sekundenschnelle in sich vollziehen.

🕮 11.3 Kreative Einfälle zu Funktionsträgern

In 🕮 5.3 haben Sie den Terminus «Funktionsträger» kennengelernt. In den nachfolgenden Übungen haben Sie seine Bedeutung für den therapeutischen Prozeß erleben können. Dabei sind Sie jedoch nur mit einer Auswahl von Funktionsträgern bekannt geworden. Stets hieß es: Dieses Beispiel steht für eine Vielzahl möglicher Variationen. Vergeblich werden Sie beim KIM nach einer Aufstellung von Funktionsträgern suchen. Jeder Versuch, hierzu eine Liste anzufertigen, wäre eine Umkehrung eines der Grundsätze des KIM. Je mehr Sie persönlich darauf ausgerichtet sind, Ihre therapeutische Arbeit an einer vorgegebenen Form zu messen, um so unbefriedigter und unsicherer werden Sie beim Einsatz von Funktionsträgern zunächst bleiben.

Darüber hinaus habe ich im Abschnitt 🕮 5.3 eine Reihe von Eigenschaften aufgezählt, die Sie Funktionsträgern zuordnen sollen. Hier werden Ansprüche gestellt, die ein hohes Einfühlungsvermögen in die Lage des Klienten, umfassendes Wissen um therapeutische Funktionen und eine höchst konzentrierte und gewandte Kombinationsfähigkeit beim Entdekken und Erschaffen von Funktionsträgern vorauszusetzen scheinen. Ein solches Vorgehen ist für die meisten von uns nicht praktikabel. Wir müssen also einen anderen Weg finden, Funktionsträger zu entwickeln, in die therapeutische Arbeit dynamisch einzufügen, sie zu verändern, wieder zurückzunehmen und neue zu schaffen.

Wiederholen wir noch einmal die Definition für Funktionsträger: Funktionsträger sind beliebige Erscheinungen unserer Realität, die wir mit therapeutischen Funktionen besetzen. Diesen Vorgang nennen wir «Integration». So kann also alles, was die Realität unseres Klienten ausmacht, von uns zum Funktionsträger gemacht werden. So weit unsere Definition. So weit werden auch die meisten diesem Gedanken bereitwillig folgen.

Doch nun bleibt zu überlegen, wie wir dieses Umfunktionalisieren eines Realitätsanteiles unseres Klienten zum therapeutischen Funktionsträger vollziehen sollen. In der Skizze auf S. 223 habe ich in einem Bild den Simulator dargestellt. Ich habe gezeigt, daß sich in ihm deduktive und kreative Möglichkeiten der Person zu einer Wirkungseinheit verbinden. Im letzten Kapitel habe ich detailliert den Vorgang beschrieben, in dem dieser Prozeß ablaufen könnte. Wir haben gesehen, unter welchen Bedingungen sich Wissen zu einer Frage verdichten kann und wie Einfälle als Lösungen auf die

Fragen antworten. Wir nannten diesen Prozeß «instrumentelle Kreativität».

Der Funktionsträger wird in vielen Fällen das Ergebnis der Arbeit instrumenteller Kreativität sein. Der Klient zeigt uns schon bei der ersten Begegnung durch sein Verhalten die Möglichkeiten seiner Interaktion. In ihnen bringt er uns in lebendiger Fülle seine Realität entgegen. Auch das gehemmte Wesen, das verbissene Schweigen, das hilflose Stammeln, das ängstliche Verstummen sind sehr eindrucksvolle Realitäten.

Unsere erste Aufgabe ist es, unter Zurücksetzung eigener Intentionen diese Realitäten aufzunehmen und zu versuchen, das aufzugreifen, was dem Klienten besonders nahe liegt und seinem Wesen am vollkommensten entspricht. Hier vollziehen wir in uns bereits einen ersten Verdichtungsprozeß. Danach müssen wir entscheiden, welche therapeutische Funktion es dem Klienten am leichtesten macht, sich in den therapeutischen Prozeß hineinzubegeben. Dabei können uns die Gesetzmäßigkeiten der Zentralfunktionen gewisse Orientierungshilfen geben.

So stehen wir nun vor der Aufgabe, die von uns ausgewählte therapeutische Funktion in einen verdichteten Realitätsablauf zu integrieren. Hierbei versagen häufig unsere rationalen Überlegungen; sie sind zu sehr festgelegt auf unser eigenes Muster, zu schwerfällig, zu plump.

So müssen wir es als drittes lernen, unsere Absicht, ein Stück Realität des Klienten mit therapeutischer Funktion zu besetzen, in eine Frage zu formulieren. Wir müssen uns danach in Sekundenschnelle entspannen und unseren kreativen Einfall sofort zum Funktionsträger gestalten. Diesen Funktionsträger können wir nun dem Klienten in unseren Interaktionen «entgegenschicken». In den meisten Fällen wird er den Klienten erreichen. In vielen Fällen wird er wirkliche Betroffenheit auslösen, und hier und da werden wir «ins Schwarze treffen», das heißt, den archimedischen Punkt seiner Lage erreichen.

Solche Treffer geschehen häufiger, als Sie am Anfang Ihrer Ausbildung annehmen.

Vor allem dürfen wir einen außerordentlich wichtigen Umstand nicht vergessen: Bei dieser unserer Arbeit sind wir nicht allein. Sie vollzieht sich innerhalb eines Aktionsfeldes, in dem der Klient mit eingeschlossen ist. Es sind seine Interaktionen, die uns in immer tiefere Dimensionen seiner Lage führen, es ist seine Arbeit zur Verdichtung der Lage, die uns die Störungszentren erkennen läßt. Es ist schließlich auch sein Simulator, der auf unsere Ungeschicktheit mit neuer Symptomatik antwortet. Es sind seine Geduld und seine Hoffnung, die den Kommunikationskreis geschlossen halten. Diese Partnerschaft mit dem Klienten bietet uns die Basis, auf der unser Simulator arbeiten, auf der instrumentelle Kreativität funktionalisiert werden kann und auf der wirksame Funktionsträger in den therapeutischen Prozeß hinein entwickelt werden.

⚢ *11 Übung für kleine Gruppen*

⚢ 11.1 Einführung in die Übung

Das Hauptanliegen dieser Übung ist es, Sie lernen zu lassen, Schritt für Schritt bewußt instrumentelle Kreativität zu funktionalisieren. Um das zu erreichen, lassen Sie sich für jeden einzelnen Übungsabschnitt viel Zeit, damit es Ihnen gelingt, jede Voraussetzung zu erfassen, zu realisieren und zu durchleben.

Die Übung setzt sich aus mehreren Teilen zusammen, von denen jedes ein untergeordnetes Ziel in sich trägt. Es ist möglich, daß Sie, beim ersten Ziel angelangt, sich bereits so erleichtert und befriedigt fühlen, daß Sie eigentlich nicht mehr motiviert sind, weitere Übungsabschnitte zu vollziehen. Trotzdem möchte ich Sie bitten, auch wenn es anstrengend für

Sie ist, sich weiter durch die Übung voranzuarbeiten. Es lohnt sich.

Im ersten Übungsabschnitt externalisieren Sie Ihre Lage bzw. einen Teil Ihrer Lage. Im zweiten Übungsabschnitt verdichten Sie die externalisierte Lage derart, daß Ihr Problembereich allen an der Übung Beteiligten, vor allem aber Ihnen selbst, überschaubar und einsichtig wird. Im dritten Abschnitt versuchen Sie die Störungszentren herauszuarbeiten und den Ort der größten ineffektiven Spannung zu erkennen. Sie bemühen sich dabei, das einzukreisen und in wenigen Worten zu beschreiben, was wir den «archimedischen Punkt» der Lage nannten. Der vierte Abschnitt der Übung setzt Sie einem Höchstmaß an Spannung aus, denn jetzt müssen Sie aus dieser Klarheit Ihrer bewußten Einsicht heraus eine offene Frage formulieren. Es wird Sie Mühe kosten, alle versteckten Wünsche auf bestimmte Lösungen zurückzustellen und sich für eine Lösung in Freiheit zu entscheiden. Vielleicht führt Sie die Lösung auf eine noch unbekannte Ebene. Dann müssen Sie sich bemühen, Ihre Frage festzuhalten, und sich mit ihr in einen Zustand tiefer Entspannung fallen lassen. (Vielleicht zweifeln Sie an Ihrer Fähigkeit, sich zu entspannen. Leistungsansprüche verstärken die Hemmungen. Es hilft nur eines: Bleiben Sie ruhig und entscheiden Sie sich in Gelassenheit dazu, eventuell bei der Entspannung zu versagen.)

Im sechsten Abschnitt werden Sie überraschende neue Erfahrungen machen. Zunächst zögernd, dann deutlicher, farbiger, lebendiger werden Bilder und Szenen in Ihrem Inneren auftauchen und vorübergleiten. Eine neue Welt, die schon immer in Ihnen lebendig war, öffnet Ihnen weit ihre Pforten. Nach einigen Minuten kehren Sie aus Ihrer rechtshemisphärischen Erlebniswelt in die Realität zurück und beginnen sofort, Ihre «Bilder» festzuhalten und den anderen mitzuteilen. Sie werden in der Gruppe Ihre Bilder sammeln und nun im siebten Abschnitt die Antwort auf Ihre Frage aus den Bildern erarbeiten. Wenn Sie diese Arbeit abgeschlossen haben, werden

Sie sich eine Stunde lang so beschäftigen, wie Sie gerade Lust haben. Sie können allein bleiben oder mit anderen zusammensein. Wichtig ist nur, daß Sie eine Stunde lang mit niemandem sprechen, daß Sie wirklich in sich ausruhen, schweigen und sich auch nicht durch anderes, sei es Telefon, Rundfunk oder Fernsehen, ansprechen lassen. (Diese Übung fügen wir in den Seminaren möglichst so in den Tagesablauf ein, daß die Teilnehmer danach einen freien Nachmittag oder Abend haben.) Sie sollten Muße haben, noch einmal bewußt nachzuvollziehen, welche Möglichkeiten Ihnen konzentrierte linkshemisphärische Arbeit bietet, welche andersartigen Ergebnisse Ihnen aus der Arbeit der rechten Hirnhemisphäre zuwachsen und welche Chance sich uns allen bietet, wenn wir unser gesamtes rechts- und linkshemisphärisches Potential zur Bewältigung und Veränderung unserer Realität aktivieren.

11.2 Anweisung zur Übung

Suchen Sie sich nun eine Gruppe von vier bis fünf Personen, zu denen Sie Vertrauen haben und mit denen Sie einen Tag lang intensiv zusammenarbeiten können. Zunächst trennen Sie sich noch einmal für eine Viertelstunde, und jeder von Ihnen überlegt, welches Anliegen er zur Bearbeitung einbringen kann. Danach treffen Sie sich in einem Raum, in dem Sie mehrere Stunden ungestört arbeiten können.

Zunächst skizziert jeder Teilnehmer kurz sein Anliegen. Die Gruppe wählt aus, für welchen Teilnehmer sie die Übung durchführen will, das heißt, wer die Rolle des Problemträgers übernehmen soll. Zwei Gesichtspunkte sollten Sie dabei berücksichtigen: Einmal werden Sie schon von sich aus motiviert sein, sich für den Teilnehmer zu entscheiden, dessen Anliegen besonders wichtig oder dringlich scheint. Zum anderen sollten Sie darauf achten, daß Sie ein Problem aufgreifen, mit dem sich jeder von Ihnen mehr oder weniger identifizieren kann.

Wählen Sie als nächstes einen Teilnehmer, der die gesamte Übung hindurch als Gruppenleiter fungiert. (In den Seminaren sind wir Trainer dazu übergegangen, die Übung zunächst mit einer kleinen Anzahl von Teilnehmern durchzuführen. Diese Gruppenmitglieder, die die Übung bereits erlebt haben, übernehmen später die Rolle des Gruppenleiters.)

Der Teilnehmer, dessen Problem bearbeitet werden soll, wird nun gebeten, seine schwierige Situation verbal und mit Hilfe einer zeichnerischen Analogie darzustellen. Die Gruppe versucht, seine Situation zu verstehen. Fragen sind erlaubt, damit eine Identifizierung jedes Gruppenmitgliedes mit dem Problem gelingt. Danach hilft die Gruppe dem Problemträger, den Ort ineffektiver Spannungszentrierung einzukreisen, Bereiche, aus denen unvereinbare Impulse gesendet werden, zu orten und schließlich den Punkt zu finden, in dem ineffektive Spannung ihren Höhepunkt findet. Alle Teilnehmer werden dabei erleben, wie sie unruhig werden, wie Spannung in ihnen ansteigt, wie ihre persönlichen Einsichten den Prozeß vorantreiben wollen und eigene Ideen zu Lösungen drängen. Diese Impulse zeigen die positive Identifizierung mit dem Problemträger. Ihre Auswirkungen sind jedoch zurückzustellen. Der am langsamsten sich vortastende Teilnehmer ist wahrscheinlich der Problemträger selbst. Doch er allein bestimmt das Tempo und (von der Gruppe anteilnehmend begleitet) auch den Weg. Die Gruppe darf ihm verstehend, stützend, helfend folgen.

Ist es Ihnen gemeinsam schließlich gelungen, sich an den kritischen Punkt der Lage heranzuarbeiten (natürlich mit Hilfe der analogen Skizze), so versuchen Sie, von dort aus eine Frage zu formulieren. Dabei ist es wichtig, daß jeder für sich allein über die bestmögliche offene Frage nachdenkt. Absolut vorrangig ist die Frage des Problemträgers. Er spricht sie laut aus, und die Gruppe überlegt mit ihm, ob sie wirklich die Voraussetzungen einer offenen Frage erfüllt (vgl. hierzu 🕮 7.2).

Sie werden erleben, daß der Problemträger mehr als die anderen von seinen geheimen Wünschen im Hinblick auf das Ziel und den Weg festgelegt ist. Hier können nun die Gruppenmitglieder in Aktion treten. Unter Zuhilfenahme ihrer eigenen Fragen machen sie Veränderungsvorschläge zu größerer Offenheit der Frage. Das versuchen sie so lange, bis eine Frage gefunden ist, die den Problemträger wirklich befriedigt, die nach unseren Kriterien offen ist und die so formuliert ist, daß sich jeder einzelne mit ihr identifizieren kann. Die Frage muß stets in der ersten Person gestellt sein, z. B. «wie kann *ich* ...?» Nur so wird die Frage des Problemträgers zur Frage jedes einzelnen Gruppenmitgliedes.

Die gefundene Frage schreibt sich nun jeder auf einen Zettel und setzt sie innerlich noch einmal in Beziehung zur zeichnerischen Analogie des Problemträgers. Unmittelbar danach nehmen alle Teilnehmer eine Haltung ein, in der sie sich völlig entspannen können – hier ist wirklich *jede* Unterbrechung zu vermeiden.

Nach meiner Erfahrung legen sich die Seminarteilnehmer dazu am liebsten flach auf eine Decke auf den Fußboden.

Der Gruppenleiter prüft an der Haltung der Arme, der Beine und besonders des Schultergürtels, ob alle entspannt sind. Er wiederholt der Gruppe die Frage und bittet die Teilnehmer, sie «festzuhalten», sich im übrigen aber völlig der Entspannung zu überlassen.

Einem ungeübten Gruppenleiter wird es zunächst kaum gelingen, selbst an der Übung teilzunehmen. Später ändert sich das.

Fast alle Teilnehmer werden erleben, wie die Frage abgelöst wird von Bildern, die überraschend, zunächst schemenhaft, dann deutlicher, Traumgestalten ähnlich, in ihrem Innern ablaufen. Nicht selten schimmern oder leuchten sie in zauberhaften Farbkompositionen, und hier und da werden sie begleitet von Geräuschwahrnehmungen. Ähnlich wie in Ihren Träumen lösen sich Bilder auf, formen sich neu, verändern sich Szenen zu ganzen Filmen, die vor Ihrem geistigen Auge ablaufen.

Wahrscheinlich werden Sie es bedauern, wenn Sie der Versuchsleiter nach etwa zehn Minuten in den Alltag zurückholt. Gönnen Sie sich eine Minute zu neuer Anspannung und versuchen Sie anschließend sofort – jeder Teilnehmer für sich –, Ihre Erinnerungen festzuhalten.

Danach setzen Sie sich gemeinsam um einen Tisch. Nacheinander schildert jeder von Ihnen seine Analogien und Einfälle und skizziert sie auf ein Blatt Papier, so daß sie für alle verständlich festgehalten sind. Schon während der Arbeit werden Sie erstaunt feststellen, wie häufig ähnliche Grundelemente in den Bildern auftauchen wie z. B. Wasser, Wüste, Blöcke, Schluchten, Ballons, Fabelwesen u. a. m. Interessant wird Ihre Arbeit, wenn Sie nun beginnen, die in den Bildern zum Ausdruck kommenden Bewegungsabläufe miteinander zu vergleichen. Vielleicht ist auf vielen Bildern eine spiralförmige Bewegung zu erkennen, die bei einem bestimmten Ereignis in eine gegenläufige Bewegung umschlägt. Da finden Sie in vielen Bildern das Bewältigen eines Hindernisses mit Hilfe unterirdischer Stollen. Da erleben Sie in vielen Bildern diagonale Bewegung, die in eine bestimmte Farbe mündet. Da werden Abgründe mit fliegenden Gegenständen überbrückt ... Die Fülle der kreativen Vorstellungen ist ähnlich umfangreich und variabel wie die Möglichkeiten unseres Denkens. Die Antwort auf eine gemeinsame Frage scheint jedoch auch in der kreativen Analogie bei verschiedenen Personen Ähnlichkeiten aufzuweisen, ebenso wie wir es in gemeinsamen Denkprozessen erleben.

Und nun kommt der letzte Abschnitt der gemeinsamen Arbeit. Versuchen Sie, Ihre Bilder nach Ähnlichkeit auf dem Tisch zusammenzuordnen! Greifen Sie noch einmal Ihre Ausgangsfrage auf und überlegen Sie (oder, besser gesagt, überschauen Sie), welcher Zusammenhang sich aus Ihrer Frage und dem *dynamischen Ablauf* Ihrer Bilder ergibt. Es ist außerordentlich wichtig, daß wir nicht in Zeichendeuterei verfallen, indem wir uns an Fakten festhalten, sondern daß wir der Dynamik der Bilder folgen. Häufig wird dem Teilnehmer beim Betrachten ein neuer Aspekt zur Problembewältigung einleuchten. Nicht selten findet eine völlige Veränderung der Frage statt (vgl. 🕮 7.2), und hier und da bietet sich sogar eine unvermutete Lösung an. Sie wird im allgemeinen von einer hochgradigen Gewißheit begleitet, die selbst nach Jahren nicht verblaßt.

Und nun eine letzte Forderung: Der einzelne darf die Lösung, die er für sich gefunden hat, nicht den anderen mitteilen. Er könnte damit die noch laufenden Prozesse bei den anderen Gruppenteilnehmern stören.

Hier und da haben wir erlebt, daß alle Teilnehmer einer solchen Übung eine Lösung für sich gefunden hatten – mit Ausnahme des Problemträgers, der noch grübelnd über den Blättern mit den analogen Zeichnungen saß.

Jede Hilfe, die Sie einem anderen geben wollen, ist ein Hindernis für den Betreffenden, nicht nur im Hinblick auf seinen Lernprozeß, sondern vor allem beim Auffinden seiner eigenen Wahrheit.

Die Blätter mit den analogen Zeichnungen gehören dem Problemträger. Mit ihnen können Sie ihn getrost aus der gemeinsamen Gruppenarbeit entlassen. Er ist bereits auf dem Weg zur Lösung und braucht Sie nicht länger.

Sie selbst aber werden mit neuen eindrucksvollen und beglückenden Erfahrungen in Ihren Alltag zurückkehren. Gönnen Sic sich jetzt eine Stunde Zeit, in der Sie mit niemandem reden und sich nicht ansprechen lassen, damit Sie sich in Ruhe von sich selbst verabschieden können.

Wir entscheiden uns, nachdem wir unsere einzelnen Probleme skizziert haben, für das Problem von Gudrun. Gudrun hatte vor einigen Monaten eine Operation überstanden, die jedoch ihre Lebenschance auf weniger als 75 Prozent einschränkte.
In ihrer Analogie zeichnet sich Gudrun als kleine zarte Person, die von dunklen Wolken umgeben ist. Sie schildert, daß sie häufig erlebt, wie diese Wolken näherkommen, größer und dunkler werden und sie völlig umhüllen und zu verschlingen drohen. Sie malt, von ihrer Person ausgehend, Arme und Hände, die versuchen, den Wolkenring zurückzuhalten.

Dann lächelt Gudrun mühsam unter Tränen und sagt: «Ich fühle mich aber manchmal so matt (und gerade auch in diesen Tagen), daß ich glaube, ich habe keine Kraft mehr, die Wolken aufzuhalten.»

Ein Teilnehmer fragt leise: «Und was würde dann geschehen?» Gudruns Antwort: «Dann muß ich sterben!»
Das Bild ist außerordentlich dicht, wir sitzen nachdenklich da und schweigen. Es scheint da noch eine «Unbekannte» zu geben, die uns alle sehr belastet. Schließlich erkennt ein Teilnehmer in der Skizze eine Paradoxie: Er macht Gudrun darauf aufmerksam, in welcher Weise die Berührung zwischen ihren Händen und den Wolken stattfindet. Die Gruppe stutzt. Alle erkennen die feinen Widerhaken an den Fingerspitzen. Gudrun sagt verwundert: «Das sieht ja so aus, als ob ich die Wolken gar nicht zurückdränge, sondern als ob ich mich in sie kralle – vielleicht sogar, als wenn ich sie festhalten und an mich heranziehen will.» Wir alle sind sprachlos. Es entsteht eine lange Pause.
Gudrun durchbricht das Schweigen und erzählt der Gruppe von einer Lebenssituation, die auf ihr als Schuld lastet. Diese Situation läßt sich nach ihrer Meinung zur Zeit nicht ändern. Gudrun ist tief erschüttert und sagt leise: «So muß ich sterben als Strafe für meine Schuld.»
Die Gruppe sieht schweigend auf die Analogie. Wir wollen versuchen, aus dieser höchsten Spannung eine offene Frage zu formulieren. – Fast alle Teilnehmer haben Angst, mit einem solchen Konflikt in eine Kreativitätsübung zu gehen. – Schließlich haben wir die Frage gefunden; sie lautet: «Wie kann ich mit meiner Schuld leben?!» Diese Frage gewinnt für Gudrun selbst ebenso wie für jeden von uns eine tiefe existentielle Bedeutung.
Die Gruppe begibt sich für zwölf Minuten in kreative Entspannung. Danach werden die Teilnehmer an den gemeinsamen Tisch zurückgeholt.
Wir haben es in dieser Übung viel mit Steinplatten, mit Toren, mit Spiralen, mit Richtungswechsel, mit Farbwechsel – zum Gelb hin tendierend – und mit einem plötzlichen Übergang auf eine neue Ebene zu tun. Viele Bildabläufe

liegen auf dem Tisch. Wir greifen die Erfahrung einer Teilnehmerin heraus:

«Ich stand in einem utopischen Film vor einem spiralförmigen Tunnel, der immer enger werdend in eine dunkle Tiefe führte. Ich war einem heftigen Sog ausgesetzt, dem ich mich nicht entziehen konnte. Ich wußte genau, daß ich stillstehen und umkehren müßte, doch das war einfach unmöglich. In meiner Verzweiflung preßte ich mich mit ausgebreiteten Armen an die Tunnelwand und ließ mich, mit dem Rücken fest an sie gelehnt, langsam in die Hocke nieder. Ich hoffte vielleicht so eine Kehrtwendung zu bewerkstelligen. Da erkannte ich vor mir, in den Fußboden eingelassen, eine große steinerne Tafel, die mit Hieroglyphen bedeckt war. Ich dachte: Hier mußt du durch. Aber du kniest vor jahrtausendealtem Mauerwerk, es ist menschenunmöglich. Da besann ich mich, daß der Gedanke eine Kraft ist, die Steine durchdringen kann. Im gleichen Augenblick machte die ganze Welt eine Drehung um neunzig Grad. Der Stein stand jetzt senkrecht vor mir, und ich ging durch ihn hindurch wie durch einen Nebelvorhang.

Es war ein Weg in eine mir völlig unbekannte Landschaft. Sie wurde belebt von zarten Arabesken, an denen Glocken leise hin und her schwangen. Das Ganze war durchflutet von Licht, Duft und Tönen, die sehr unaufdringlich waren. Die Pfade führten in leichten Kurven aufwärts und verloren sich in einem lichten Nebel. Ich war überwältigt von dem Gefühl des Glücks, der Geborgenheit und der Freiheit. Obwohl ich niemandem begegnet war, wußte ich, daß ich nicht einsam war. Ich hätte gern länger verweilt ...»

So weit der Bericht der Teilnehmerin.

Es wäre nicht nur müßig, sondern geradezu gefährlich, aus diesem Beispiel ein Exempel für Zeichendeuterei zu machen. – Überraschend für unsere Gruppe war, daß bei allen Teilnehmern die Bilder sich jeweils an einem Stein «um-

kehrten» und verwandelten; einmal hatte der Stein Kreuzform, einmal war es ein Mühlstein, einmal ein Grabstein und, wie oben, einmal eine Gesetzestafel. In jeder der Szenen fand eine Verwandlung eines Steines zu einer Tür statt, die in eine andere Dimension führte.
Interessant ist vielleicht noch die Reaktion der einzelnen Teilnehmer. Ein Teilnehmer grollte zunächst, weil man ihn «zu früh» aus der Übung in die Realität zurückgeholt hatte. Er zog sich anschließend in eine Kirche zurück, um seinen Prozeß in der Stille zu Ende zu bringen. Eine Teilnehmerin blieb nach der Mittagsruhe noch zwei Stunden liegen, um ihr Erlebnis ganz zu begreifen und zu internalisieren. Eine Teilnehmerin zog am Nachmittag los und kaufte sich einen wunderschönen roten Pullover. Sie hatte bis zu diesem Tag geglaubt, die Farbe Rot stünde ihr nicht. Ein Teilnehmer setzte sich ins Auto und fuhr über zweihundert Kilometer weit, um erstmalig in seinem Leben die zweite Frau seines verstorbenen Vaters zu besuchen. Als er die Familie verlassen, hatte er jede Beziehung zu seinem Vater – schon lange vor dessen Tod – abgebrochen. Der Teilnehmer verbrachte die Nacht bei der Frau seines Vaters im Gespräch und war am nächsten Morgen zur Arbeit wieder in der Gruppe.
Die Teilnehmerin, deren Frage wir uns zu eigen gemacht hatten, lebt nun in einem neu gewonnenen Verhältnis zur Schuldfrage.

Ich möchte hier anfügen, daß wir im allgemeinen die Schuldfrage in Form von Dialogen bearbeiten. Darauf werde ich umfassend bei der Darstellung der fünften Zentralfunktion eingehen und auch entsprechende Beispiele anführen.

4
Therapeutische Praxis nach dem Konzept Integrativer Methodik

Der Fall Ruth

Einführung
Es war nicht leicht, aus der Vielzahl sozialtherapeutischer Fälle einen für den Abschluß dieses Buches geeigneten auszuwählen. Ich habe mich für den Fall «Ruth» entschieden, weil er mich in besonderer Weise anspricht. Zum einen sind es die Naivität und Einfachheit und zum anderen die Ehrlichkeit und der Mut, die mich in diesem Fall rühren und gleichzeitig mit Bewunderung erfüllen. Hier haben sich offensichtlich zwei Menschen, die Klientin und ihre Sozialarbeiterin, zusammengefunden, um allen Voraussagen und Widerständen zum Trotz zu lernen, ihren Weg zu gehen.

Ehe ich den Fall darstellte, möchte ich ein paar Informationen vorausschicken. Die Familie der Klientin war seit Jahren den Sozialbehörden bekannt. Ruth kommt aus der sozialen Unterschicht und wurde wegen mehrerer Störungen von Sozialarbeitern, Sozialpädagogen und Therapeuten betreut. Sie war vier Jahre lang in Heimen untergebracht, zwei davon in einem heilpädagogischen Heim. Die Arbeit mit ihr blieb ohne nennenswerten Erfolg. Die Prognosen waren ungünstig. Als Erklärung wurden unter anderem mangelnde Intelligenz und geringe Beeinflußbarkeit des sozialen Milieus angeführt.

Als die Sozialarbeiterin den Fall übernahm, war die Klientin Bettnässerin, kaute an den Nägeln, hatte Übergewicht, versagte in der Schule, hatte schwere Störungen in sozialen

Kontakten und Schwierigkeiten in ihrer Familie. Ruth reagierte mit Ängsten und Verhaltensweisen, die wir früher als Anzeichen von «Verwahrlosung» klassifizierten.

Die Sozialarbeiterin begann mit der sozialtherapeutischen Arbeit nach dem KIM. Da sie gerade erst eine entsprechende Fortbildung abgeschlossen hatte, arbeitete sie unter Supervision. Sie führte Einzel- und Familiengespräche. Ich werde nur die Einzelgespräche wiedergeben, da ich den Bereich der Familientherapie in diesem Buch noch nicht erfaßt habe und ihn nicht anhand eines Falles nebenbei abhandeln möchte.

In der Arbeit mit Ruth wurde vorzugsweise ein Funktionsträger eingesetzt, in den nacheinander die in diesem Buch angeführten Zentralfunktionen integriert werden konnten.

Der Fall wurde nach einundzwanzig Behandlungsstunden erfolgreich abgeschlossen. In der Beobachtungszeit von zwei Jahren danach sind keine nennenswerten Rückfälle aufgetreten.

Ich übernehme den Fall aus den Aufzeichnungen der Sozialarbeiterin und verzichte, um die Unmittelbarkeit und Atmosphäre nicht zu zerstören, auf seine Bearbeitung. Lediglich die identifizierbaren Daten wurden chiffriert.

Protokoll der Therapie

Die sechzehnjährige Ruth lebt als Zweitälteste mit ihren fünf Geschwistern bei der seit drei Jahren verwitweten Mutter.

Ruth möchte regelmäßig zu Gesprächen kommen, weil sie sehr unter dem Bettnässen leidet.

1. Stunde am 11. 2.

Ruth hat große Ängste. Sie kann abends nicht einschlafen. Sie malt sich, ängstlich im Bett sitzend, mit zu Berge stehenden Haaren. Ein riesengroßer Mann mit Hörnern steht hinter ihrem Bett und blubbert, daß sie wieder naß sein werde und daß sie es nie schaffe.

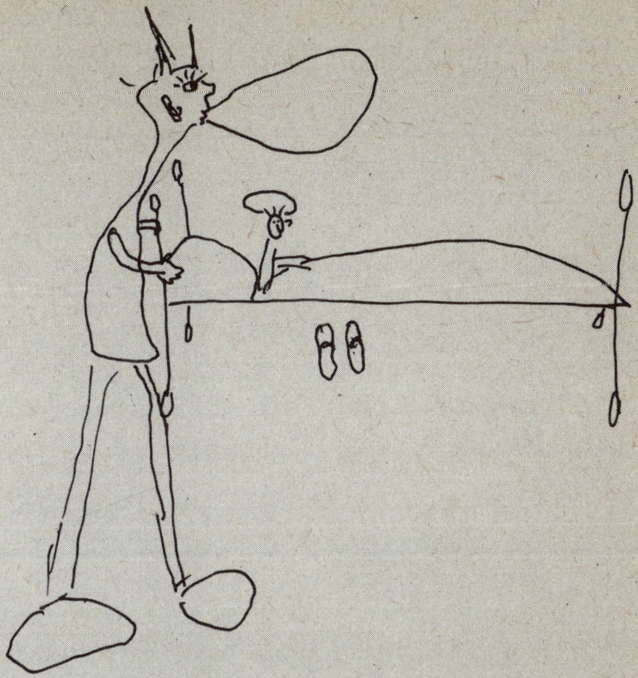

Das sei nicht immer so, manchmal sei sie auch ganz zuversichtlich, dann sei der Mann klein und nicht so bedrohlich.

Ich habe Angst, Ruth mit diesem bedrohlichen Bild nach Hause gehen zu lassen. Zu Anfang sagt sie, das sei der Teufel. Später gebraucht sie das Wort nicht mehr.
Wir überlegen, warum der Mann so blubbert. Und daß wir ihn erst näher kennenlernen müßten. Wir kommen dann auf den Gedanken, daß er vielleicht auch lieber schlafen möchte, aber kein Bett hat. Daraufhin malt Ruth ein kleines Bettchen.

Ich hatte zu der Zeit die Befürchtung, daß ich Ruth zu schnell von ihrer großen Spannung weggeführt habe.
Abschließend stellt Ruth fest, daß es vielleicht auch ein kleiner Mann in ihrem Ohr sei, den sie herausnehmen könne.

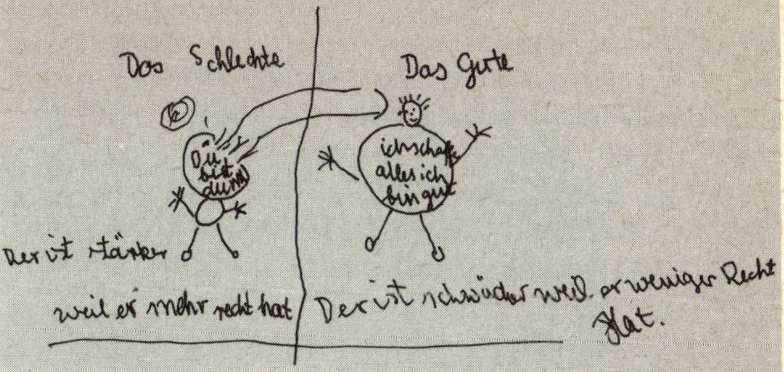

2. Stunde am 18. 2.

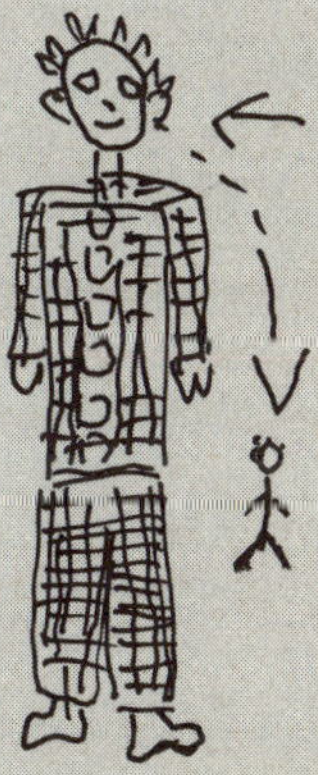

Ruth stellt fest, daß der blubbernde Mann nicht außerhalb von ihr ist. – Einmal ist es ihr übrigens gelungen, ihn in dieser Woche ins Bett zu stecken. – Es sind zwei Männchen in ihr. Den einen bezeichnet sie als «Das Schlechte».

Er hat einen großen Kopf und einen ganz kleinen Körper. Er sagt immer zu ihr: «Du bist dumm, du kannst überhaupt nichts.»
Das zweite Männchen hat einen winzigen Kopf und einen riesigen Körper. Das ist «Das Gute» und sagt: «Ich schaffe alles, ich bin gut.»
Ruth glaubt, daß das schlechte Männchen stärker ist, weil es «mehr recht hat», und daß das gute Männchen schwächer ist, weil es «weniger recht hat».

3. Stunde am 23. 2.

Ruth leidet zu Hause und in der Schule darunter, daß überall ständig Krach herrscht. Zu Hause kann sie nicht in Ruhe Schularbeiten machen oder nachdenken, weil alle Geschwister durcheinander schreien. Sie sitzt dann da mit gefletschten Zähnen und zu Berge stehenden Haaren und schreit «Ruhe, verdammt noch mal!»

In der Schule hat sie Schwierigkeiten mit sehr flegelhaften Jungs. Sie findet dort sehr wenig Anerkennung. Ruth malt ihr Wunschbild, wie sie mit dem Bruder Olaf friedlich am Tisch sitzt. Er liest, sie denkt nach. In den übrigen Räumen herrscht auch Ruhe.

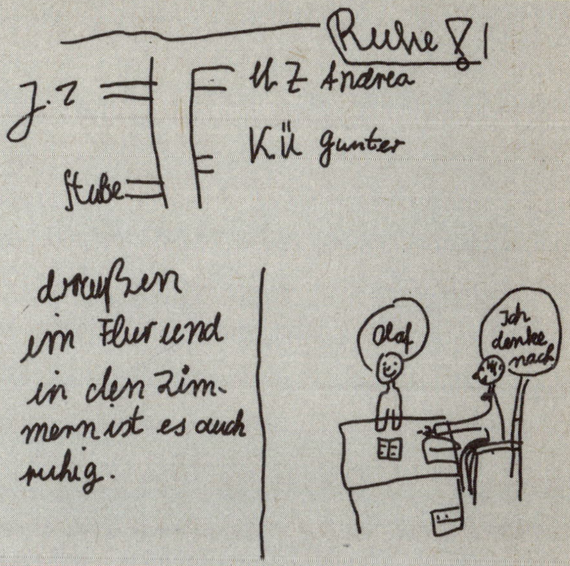

Ruth meint, daß zu Hause diese Ruhe nicht erreichbar sei, es gäbe zu wenig Räume. Dann malt sie die Wohnung auf und findet doch für jeden einen Raum. Sie will diese Raumaufteilung den Geschwistern vorschlagen.

4. Stunde am 4. 3.

Ruth berichtet, daß sie fünfmal trocken war. Sie malt auf der Skizze aus der zweiten Stunde jetzt das schwache Männchen mit normalen Proportionen. Es ruft fröhlich «Ich bin besser geworden. Hurra!»

Ich möchte gern einen inneren Dialog zwischen den beiden Männchen führen lassen. Ruth weicht aus und berichtet interessant von einem Besuch in einem Museum.
Dann ergibt sich eine neue Gelegenheit zum Dialog. Wir lassen die beiden Männchen miteinander reden und helfen uns dabei gegenseitig.
Dabei stellt sich heraus, daß das schlechte Männchen bisher gar nicht hören und sehen konnte, sondern nur immer sagen: «Du bist dumm!» Davon hat es nichts. Wenn es immer so weiter redet, bekommt es selbst Angst. Es wird unsicher und immer kleiner und ist auch kein Gesprächspartner und ist langweilig.
Ruth malt diesem Männchen jetzt erst die großen Ohren, weil es inzwischen doch gehört hat, was das gute Männchen sagt. Das schlechte Männchen macht das Angebot, daß beide 50 Prozent stark sein sollen, dann ist keines das schwächere, und beide können miteinander reden. – Ruth ermüdet und lenkt ab.

5. Stunde am 11. 3.
Ruth war viermal hintereinander trocken, dadurch hat sie abends weniger Angst. Ja, am Tage habe sie noch oft

Angst, sagt sie sehr ernst. Zum Beispiel hat sie Angst, wenn sie etwas kaputt macht, weil sie nicht weiß, wie ihre Mutter darauf reagiert. Manchmal erlebt sie dann, daß ihre Mutter gar nicht schimpft.

Ja, sie hat schon schlechte Erfahrungen gemacht. Früher hat sie häufiger etwas «mitgehen» lassen, jetzt ja schon lange nicht mehr. Aber dann wurde sie auch beschuldigt, wenn sie es nicht war. Sie war dann immer der Sündenbock.

Sie fragt, was wir mit ihren Bildern machen wollen, wenn wir wissen, woran «es» (das Bettnässen) liegt. Ich sage, daß sie das entscheiden kann, daß wir aber jetzt schon ein wenig wüßten, woran es liegt. Daß es sicher mit ihrer Angst zu tun habe.

Ruth will ein weiteres Beispiel erzählen, wo sie Angst hat, sagt dann aber: «Das muß ich malen.»

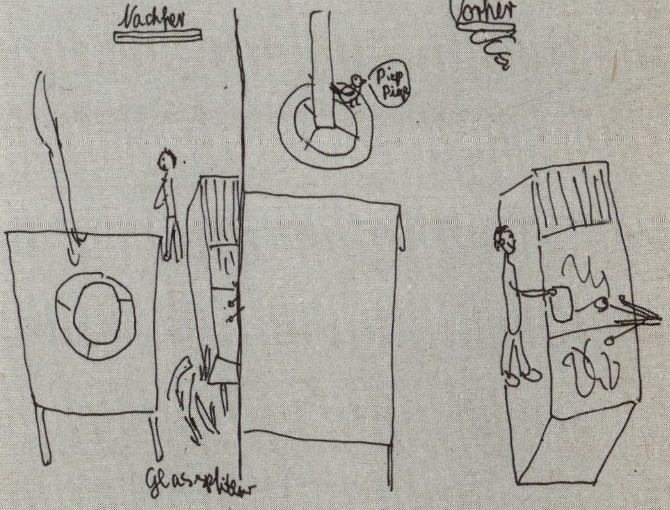

Sie malt sich beim Abwasch, noch ganz fröhlich. Dann fiel die Lampe herunter und war kaputt (sie hatte sie versehentlich angestoßen). Die Angst dauerte sehr lange, weil die Mutter erst am nächsten Tag wiederkam. Ruth malt sich, wenn sie ängstlich ist und wenn sie beruhigt ist. Sie vergleicht ihre Angst mit einem schlechten Gewissen. Sie fühlt sich sehr schlecht dabei, bekommt Bauchschmerzen und wird gereizt. Sie hört eine innere Stimme. Diese Stimme kann sie aber nicht näher beschreiben. Meistens sei es ja Muttis Stimme, und sie wisse eben nie, wie Mutti reagiert.

Wir sprechen über Mutters mögliche Stimmungsschwankungen, eventuell will Ruth mit der Mutter darüber sprechen, daß sie Angst vor ihr habe, weil sie ihre Reaktionen nicht voraussehen könne.

Zuvor hat Ruth noch berichtet, daß sie manchmal außer sich gerate, wenn ihr etwas nicht gelingen will. Zum Beispiel beim Stricken. Dann werde sie wütend und schmeiße die Sachen weg. – Sie malt, wie die Mutter dann sagt: «Leg die Sachen bis morgen weg, und mach morgen weiter.» Dann würde sie meistens beruhigt sein.

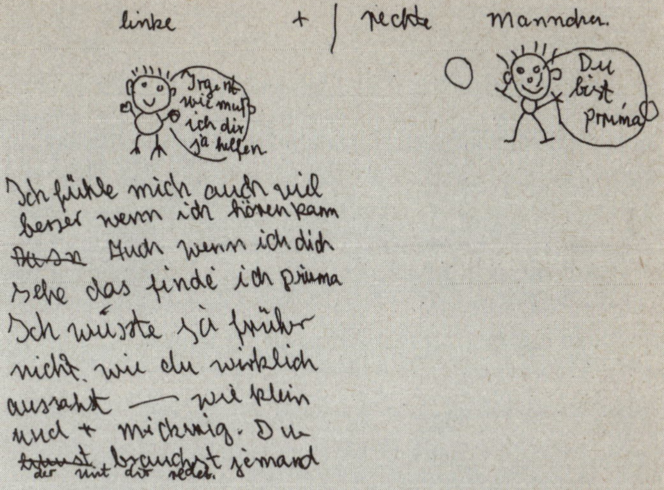

6. Stunde am 18. 3.

Ruth sagt, daß es ihr schlechter geht (sonst kommt sie immer strahlend an). Der Vorsteher (Neuapostolische Gemeinde) und andere Leute hätten gemerkt, daß sie Nägel kaut (seitdem sie Zähne hat). Sie möchte auch so schöne Nägel haben wie andere. Sie ist ganz traurig und bedrückt. Sie glaubt nicht, daß sich bei ihr jemals etwas bessert. Nein, sie glaubt auch nicht, daß unsere Gespräche ihr weiterhelfen können.

Ich erkläre anhand der Bilder, was schon passiert ist. Wir versuchen erneut einen inneren Dialog mit den beiden Männchen. Das große (schlechte) Männchen will dem kleinen helfen, weiß aber nicht wie. Ich frage Ruth, ob wir nicht beide dem großen Männchen bei dem «Wie» helfen könnten. Das findet Ruth gut, un sie macht den Vorschlag, das kleine Männchen sollte nicht soviel daran denken, sondern sich ablenken. Ich bezweifle, ob das ausreicht, und erkläre an einem Fremdbeispiel, daß die Sorgen dann trotzdem bleiben.

Ruth hat vorher nicht erzählt, daß sie wieder was kaputt gemacht hat. Sie ist dann aber auf den Gedanken gekommen, daß das Erwachsenen auch passiert. Jetzt ist sie darauf gekommen, früher sei ihr das nicht so klar gewesen.

Ich frage sie, ob sie das nicht aufmalen oder schreiben wolle, damit wir es nicht vergessen. Das tut sie mit großem Eifer. (s. S. 301)

Das rechte Männchen ♀ (kleine bedrückte männchen)
Seitdem du Ohren hast machst du dir mehr Sorgen um mich und denkst darüber nach. Du willst mir mehr Mut machen damit ich nicht soviel Angst mehr habe. Wenn wir beide Freunde werden das währe ja gut dann könnten wir uns immer gegenseitig helfen. Und ausserdem würde sich meine Mutter freuen wenn wir Freunde sind. Sie weiß ja wie du früher warst, du warst größer als ich und nun sind wir beide gleichgroß und beide gleich schlau.

Das linke Männchen ♀
Das männchen sagt: Mach dir nicht soviel Sorgen. Wir können ja mal beide über Dein Problem sprechen. Und wenn wir beide eine gute Lösung gefunden haben können wir ja beide mit Deiner Mutter reden. Du weißt vielleicht noch nicht (genau) das es Erwachsenen auch passieren könnte.

Anschließend ist Ruth völlig entspannt und sagt: «Auf die beiden Männchen kann man richtig stolz sein, nicht wahr?» Wir trinken Cola, und Ruth sagt: «Jetzt gehe ich nach Hause und mache meine Arbeit noch mal, die habe ich schlecht gemacht, und dann mache ich auch noch ... das und das und das. Ich war so wütend, jetzt bin ich gar nicht mehr wütend.»

7. Stunde am 25. 3.
Ruth ist «richtig gespannt, was wir heute machen». Ordnet alle Bilder sorgfältig. Am Samstag hätten sie ein Familiengespräch gehabt, vorher hätten sie Krach gehabt, und alle Geschwister hätten sich gezankt. Sie hat das dann aber geklärt. Das hat sie ins Familiengespräch eingebracht. Sie hat sich gefreut, weil die anderen das gut fanden.
Sie wäre oft wütend. Das Wort könne sie schon gar nicht mehr hören. Zum Beispiel beim Stricken. Wenn sie selbst einen Fehler entdeckt, ist sie nicht so wütend, aber wenn es ihr ein anderer sagt.
Sie fragt, ob wir nicht wieder mit den beiden Männchen reden können. Wir überlegen, wie wohl das rechte und das linke Männchen darauf reagieren würden, wenn ihr die Mutter sagt, daß sie einen Fehler gemacht hat. Sie sagt: «Das muß ich zeichnen.» (s. S. 304)
Auf dem Bild macht es beiden Männchen nichts aus, aufzuräufeln, sie bleiben fröhlich dabei. Ich frage, ob sie genau weiß, daß auch das linke Männchen fröhlich bleibt. Ruth sagt: «Das können Sie doch sehen, daß das ganz fröhlich ist!»
«Aber du sagst, du bist jeden Tag mal wütend?»
«Ja, aber das muß dann ein anderes Männchen sein!»
«Meinst du, daß es noch ein anderes Männchen ist oder könnte es auch sein, daß das linke Männchen ab und zu vergißt, daß es eigentlich dem anderen helfen will? Es ist ja

noch nicht lange her, daß es Augen und Ohren hat. Vielleicht fällt es noch ab und zu in den alten Fehler zurück und sagt: Du bist ja doch zu dumm.»
«Nein, die beiden sind doch Freunde. Das muß ein anderes Männchen sein.» Vorher hat Ruth noch erzählt, daß sie einen Daumennagel nicht mehr abbeißt. Er ist auch schon länger. Dann soll der nächste drankommen. Es ist ihre eigene Idee. Sie fühlt sich wohl.

8. Stunde am 1. 4.

Ruth ist erfreut: Sechsmal trocken! Eine Drei und eine Vier geschrieben, wo sie eine Fünf erwartet hatte! Daumennagel wieder ein Stück gewachsen! Am Westenrücken fehlt nur ein kleines Stück, sie hätte gar nicht gedacht, daß sie so etwas fertig bekommt. Ich sage, daß sie ja inzwischen weiß, daß sie so etwas schafft. Das linke Männchen hätte es ja auch eingesehen.

Ruth hat Ärger in der Schule. Der Klassensprecher hat Stinkbomben geworfen, ihr wird davon schlecht. Sie und ein paar andere Mädchen sind rausgelaufen und wurden daher von der Lehrerin ins Klassenbuch eingetragen. Heute wieder Stinkbombe; Lehrerin hat sie zurückgehalten, aber gegen die Jungs nichts unternommen. Ruth hat gesagt, das nächste Mal würde sie ihr «vor die Füße reihern».

Ruth will die Butterfahrt nicht mitmachen, weil sie um zwölf oder halb eins losgeht, und abends will sie die Kirche nicht versäumen. Auch die Fahrt zum VW-Werk will sie nicht mitmachen, kein Interesse, und außerdem kostet sie zwanzig Mark. Sie will sagen, daß sie krank ist. Das ist zwar nicht richtig, denn eigentlich hat sie keine Lust, aber wenn sie das sagt, fallen die Jungs über sie her. Bei anderen respektieren sie das, aber nicht bei ihr. Heute sind wieder ein paar Jungs an ihr vorübergegangen und haben sie auf Kopf und Rücken geschlagen, sie weiß nicht, woran das liegt. Dem Lehrer wagt es keiner zu sagen, weil es dann noch schlimmer wird. Auch der Rektor tut nichts. Es ist die schlimmste Klasse, 41 Schüler und über die Hälfte Jungs.

Wir überlegen, wie die beiden Männchen auf die Stinkbombe reagieren würden. Ruth sagt: «Linkes Männchen sagt, es stinkt, und geht raus. Rechtes Männchen fletscht die Zähne und haut dem Klassensprecher eine runter.»

Wenn eine Neue in die Klasse kommt, sagen die Jungs: Die wird erst mal eingeweiht! Mit Heike haben sie es dann so

gemacht, daß ungefähr zwölf Jungen sie im Gruppenraum abgeknutscht und halb ausgezogen haben. Heike hat sich sehr gewehrt, aber keiner hat ihr geholfen. Es würde sich keiner trauen. Ihre [Ruths] Mutter hat gesagt, sie soll sich bei Heike nicht einmischen, das wäre falsch. Das hätte sie inzwischen auch gemerkt.
Ich frage Ruth, ob sie schon an Umschulung gedacht hat. – Ihre Mutter habe gemeint, das ginge nicht, dann wollten wohl viele aus dieser Klasse weg. Bei den Elternabenden könne man auch nichts erreichen. Die Mutter sei einmal hingegangen, aber die Abende fänden ja in der Kneipe statt, und da würde nur getrunken.
Sie selbst wisse ja nicht, wie es in einer anderen Klasse sein würde. Sie will sich die Umschulung überlegen und herausfinden, ob Umschulung nötig sei oder ob sie sich besser durchsetzen könne. Vorher soll ich auch nicht mit ihrer Mutter darüber sprechen. Ruth wird plötzlich sehr ernst und sagt: «Ich möchte Ihnen ja was sagen, aber ich traue mich nicht, obwohl ich weiß, daß ich Ihnen alles sagen kann.» – Sie merkt, daß ich überlege, und ich sage, daß ich überlege, wie sie sich jetzt wohl fühlt. Sie meint, nicht anders als vor der Stunde. Ich sage: «Wenn wir über die beiden Männchen gesprochen haben, hast du dich hinterher besser gefühlt?» – «Ja!» – «Meinst du, wir hätten lieber nicht über die Schule sprechen sollen?» Ruth meint jedoch, das wäre auch gut. Sie will es sich zu Hause überlegen.
Ruth hat schon wieder ein Pfund abgenommen.
Zwischendurch hat sie ein paarmal abgelenkt und unter anderem mich zweimal in den April geschickt.

9. Stunde am 15. 4.
Ruth: «Ich habe mich gefreut, wieder herzukommen.» Sie zeigt mir ihre beiden Daumen, beide nicht angeknabbert! Ich sage, daß ich mich sehr mit ihr freue, daß das wirklich

eine Leistung ist. Sie ist auch sehr stolz. «Aber Mutti macht mich immer so mutlos, sie sagt, das schaffst du doch nicht.» Ruth hat ihrer Mutter die Nägel nicht gezeigt. Das will sie erst tun, wenn sie alle lang sind. Ich frage sie, ob ihre Mutter sie wirklich mutlos macht, ob sie das wirklich schafft. «Ja, so ist es!» Ich sage, daß sie gegenüber ihrer Mutter doch auch im Vorteil ist, weil sie weiß, daß ihre beiden Männchen Freunde sind und ihr der eine nichts mehr anhaben kann, während ihre Mutter das noch nicht weiß, sondern denkt, daß sie [Ruth] sich wie früher noch nicht viel zutrauen kann.

«Ich bin auch nur viermal naß gewesen in vierzehn Tagen und zehnmal trocken.» Mit der Weste ist sie auch wieder ein Stück vorangekommen, das eine Vorderteil ist bald fertig. Sie mußte ein großes Stück wieder aufmachen, weil es zu klein geraten war. Das hat ihr aber nicht viel ausgemacht. – Über das alles habe sich ihre Mutter natürlich gefreut.

Aber in der Schule gäbe es noch immer viel Ärger. Ja, sie hat sich was überlegt. Sie kann, wenn sie sich umschulen läßt, doch ihr Praktikum vielleicht nicht machen. Ich sage, daß man sich darüber ganz einfach in der zukünftigen Schule Informationen einholen könnte; dann wären diese Zweifel ausgeräumt. Dafür bräuchten wir die Männchen nicht zu bemühen.

Ruth will noch einmal über die Argumente für und gegen eine Umschulung nachdenken. Zeichnen will sie das nicht, aber aufschreiben. (s. S. 308)

Zwischendurch berichtet Ruth noch, daß Heike zum Schulleiter gegangen ist, weil die Jungs sie immer wieder anfassen. Danach haben sieben Jungs Heike in den Osterferien so zusammengeschlagen, daß sie mit zwei blauen Augen ins Krankenhaus mußte.

Zu Punkt 7 und 8 von Ruths Niederschrift kommen wir durch meine Fragen. Was Ruth nicht mehr aufschreibt,

Dafür !!	Dagegen !
(1) Das die Jungs immer treten. (2) Das die Lehrer sich zu wenig um die Schulprobleme anderer Schüler kümmern. (3) Das der Schulleiter sich zuwenig um die Schüler kümmert. (4) Schüler können privatsachen ohne das jemand etwas sagt kaputt machen. (5) Das die Schüler in meiner Klasse immer Schlagen tun und die Mädchen	(1) Wenn ich aus dieser Schule gehe würde ich praktisch wieder ganz von vorne anfangen. Ich mußte mich z. B. an neue Schüler gewöhnen und auch an neue Lehrer. (2) Das einzige was mir an dieser Schule gefällt ist der Kochkurs. Dann finde ich von den Lehrern Frau Krüttler, Herr Cramer Herr Eberlin inordnung.

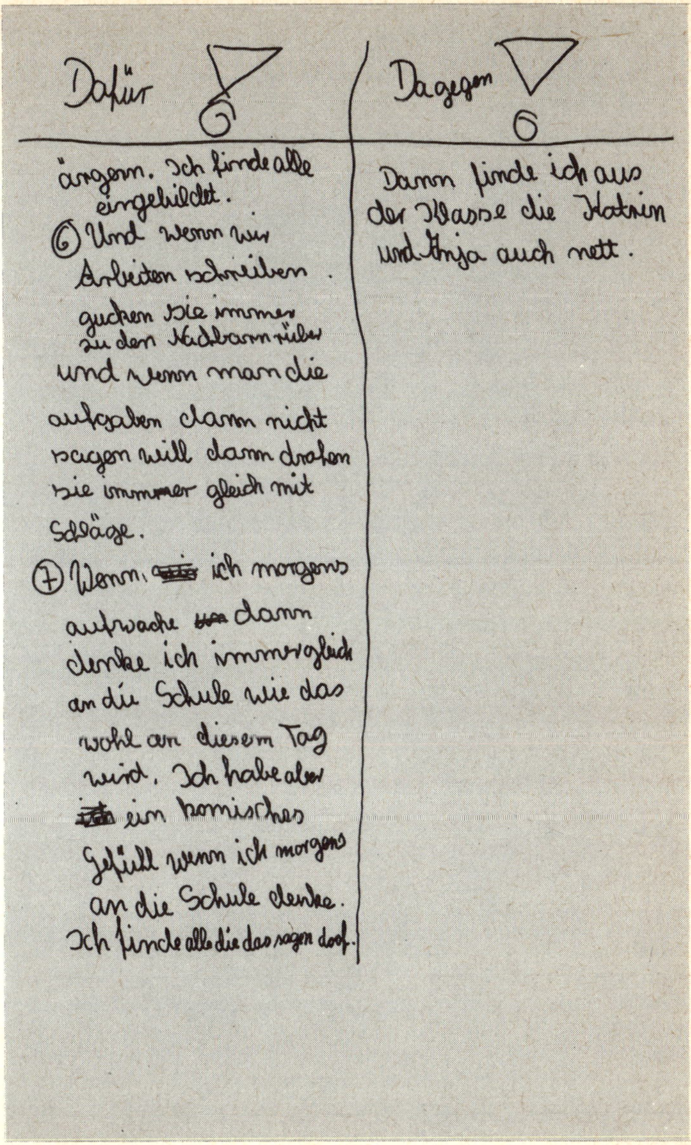

Dafür	Dagegen
ärgern. Ich finde alle eingebildet. ⑥ Und wenn wir Arbeiten schreiben. gucken sie immer zu den Nachbarn rüber und wenn man die aufgaben dann nicht sagen will dann drohen sie immer gleich mit Schläge. ⑦ Wenn ich morgens aufwache dann denke ich immer gleich an die Schule wie das wohl an diesem Tag wird. Ich habe aber ein komisches Gefühl wenn ich morgens an die Schule denke. Ich finde alle die das sagen doof.	Dann finde ich aus der Klasse die Katrin und Anja auch nett.

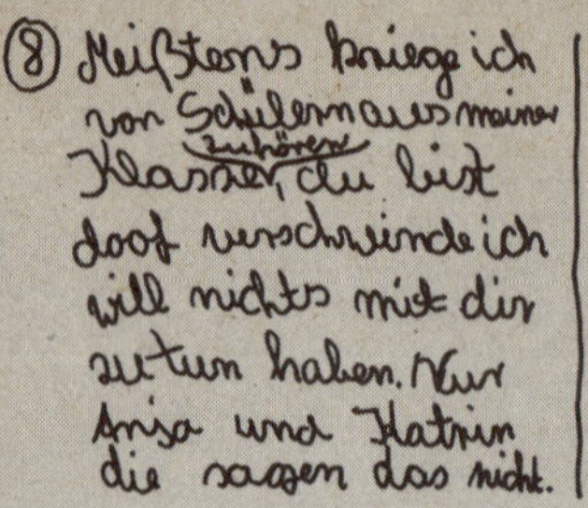
(8) Meißtens kriege ich von Schülern aus meiner Klasse zuhören, du bist doof verschwinde ich will nichts mit dir zu tun haben. Nur Anja und Katrin die sagen das nicht.

aber mir sagt, ist, daß sie in der Klasse völlig isoliert ist. Außer Katrin und Anja mag sie keiner leiden, alle motzen sie an. Katrin und Anja haben aber ihre eigenen Freundinnen, so daß sie in der Pause fast immer allein ist. Sie hat sich schon um Kontakte bemüht, stößt aber immer auf Ablehnung. Woran das liegt, kann sie sich denken. Die anderen haben von ihr erwartet, daß sie allen Blödsinn mitmacht. Sie findet aber auch alle anderen doof. Sie will mit denen nichts zu tun haben.
Ruth ist sehr ernst und bedrückt, als ich ihr sage, daß es wohl doch sehr schwer für sie ist, so außen vor zu stehen. Nein, sie gehört nicht zu denen, die so selbstsicher sind, daß es ihnen nichts ausmacht, allein zu sein. Einmal sagt sie: «Ich habe Freunde in der Kirche, und das genügt mir.» Ich bestreite das, weil sie sich doch offensichtlich nicht wohl fühlt. Einmal sagt sie mit leiser Stimme: «Ich denke dann, wenn ich mich in der Schule nicht wohl fühle, immer an Sie. Sie können einem soviel Mut machen.» Ich sage, daß dieser Mut aus ihr selbst kommt, ich könne ihr nur dabei helfen, ihn zu finden. Sie habe so viele gute Ideen, könne über sich nachdenken und vieles herausfinden. – Dann sage ich, daß sie sehr mutig ist, sich alles – auch, daß die anderen sie ablehnen – einzugestehen und mir mitzuteilen. Wir begucken uns noch einmal die beiden Möglichkeiten:

Mitzumachen oder außen vor zu stehen, falls sie in der Schule bleiben will. Sie möchte sehr gern zu Hause und das nächste Mal bei mir darüber nachdenken und es eventuell aufschreiben. Ich sage, daß sie es zu Hause nicht machen muß, wenn es sie zu sehr aufregt oder anstrengt. Doch sie möchte es. Sie findet ihre Idee sogar sehr gut.
Sie sagt mehrmals, daß sie mich gut findet, und ich merke, daß sie mich gern hat. – Ich denke, daß das eine sehr wesentliche Rolle dabei spielt, was sie schafft.

10. Stunde am 22. 4.
Ruth ist heute «fünsch» [wütend], weil Andrea sie bei den Schularbeiten gestört hat. Sie hat zu Andrea gesagt, daß sie ins Zimmer gehen soll (Ruth arbeitet immer in der Küche). Da habe die Mutter gemeint, daß Ruth selbst ins Zimmer gehen könne. Das macht sie nicht so gern, weil es ihr da nicht gemütlich genug ist. Sie meint, daß die Mutter die Kleineren vorzieht.
Ich frage sie, wie denn ein solcher Streit mit Andrea vor sich geht. Sie kann das nicht richtig erzählen. Ich frage sie, ob wir beide das mal spielen wollen: Ich bin Andrea und sie Ruth. Das scheint ihr nicht zu gefallen. Ich frage, ob wir das mal mit den Kasperlepuppen spielen sollen. Sie kann sich das nicht vorstellen. Ich mache es ihr vor. Sie könne mir ja sagen, wie Andrea reagiert, und mich verbessern. Das macht sie auch. Nach einer Weile spielt sie selbst mit beiden Puppen. Aber beide bleiben ganz freundlich. Ich sage, daß sich das aber gar nicht nach Streit anhört. Sie antwortet, daß sie hier nicht so laut werden kann, das könne sie einfach nicht! Die haben zu Hause aber gesagt (das kommt sehr bedrückt und fast tonlos): «Geh weg, wir können dich nicht mehr sehen!»
Wir haben noch darüber gesprochen, wie denn die beiden Männchen darauf reagieren würden. Da sagt sie ganz von

sich aus, daß es bei Andrea vielleicht so ist, daß da auch zwei Männchen sind. Das eine Männchen von Andrea will sie nicht stören, und das andere nimmt keine Rücksicht.

Ich sage ihr, daß sie da etwas ganz Wichtiges entdeckt hat. Nämlich, daß es auch anderen Menschen so geht wie ihr, daß sich die Männchen nicht vertragen und daß da deshalb große Spannungen sind. Ruth sagt, daß sie zu Anfang nicht richtig gewußt habe, wie das mit den Männchen ist. Jetzt wisse sie es aber, und sie könne es auch erklären.

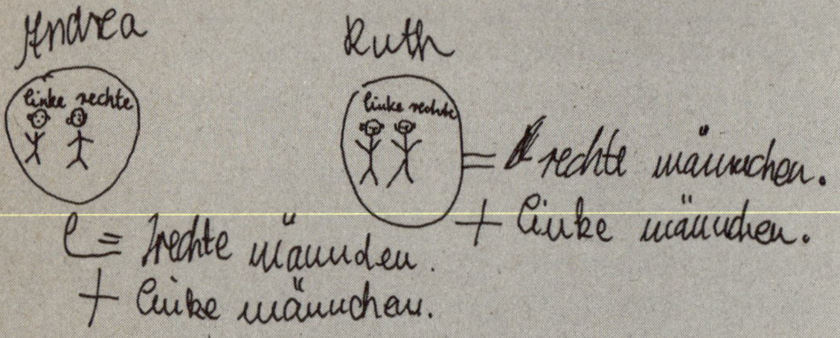

Sie habe Andrea schon von den beiden Männchen erzählt, und seitdem vertrage sie sich besser mit ihr. Sie will jetzt auch mit ihrer Freundin darüber sprechen. – Ich frage, ob sie das hier nicht mal üben will, wie sie es sagen könnte. Das tut sie. Und ich sage, daß es wichtig ist, daß ihre Freundin es auch richtig versteht. Sie glaubt, sie würde das schaffen, und ihre Freundin würde es auch interessant finden. Bei Andrea war es auch so.

Wir machen uns die letzten drei Erkenntnisse, die Ruths intra- und interpersonale Lage betreffen (zwei vom vorigen Mal und das in dieser Stunde Erkannte), noch einmal klar.

12. Stunde am 6. 5.

Ruth kommt freudestrahlend, sie hat mir was ganz Schönes mitgebracht. Poesiealbum und gebastelte Körbchen mit Schokolade. Ich gratuliere ihr zum Geburtstag.

Ruth hat mit ihrer Freundin gesprochen, aber es hat nicht viel gebracht. Sie hat es nicht verstanden. Ich erkläre, daß wir viele Stunden darüber gesprochen haben, so daß man das auch nicht erwarten kann. Ich sage, daß sie seit längerer Zeit unter einer sehr großen Spannung steht, und daß ihr diese alle anderen Kräfte raubt oder mindestens einen großen Teil ihrer Kräfte, die sie für andere Dinge benötigt. – Ruth meint, daß ein bißchen Spannung aber immer da sein werde, weil es immer neue Probleme gäbe, und daß diese Spannung auch da sein müsse. Ich bestätige das, sage aber, daß meines Erachtens ihre Spannung zu groß sei, um ständig mit ihr leben zu können und nichts daran zu tun. Ruth möchte darüber sprechen, aber sie hat große Angst davor. Sie kann diese Angst nicht näher beschreiben. Ich frage sie, ob sie, wenn sie sich ganz darauf konzentriert, diese Spannung oder Angst mit irgend etwas vergleichen könne. Nein, ihr fällt dazu nichts ein. Ich ermuntere sie, sich noch mehr darauf zu konzentrieren. Sie kann sich diese Angst nicht als Mensch vorstellen und auch nicht als Tier, aber als einen großen Felsbrocken. Sie malt ein Bild. Sie zeichnet den Felsbrocken und sich selbst ganz dicht davor. Der Fels ist bedrückend. Die aufgestützten Hände bedeuten, daß sie den Brocken mit aller Kraft wegschieben will. Ich sage ihr, daß ich ihr helfen will. Ob sie meint, daß es helfen würde, wenn ich mich neben sie stelle und ebenfalls mit Gewalt schiebe, oder ob ihr eine andere Möglichkeit einfällt, wie ich ihr helfen kann oder wie wir es gemeinsam schaffen können. Ruth meint, wir könnten es gemeinsam schaffen.

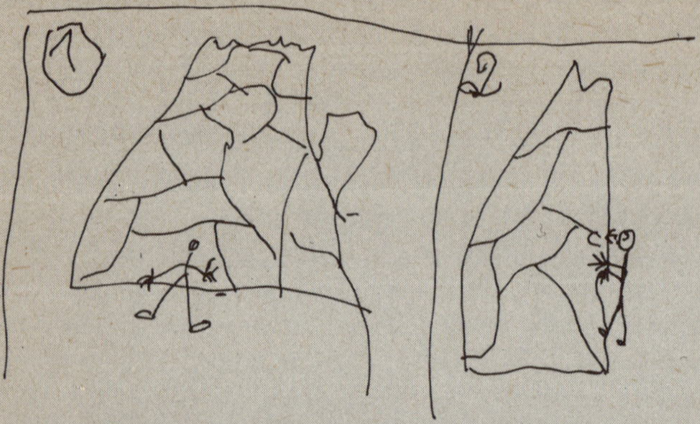

Ich begucke mir den Felsen und sage, daß ich jetzt etwas Angst bekomme. Der Felsen sei so groß und sehe so schwer aus. Ich müßte ihn erst näher kennenlernen. Ruth sagt, daß er sich rauh anfühlt, nicht warm und nicht kalt. Ich frage, ob er aus einem großen Stück besteht. Nein, es seien mehrere Brocken. Ich frage, ob wir dann vielleicht die einzelnen Brocken abbauen können. Ruth meint nein, sagt dann aber: Wenn wir ein verkehrtes Stück wegnehmen, könnte vielleicht der ganze Felsen zusammenbrechen und uns erschlagen. Ich sage, daß wir uns dann bei jedem einzelnen Stück überlegen müßten, woraus es bestünde, damit wir es näher kennenlernen können und damit wir beim Abbauen mit dem richtigen Stück zuerst anfangen, damit nichts zusammenbricht. – Da die Stunde um ist, wollen wir mit dem Bezeichnen der einzelnen Teile das nächste Mal weitermachen.

[*In der 13., 14. und 15. Stunde* berichtet Ruth viel über persönlichen Ärger in der Schule, in der Gemeinde und zu Hause. Sie sucht auch hier einen eigenen Standpunkt zu finden und Balance zu bewahren. Damit der Leser den Fall besser nachvollziehen kann, gebe ich diese Gespräche nicht wieder.]

16. Stunde am 3. 6.
Ruth geht es wieder blendend, sie will nicht reden. Diesmal bin ich durch ihr Verhalten weder verunsichert noch ermüdet. Wahrscheinlich, weil ich den Anspruch aufgegeben habe, jedesmal ein Problem bearbeiten zu müssen.
Ihre Fingernägel hat sie die ganze Woche hindurch überhaupt nicht angerührt. Die Daumennägel sind schon recht lang, sie sollen auch noch weiterwachsen. Die anderen Nägel sind bis auf einen normal lang. Sie ist sehr stolz, und die Mutter hat sich auch darüber gefreut.
Ruth war gestern mit der Mutter auf einer Radtour, heute tut der Mutter alles weh. Der Ausflug hat Ruth und auch der Mutter Spaß gemacht. Die Mutter will am Dienstag mit dem Rad zu mir kommen.
Später sagt Ruth, daß sie sich mit der Mutter jetzt viel besser versteht. Warum, weiß sie nicht recht.
Ruth war gestern beim Urologen. Am nächsten Freitag soll sie geröntgt werden und dann eventuell ein Klingelbett bekommen. Der Urologe hat gefragt, ob sie ein Kind bekommt, na, was der von ihr denkt. Ich erkläre, daß er wohl aus medizinischen Gründen, wahrscheinlich wegen des Röntgens, fragen muß. Im Wartezimmer saß ein Ausländer, er habe sie immerzu angestarrt. Das sei ihr unangenehm gewesen. Dann hätte er lieber gleich sagen sollen, daß er sie mag. Ich frage, ob sie meine, daß jemand, dem ein Mädchen gut gefällt, das gleich sagen solle.
Ruth berichtet ausführlich und interessant von einem Ausflug mit 120 Jugendlichen. Sie hat alle Einzelheiten gut im Kopf. Es sei sehr nett und harmonisch gewesen.
Sie hat von ihrer Mutter einen neuen Rock bekommen.

Größe 38, dann habe sie wohl wieder abgenommen. Sie habe auch weniger gegessen.
Ich frage sie, ob sie am nächsten Freitag lieber nicht kommen wolle, weil sie um 16 Uhr beim Arzt angemeldet sei und vorher nichts essen und trinken dürfe. Was ich wohl dächte, antwortet sie, das ließe sie sich nicht nehmen. Das schaffe sie noch gut, sie könne noch nach Hause fahren und sich vorher frisch machen. Das nächste Mal werde es ihr wieder so gut gehen wie heute. Dann wolle sie mit mir spazierengehen.

[*In der 17. Stunde* geht es noch einmal vorwiegend um die Angelegenheiten fremder Leute, insbesondere der Gemeindemitglieder.]

18. Stunde am 5. 8.
Ruth sieht sehr still und traurig aus und ist es auch. Sie ist erkältet und hat Halsschmerzen. Sie hat heute vormittag sehr viel im Haushalt getan, mehrere Zimmer sauber gemacht, und dann hat die Mutter gesagt, sie solle bügeln. Das hat sie auch getan, aber sie war sehr still, weil sie Halsschmerzen hatte. Die Mutter aber meinte, daß sie schlechte Laune habe, und hat sie in ihr Zimmer gejagt. Ruth fängt an zu weinen. Die Mutter war bei der Nachbarin, während Ruth saubermachte: «Ich verbiete es ihr ja auch nicht.» Traurig ist sie nicht wegen der Arbeit, sondern weil die Mutter ihr nicht geglaubt hat, daß sie Halsschmerzen habe. Ruth muß nachher zum Arzt, weil die Mutter ihr nicht glaubt.
Ich wiederhole mehrmals ihre Stimmung: bedrückt, enttäuscht, traurig, weil Mutter falsch von ihr denkt. – Dann stellen wir fest, daß sie, sowohl wenn sie schlechte Laune hat als auch wenn es ihr nicht gut geht, still ist, so daß für die Mutter nicht erkennbar ist, welche Laune sie gerade hat.

Manchmal ist Ruth aber auch sehr fröhlich; dann paßt es ihrer Mutter auch nicht. Ja, sie ist besonders laut, wenn sie fröhlich ist. Das fällt den anderen auf die Nerven. Ruth fühlt sich am wohlsten, wenn sie ausgeglichen ist. Ihr scheint das sehr einzuleuchten. Sie malt ein Bild.

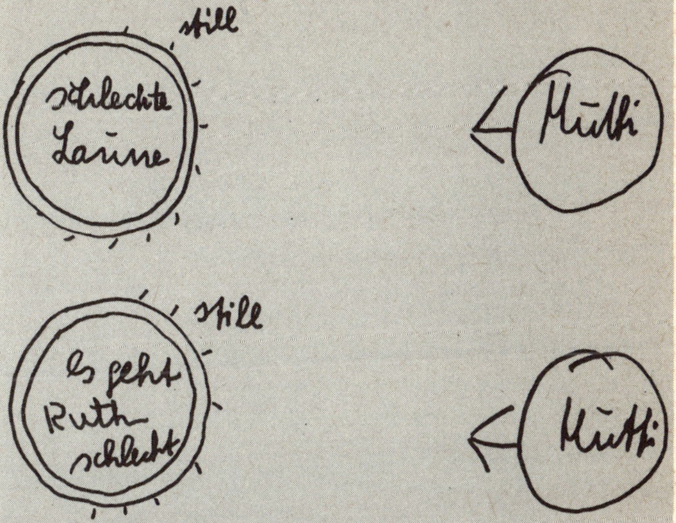

Ruth hat ihr Heft mit Aufzeichnungen für den Urologen mitgebracht. Sie war 22mal trocken und 17mal naß. Einmal war sie eine ganze Woche trocken, da hat eine Schwester aus der Gemeinde für sie gebetet. Das möchte sie öfter haben.

Ihr Schulzeugnis ist gut, sie hat keine einzige Fünf mehr: Vor einem Jahr hatte sie sechs Fünfen, und noch beim letzten Zeugnis drei Fünfen. In Deutsch ist sie beim letzten Zeugnis von Fünf auf Drei gekommen; nun möchte sie auch noch aus den anderen Vierern Dreier machen. Im Schwimmen hat sie eine Zwei.

Yoga (sie hat es auf meine Anregung hin geübt) macht ihr Spaß. Sie hat insgesamt drei Kilo abgenommen.
Ruth hat überhaupt nicht mehr die Nägel gekaut.

[*In der 19. Stunde* werden berufliche Fragen und Probleme mit Gemeindemitgliedern besprochen.]

20. Stunde am 19. 8.
Ruth ist ausgeglichen, sie war 16mal trocken und einmal naß. Klönt.

21. Stunde am 26. 8.
Ruth kommt freudestrahlend an, im einzelnen kann sie nicht sagen, warum. Sie war wieder die ganze Woche trokken. Jemand hat gemeint, das könne mit den Ferien zusammenhängen. Ich erinnere sie an unsere ersten Gespräche, wo sie große Sorgen mit der Schule und Angst davor hatte. Ja, Ärger gebe es immer noch, aber sie will nicht wechseln. Das hat sie sich gründlich überlegt. Sie hat schon sechsmal die Schule gewechselt.
Ich sage, daß ich überzeugt bin, daß sie auch während der Schulzeit trocken bleibt. Das hofft sie auch. Ruth schläft seit gestern bis zum kommenden Sonntag bei ihrer Freundin Katrin, die aus dem Krankenhaus gekommen ist. Sie hilft ihr bügeln und saubermachen. Morgen wird sie kochen. Heute hat Katrin gekocht. Es hat gut geschmeckt. Sie [Ruth] möchte noch dünner werden.
Sie plaudert noch ein bißchen. Dann sagt sie, daß sie eigentlich nicht weiß, was sie sagen soll. Ich biete ihr an, nur noch bei Bedarf zu kommen. Sie meint, daß sie aber doch gern kommt. Sie könne ja um 14 Uhr gehen. Wir sprechen noch eine Weile darüber. Dann fragt sie mich, ob ich auch wirklich nicht enttäuscht bin, wenn sie nicht mehr kommt. Sie wird etwas albern dabei und stellt das selbst fest. Ich

bestätige das und sage, daß sie albern wird, wenn sie verlegen ist. Ja, genau.
Entweder wird sie rot oder albern. Ich sage, daß es ihr vielleicht hilft, wenn sie weiß, daß sie es nicht nötig hat. Wir machen ab, daß sie vorerst nicht kommt (Ruth meint, während der Ferien), sondern sich bei Bedarf meldet.
Ruth scheint froh zu sein, trödelt dann aber noch ein bißchen herum. Sie will heute abend mit Katrin zum Baden gehen.

Kommentar
Seminarteilnehmer ärgern sich hier und da, wenn sie in Büchern oder auch Seminaren nur gut gelaufene Fälle «vorgeführt» bekommen. Sie finden es unfair, im Gegensatz zu ihrer Praxis nur die positiven Ergebnisse von Therapie zu erfahren. Das läßt sie an der Sachlichkeit der Darstellung zweifeln. Darüber hinaus nimmt es ihnen die Motivation, trotz eigener, weniger guter Erfahrungen weiterzuarbeiten.

Obwohl nun der Fall Ruth kein «Paradebeispiel» ist, kann er doch beunruhigen – und zwar gerade, weil er bei seinen Unzulänglichkeiten erfolgreich verläuft und sich darüber hinaus von dem Hintergrund früherer Behandlungsversuche positiv abhebt.

Vielleicht können wir unsere Skepsis aufgeben, wenn wir uns klar machen, warum dieser Fall eine so gute und relativ schnelle Lösung findet. Vielleicht gewinnen wir gerade dadurch neuen Auftrieb für unsere Praxis.

Jede Therapie verwirklicht in ihren Interventionen therapeutische Funktionen. (Das gilt auch für die Behandlungsformen, die an Ruth jahrelang versucht worden sind.) Diese Funktionen können jedoch nur dann therapeutisch wirksam werden, wenn sie in den jeweiligen Interaktionen die Störungszentren des Klienten erreichen und verändern.

Alle unsere guten Konzepte, all unser persönliches Engagement, all unser qualifiziertes Handeln kann an ungeeigneten Interventionen bzw. der Wahl von falschen Funktionsträgern scheitern. Hier liegt unser Anteil an Mißerfolgen.

Nun zum Klienten. Er behält in jeder qualifizierten Therapie, auch im Rahmen der besten Interventionen und Funktionsträger, seine Freiheit, aus dem therapeutischen Interaktionsfeld auszusteigen. Von dieser Freiheit macht er nicht selten Gebrauch.

Im Fall Ruth wird der Verlauf von den oben genannten Kriterien positiv beeinflußt. Die Sozialarbeiterin findet sehr schnell einen wirksamen Funktionsträger, der die schon vorhandene Motivation der Klientin auffängt und steigert. Es beginnt ein Circulus vitalis in der Sozialtherapie. Folgen wir nun diesem Verlauf.

Betrachten wir zunächst die erste Behandlungsstunde: Offensichtlich ist Ruths größtes Problem bei der ersten Begegnung das Bettnässen. Die ganze Hoffnungslosigkeit der Lage, die überwältigende Macht der Störung und die Angst werden sofort zeichnerisch externalisiert. Diese Lage ist – und wie gut können wir uns anhand des Bildes da einfühlen – «nicht zum Aushalten». – Ganz unscheinbar bietet sich da ein allererster Schritt zur Veränderung an: «ein winziges Bett», in dem das Problem zur Ruhe kommen könnte. Vgl. die erste Stunde.

Es ist kaum faßbar, daß Ruth schon in der ersten Stunde begriffen hat, daß es sich bei ihrem Bild um externalisierte intrapersonale Lage handelt. Sie überrascht die Sozialarbeiterin mit der Mitteilung, daß das blubbernde Männchen ja etwas ist, was in ihr selbst sitzt. Sie stellt dem blubbernden schlechten ein gutes Männchen gegenüber. Damit hat sie zwei Zentren für ihr ineffektives Potential erkannt, personifiziert und bereits benannt. Es sind alle Voraussetzungen für einen intrapersonalen Dialog geschaffen. Vgl. die zweite Stunde.

Im nächsten Gespräch wird deutlich, wie stark intra- und interpersonale Lage im Fall Ruth miteinander korrelieren.

Auch in der äußeren Welt um Ruth kämpfen die «Guten» und die «Bösen»; auch hier scheint die Übermacht des Bösen außer Frage. Wie schon im ersten Gespräch gelingt es Ruth hier bereits, ihr Wunschbild, das eine Lösungsmöglichkeit andeutet, neben die Realität zu legen. Ruth nimmt sich vor, mit ihren Geschwistern zu sprechen. Vgl. die dritte Stunde.

Diesen Gesprächen zu Hause schließt sich nun in der nächsten Therapiestunde ein entscheidender intrapersonaler Dialog zwischen den beiden Männchen an. Ruth greift dabei von sich aus auf ihre Zeichnung aus der zweiten Behandlungsstunde zurück. Sie muß erst mit dem Stift in der Hand die Gestalt des stärkeren, jedoch – wie jetzt deutlich wird – behinderten Männchens verändern. Sie malt ihm große Ohren. Nun hat sie zwei «Pole/Personen», die miteinander reden können. Im nachfolgenden Dialog kommt es dann zu einem Arrangement, zu einer Form von Partnerschaft. Vgl. die vierte Stunde.

Vielleicht halten Sie jetzt einen Augenblick inne und überlegen, wo und wie Sie sich in irgendeiner anderen Form einen ähnlich tiefgehenden, dynamisch verlaufenden therapeutischen Prozeß vorstellen können.
Rufen Sie sich auch noch einmal ins Gedächtnis, daß Sie es hier mit einer Klientin zu tun haben, der man mehrfach mangelnde Beeinflußbarkeit in der Therapie bescheinigt hatte.

Ruths intrapersonalen Auseinandersetzungen folgen wieder unmittelbar Auseinandersetzungen im interpersonalen Raum. Ruth malt Szenen über ihre Ängste und entläßt sich selbst mit der Frage, ob diese Ängste nicht ebenso wie ihr Bettnässen eine intrapersonale Begründung haben könnten.

Hier findet ein erster Schritt zur Verselbständigung gegenüber dem Therapeuten statt. Ruth erkennt einen Zusammenhang zwischen ihrem Gewissen, ihrer körperlichen Symptomatik und ihrem Verhältnis zu ihrer Mutter. Sie beschließt, auch diese Erkenntnis in den interpersonalen Raum zu transferieren, sie will mit ihrer Mutter reden. Vgl. die fünfte Stunde.

Manches läuft schief, und Ruth rutscht in ein Tief. Sie fühlt sich sehr allein und wird wieder auf das eigene intrapersonale Potential zurückgeworfen. Es kommt erneut zu einer intensiven Auseinandersetzung der beiden Pole/Männchen. Darin findet sie innere Balance. Ruth erkennt, daß es ihr nicht schlechter geht als anderen Menschen, und mit großer Überraschung stellt sie fest, daß es ihrer Mutter wahrscheinlich ähnlich geht wie ihr selbst. In diesem Augenblick wird Ruth erwachsen. Vgl. die sechste Stunde.

Ruth hat ein Familiengespräch arrangiert. Nach heftigen Auseinandersetzungen finden es die Familienangehörigen gut, miteinander zu sprechen. Nun drängt Ruth auf einen weiteren Dialog zwischen ihren Männchen. Offensichtlich ist die Balance zwischen den beiden nicht immer stabil genug, um Ruths Verhalten entsprechend zu modifizieren. Ruth lehnt Interpretationen ab. Sie beschließt, selbst nachzudenken. Sie vollzieht damit einen weiteren Schritt zur Lösung von der Sozialarbeiterin. Vgl. die siebte Stunde.

Mit zunehmender innerer Balance wird Ruth sicherer und beginnt, ihre Umwelt kritischer zu betrachten. Sie löst sich dabei langsam vom Gefühl des Ausgeliefertseins und beginnt statt dessen sich selbst zum Manager ihrer intrapersonalen Lage zu machen. Dazu setzt sie rationale Überlegungen ein und wählt die Form der schriftlichen Gegenüberstellung. Ruth findet es sehr gut, allein darüber nachzudenken. Nachdem sie festgestellt hat, daß sie auch ohne die Sozialarbeiterin eine Entscheidung treffen kann, sagt sie erstmalig der Sozialarbeiterin, daß sie sie «gut findet» und «mag». Vgl. achte und neunte Stunde.

Im nächsten Gespräch stehen Spannungen mit einer Schwester im Mittelpunkt. Zunächst ist Ruth sehr niedergeschlagen, daß es ihr trotz ihres guten Willens nicht gelingt, mit diesem interpersonalen Problem fertig zu werden. Dann hat sie plötzlich eine neue Idee: Sie erkennt, daß auch andere Menschen intrapersonale Spannungen haben, die sich im interpersonalen Beziehungsfeld auswirken. In Ruths Worten: «Auch andere haben ihre Männchen, die sich streiten.» Ruth ist durch diese Einsicht sehr erleichtert und beschließt, mit ihrer Schwester über deren intrapersonale Lage zu reden. Ruth hat den Zusammenhang eines vermaschten Systems erkannt und für sich einen Weg entworfen, das System zu verändern. Vgl. die zehnte Stunde.

Das gleiche Thema wird in der elften Stunde wieder abgehandelt, und seine Konsequenzen werden noch einmal herausgearbeitet. – In dieser Stunde folgt die Sozialarbeiterin einer eigenen Idee. Sie versucht, Ruth die Theorie über ineffektive Spannungspotentiale deutlich zu machen und deren praktische Konsequenzen aufzuzeigen. Ruth kann das erfassen. Ja, sie kann sogar darüber hinaus dieses ineffektive Potential als Angst bezeichnen. Dann ist sie am Ende ihrer Verbalisierungsmöglichkeiten. Sie malt ihre Angst als Felsen. Von Ruth geführt, «steigt» die Sozialarbeiterin «in das Bild ein» und lernt den Angst-Felsen kennen. Beide überlegen, wie man mit einem solchen Brocken umgehen könnte. Ruth warnt die Sozialarbeiterin vor falschem Vorgehen (beliebige Stücke herauszubrechen) und gibt der Weiterarbeit einen völlig neuen Impuls. Er führt im folgenden zu detaillierten Lernschritten. Vgl. die zwölfte Stunde.

Im dreizehnten, vierzehnten und fünfzehnten Gespräch berichtet Ruth von Spannungen, die sie in der Schule, in der Gemeinde und zu Hause erlebt. Im Sinne der vierten Zentralfunktion wird immer wieder eine neue intrapersonale Balance erarbeitet. Gleichzeitig werden Lernschritte für den interpersonalen Bereich entworfen. Sie werden im Rollenspiel geübt, und entsprechende Verhaltensweisen werden in der Realität praktiziert.

Danach wird deutlich, daß Ruth ihr selbsterarbeitetes Programm erfolgreich realisiert. Diese sich positiv auswirkenden Konsequenzen verstärken offensichtlich ihr Selbstbewußtsein und Selbstwertgefühl. Ruth plant die Gestaltung der nächsten Therapiestunden. Vgl. die sechzehnte Stunde.

Danach gibt es, wie in allen Entwicklungs- und Lernprozessen, wieder einmal ein «Tief». Ruth erkennt, wie wichtig es ist, gerade in solchen Situationen die Kommunikation nicht abbrechen zu lassen. Sie skizziert in vielen Variationen eine Waage (das Bild ist leider nicht erhältlich) und macht sich die Bedeutung der Balance sowohl für die intrapersonale wie auch die interpersonale Situation für alle Beteiligten eines gemeinsamen Interaktionsfeldes deutlich. Vgl. die achtzehnte Stunde.

Die lakonische Kürze der Aufzeichnungen in den letzten Gesprächen zeigt uns besser als viele Worte, daß für Ruth die Therapie zu Ende geht. Es ist für uns alle keine Überraschung mehr, zu erleben, wie sie sich im letzten Gespräch von der Sozialarbeiterin verabschiedet. Die Art des Abschiedes spricht für sich. Vgl. die neunzehnte, zwanzigste und einundzwanzigste Stunde.

Und so wollen auch wir uns gemeinsam von Ruth, ihrer Sozialarbeiterin und dem Supervisor verabschieden.

5
Ausblick

Wir entwerfen, planen und organisieren Lernprozesse mit Klienten

Die vierte Zentralfunktion befaßt sich mit dem Ausgriff des Klienten über die Partnerbeziehung in die Familien- und Gruppensituation hinein in den gesellschaftlichen Bereich.

ZF IV
Ausgriff

1. Entscheidung zum Handeln
2. Suche nach adäquaten Lernschritten
3. Entwicklung neuer Verhaltensweisen
4. Suche nach Verstärkern des Lernprozesses im interpersonalen Raum
5. Auffinden von Möglichkeiten eines positiven Eigenerlebens
6. Umzentrierung ineffektiver Spannung zur Bedürfnisbefriedigung
7. Veränderung im interpersonalen Raum durch Mitteilung von Lernprozessen
8. Rückblick in den Erfahrungsprozeß, Auswertung, Möglichkeit neuer Entwürfe

Wenn Sie sich soeben in die einzelnen Bereiche der vierten Zentralfunktion hineinvertieft haben, ist Ihnen sicher vieles vertraut vorgekommen. Vielleicht fragen Sie sich, ob Sie nicht das meiste von dem, was dort beschrieben wird, in Ihrem eigenen Lernprozeß (nach diesem Buch) erfahren oder auch bei Klienten im Rahmen der ersten und dritten Zentralfunktion bereits verwirklicht haben.

Sie haben recht: Ihre Klienten haben sich häufig schon im Prozeß des Externalisierens zum Handeln entschieden. Sie haben in den Analogien nach Lernschritten gesucht und in Dialogen Lernschritte formuliert. Ihre Erfahrungen haben sie in den interpersonalen Raum kommuniziert und dort entsprechende Reaktionen erfahren. Ihre Klienten sind von diesem Tun befriedigt und haben freiwerdendes Potential genutzt. Sie haben von Ihren Klienten und deren Umwelt über die positiven Auswirkungen im interpersonalen Bereich erfahren. Ihre Klienten sind zu weiteren, neuen Lernprozessen motiviert.

So bleibt also die Frage, ob eine gesonderte umfassende Darstellung der vierten Zentralfunktion überhaupt nötig ist. Ich meine ja!

Das zweckmäßige Inszenieren von Lernprozessen ist eines der wesentlichen Anliegen der Verhaltenstherapie. In einer Fülle von Publikationen wird hierzu Theorie entwickelt, werden therapeutische Möglichkeiten dargestellt und auch Effektivitätsnachweise erbracht. Es wäre unverantwortlich, sich diesem Material zu verschließen oder es mit leichter Hand nebenbei abzuhandeln. Die Beschäftigung mit den Lerntheorien und der Praxis ihrer Anwendung in der Therapie möchte ich Ihnen allen empfehlen. *

Ich selbst bin immer wieder fasziniert von der intensiven Entwicklung und Forschung im Rahmen der Verhaltenstherapie. Besonders nahe steht mir Arnold Lazarus, der in jeder neuen Veröffentlichung Grenzen seines ursprünglichen Konzeptes überwindet, um eine neue Dimension therapeutischen Denkens zu erschließen. **

* Vgl. Kanfer/Goldstein 1977, Kanfer/Phillips 1975, Hoffmann 1979 und Teegen 1975.

**Vgl. Lazarus 1976, 1978a, 1978b iund Lazarus/Fay 1978.

Trotzdem kann die Darstellung der vierten Zentralfunktion keine Auseinandersetzung mit der Verhaltenstherapie beinhalten. Es gibt da – vielleicht müssen wir sagen, zur Zeit noch – Unterschiede in der Inszenierung von Lernprozessen. In der Verhaltenstherapie wird vorwiegend mit linkshemisphärischen Hirnfunktionen gearbeitet. Das Erstellen einer Verhaltensdiagnose, das Entwickeln einer Prognose, die Hilfen zur Motivation des Klienten, die Durchführung von Lernprozessen, das Einbeziehen der Umwelt – all diese Lernschritte folgen weitgehend der Einsicht und der Logik des Therapeuten und des Klienten – und zwar unter den Aspekten von Kausalität und Finalität. Dabei wird der interpersonale Raum als Ort des Handelns in den Mittelpunkt gestellt. Den Anregungen von Lazarus, den intrapersonalen Raum in die Lernszene einzubeziehen, wird in vielen Fällen nur dann gefolgt, wenn keine Ansatzmöglichkeiten im interpersonalen Raum zu finden sind oder wenn sie sich erschöpft haben.

Im KIM gestalten wir mit gleicher Aufmerksamkeit den Beginn von Lernprozessen sowohl im intra- als auch im interpersonalen Bereich. Dabei fällt auf, daß die Motivation, die aus intrapersonalen Auseinandersetzungen wächst, intensiver und tragfähiger zu sein scheint als die Dynamik, die lediglich als Folge von äußeren Einflüssen einsetzt.

Eine große Überraschung brachte die Feststellung, daß Lernschritte, die aus kreativen Prozessen der rechten Hemisphäre entwickelt werden, andere sind als solche, die den kritischen Überlegungen – z. B. einer Rangskala – folgen. Offenbar ist der kleinste, einfachste und logisch gesehen primäre Lernschritt nur selten derjenige, der der subjektiven Lage des Klienten am meisten entspricht. Mir scheint, daß wir zu einer weit größeren Effektivität von Lernprozessen kommen, wenn wir zu ihrer Entwicklung das gesamte hirnphysiologische Potential ausschöpfen. So wird es also doch notwendig, sich im Rahmen des KIM neben der vorhandenen Literatur mit der

Inszenierung, der Durchführung und der Effektivität von Lernprozessen auseinanderzusetzen. In einer folgenden Veröffentlichung werde ich das tun.

Wir arbeiten sozialtherapeutisch mit der ganzen Familie

In diesem Buch haben Sie gelernt, Sozialtherapie mit einzelnen Klienten zu praktizieren. Um derartige Prozesse konsequent und sinnvoll fortzuführen, haben wir auf die Arbeit mit der zweiten Zentralfunktion zunächst verzichtet. Sie führt uns nämlich in das Feld interpersonaler Interaktionen und damit in andersartige Arbeitsformen ein.

ZF II
Darstellung der interpersonalen Lage

1. Zuwendung zu den Personen des Beziehungsfeldes
2. Praktische Einbeziehung der Beziehungspersonen
3. Finden von Ausdrucksmöglichkeiten zur Verdeutlichung der interpersonalen Lage
4. Distanzierung
5. Überblick über die interpersonale Lage
6. Vervollständigung des Bildes
7. Erkennen von Spannungen in der Lage
8. Definition der Gemeinsamkeiten in Übereinstimmung und Konflikt bei den Personen im gemeinsamen Beziehungsfeld
9. Erkennen von Spannungen zwischen Vorstellungen von der Lage und der Realität
10. Motivation zur Veränderung
11. Dialoge im interpersonalen Feld

Es fällt auf, daß die erste und die zweite Zentralfunktion fast gleichlautend formuliert sind. Ja, man könnte meinen, daß wir das bisher Praktizierte aus der Arbeit mit der Lage des einzelnen Klienten einfach übertragen in die Arbeit mit der Lage mehrerer Personen, die z. B. eine Familie bilden. Bei dieser Art des Denkens machen wir ähnliche Fehler, wie sie uns immer wieder in der Praxis begegnen.

Wir benutzen vielleicht die Familie als eine Erweiterung unserer therapeutischen Möglichkeiten für «unseren» Klienten. Wir versuchen, für ihn eine bessere Situation in der Familie zu schaffen, das heißt, wir erheben mehr oder weniger bewußt den Anspruch, daß sich das Familiensystem so verändert, daß unser Klient besser in ihm leben kann.

Vielleicht versuchen wir aber auch, eigene Vorstellungen von «Familie» in unserer Arbeit zu verwirklichen. Wir meinen, daß die gesamte Lage jedes Familienmitgliedes in die Familie hineingehört. In der aktuellen Situation versuchen wir darum, jedem eine Chance zu geben, diese Lage mitzuteilen und verstanden zu werden. Wir geben Hilfestellung in einem Prozeß, bei dem sich die Familiensituation durch eine möglichst umfassende Offenlegung aller Spannungen neu gestaltet.

Schließlich können wir Familienbehandlung als eine isolierte Therapieform betrachten, zu der wir uns alternativ zur Einzeltherapie entscheiden. Nicht selten übernehmen wir damit gleichzeitig ganz bestimmte Interventionsabläufe, die wir gelernt haben und für gut halten. Wir behandeln Familie nach einem methodischen Schema.

Bei aller Bereitschaft zur Arbeit mit Familien bleibt uns häufig Unsicherheit und auch Angst. Mir scheint, sie ist weitgehend dadurch bedingt, daß wir uns letzten Endes nicht ganz sicher sind, was unsere Interventionen in einem so schwer überschaubaren System wie dem der Familie auslösen können. Um dieser Sorge vorzubeugen, wollen wir uns mit Hilfe eines sehr einfachen Modells das Familiensystem deutlich machen.

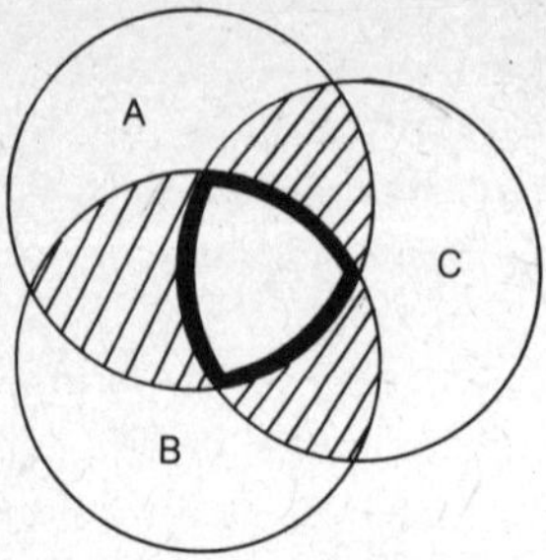

Die Personen A, B und C bilden ein vermaschtes System, die Familie. Für jedes Familienmitglied gibt es Bereiche, die als ganz persönliche individuelle Lage zur Zeit nicht in dieses System eingeschlossen sind. Daneben gibt es Bereiche der Lage, die jeweils nur mit einigen Familienmitgliedern zusammengeschaltet sind. (In der Skizze sind es die gestrichelten Felder.) Im Mittelpunkt aber finden wir den Bereich, der als Kernstück die eigentliche «Familie» ausmacht. Hier ist der Ort für Familientherapie. Hier können wir ohne Risiken Funktionsträger einsetzen und Funktionen realisieren, die alle Beteiligten gemeinsam erreichen und betreffen. – Doch schon die Bereiche AB, BC und CA gehören nicht in die Familientherapie, sondern in eine Partnertherapie. – Die Bereiche aber, die A, B oder C von sich aus nicht in die Familiensituation einbeziehen wollen, können von uns nicht «hineingepreßt» werden. Hier werden wir zunächst mit den Personen allein arbeiten müssen.

Die zentralen Spannungen (Orte stärkster Spannungszentrierungen) liegen unter Umständen nicht in dem allen gemeinsamen Familienfeld. Wenn wir dort arbeiten, werden Erfolge in Frage gestellt, da die Aktivität des jeweiligen Spannungszentrums erhalten bleibt und es mit Gegenwirkungen reagiert.

Über Einzel- und Zweierbehandlung kann sich das gesamte vermaschte System so verändern, daß der Anteil, in dem es Familie bildet, wächst. Ebenso ist es denkbar, daß in einem langsamen, kontinuierlichen Prozeß während des Familiengespräches sich einzelne persönliche Bereiche für die Familie erschließen. Doch diese Entwicklung nach unseren Einsichten voranzutreiben, kann gefährlich werden. Folgen wir darum auch hier der Initiative unserer Klienten.

Nach unserem Modell ist Familientherapie eine der Möglichkeiten von Sozialtherapie. Wir wenden sie immer dann an, wenn sie sich als effektivste Form für Klienten anbietet, sowohl in einem einzelnen Gespräch als auch in einem längeren Behandlungsabschnitt. Familientherapie wird häufig begleitet werden von Einzel-, Partner- oder Teilgruppengesprächen.

Für die Arbeit mit diesem Modell werde ich in einer weiteren Publikation Funktionsträger entwickeln, eigene Erfahrungen und Theorie darstellen. Dabei werde ich mein besonderes Augenmerk auf die Partnersituation und die zentrale Familiensituation richten.

Danach – dies sei als Fernziel angedeutet – werden wir Sozialtherapie in Gruppen erlernen.

Wir erarbeiten Stabilität in der Dynamik

Mit der fünften Zentralfunktion erarbeiten wir den Bereich der Stabilisierung. Entsprechende Seminare finden meist nach einem größeren zeitlichen Abstand statt. Zu ihnen kommen nur die Teilnehmer, die im Rahmen der ersten vier Zentralfunktionen praktiziert haben. – Der Lernprozeß führt jeden noch einmal auf einen Höhepunkt persönlicher Auseinandersetzungen. Wir fragen uns jetzt, wieweit unsere eigenen Reifungsprozesse Voraussetzung dafür sind, daß auch unsere

Klienten lernen, selbständig ihre psychophysische Gesundheit zu erhalten und im Sinne einer Multistabilität zu realisieren.

ZF V
Stabilisierung

1. Üben der neuen Verhaltensweisen in der Realität
2. Gestaltung eigener, personspezifischer Verhaltensmuster in Angleichung oder in bewußtem Gegensatz zur Umwelt
3. Verarbeitung von Reaktionen der betroffenen anderen Personen
4. Ablösung der Verhaltensmuster aus dem bewußten Lernprozeß = Gewöhnung
5. Gestaltung neuer Selbstbilder und Wunschbilder
6. Entwicklung neuer Normen in Auseinandersetzung mit den Normen des sozialen Nahraumes und der Gesellschaft
7. Durchformung eines neuen Weltbildes
8. Beherrschung der Spannungsfelder und Aktivierung des Potentials im intra- und interpersonalen Spannungsfeld

Im Abschnitt 🕮 5 haben wir festgestellt, daß therapeutische Funktionen weder Ziele noch Teilziele für eine Therapie angeben. Sie beschreiben Prozesse, die sich innerhalb des therapeutischen Interaktionsfeldes gestalten. Die fünfte Zentralfunktion beschreibt darüber hinaus Prozesse, die zwar innerhalb einer Therapie beginnen, danach aber vom Klienten selbständig in seinem Leben gestaltet werden, sowohl im Interaktionsfeld mit seinem Partner bzw. mit seiner Familie, als auch in den Gruppen, in denen er «Gesellschaft» erlebt.

Der Klient lernt es nicht erst am Ende der Therapie, entsprechende Fragen zu stellen, eigene Antworten zu suchen und selbständige Lösungen zu finden. Die therapeutische Arbeit an einem bestimmten Problem kann aus der Arbeit mit einer der ersten vier Zentralfunktionen in den Bereich der fünften Zentralfunktion überwechseln und hier einen Abschluß finden. – In diesem Fall findet der Klient eine dreifache Lösung: Die Lösung für sein aktuelles Problem, eine Lösung der Frage, wie er in Zukunft ähnliche Probleme verarbeiten kann, und schließlich eine «Lösung» von der Person des Sozialtherapeuten, von dem er sich in positiver Konfrontation trennen kann.

So ist die Arbeit im Sinne der fünften Zentralfunktion ein Bestandteil der gesamten Therapie. – Uns bleibt jedoch die Frage, ob wir als Sozialtherapeuten auch in unserer Arbeit gelernt haben, Bereiche der fünften Zentralfunktion in uns zu funktionalisieren.

Der Klient kann in der Therapie die oben beschriebene Selbständigkeit entwickeln. Er gewinnt Kraft aus einem neuen Selbstwerterleben, er löst sich aus dem Gefängnis seiner Schuldgefühle, er findet in Auseinandersetzungen ein neues Verhältnis zu Normen.

Damit entwickelt er Freiheit in Bereichen, in denen wir selbst uns häufig unfrei fühlen: Wissen wir denn, woher wir unser Selbstwertgefühl als berufliche und private Person beziehen? Was bedeutet Schuld in unserem Leben, ist sie noch immer unser Feind? Haben wir wirklich unsere eigenen Normen gefunden oder realisieren wir die Normen unserer Eltern und der Gesellschaft in einem naiven Pflichtgefühl?

Wir alle, Klienten und Therapeuten, kennen den Zustand der Unsicherheit aus ambivalenten Selbstwertgefühlen – die Möglichkeit der «Erpreßbarkeit» aus ungeklärten Schuldgefühlen – die Gefahr des Ausgeliefertseins an normative Vorstellungen – die Angst vor dem Tod – die Sehnsucht, unser Leben in einem Sinnzusammenhang zu verstehen. Für jeden von uns wird es darum notwendig, sich in diesen Bereichen mit sich selbst auseinanderzusetzen und individuelle Lösungen zu finden.

Bei seinem letzten Schritt zur Verselbständigung braucht der Klient einen kompetenten Partner. Dieser muß es selbst gelernt haben, Lage zu externalisieren, sie darzustellen, Auseinandersetzungen zu wagen, Lernprozesse zu gestalten. Er muß selbst Stabilität gewinnen. Wir können als Sozialtherapeuten solche Partner werden.

Ich danke

den Institutionen als Trägern der Fortbildungsveranstaltungen für die reale Unterstützung,
den Trainern und Teilnehmern der Seminare für ihre engagierte Mitarbeit,
meinen Supervisanten und Klienten für ihre Offenheit und ihr Vertrauen,
meinem Mann für seine geistigen Anregungen und seine Geduld in allen Auseinandersetzungen,
meinem Sohn für seine Hinweise auf die Kybernetik und meiner Tochter für die Hilfe bei der Manuskripterstellung,
dem Verlag für seinen Mut,
und den vielen Menschen, die mir begegnet sind, für ihr teilnehmendes Interesse an meiner Arbeit und meinem Leben.

Literatur

F. Alexander: Psychosomatische Medizin. Berlin 1977

L. Bellak & L. Small: Kurzpsychotherapie und Notfall-Psychotherapie. Frankfurt a. M. 1975

D. Bernstein & T. D. Borkovec: Entspannungstraining. Handbuch der progressiven Muskelentspannung. München 1975

R. Cohn: Von der Psychoanalyse zur themenzentrierten Interaktion. Stuttgart 1975

J. Dewey: Erfahrung und Erziehung. In: *J. Dewey & al.*: Reform des Erziehungsdenkens. Weinheim 1963

A. Dührssen: Psychogene Erkrankungen bei Kindern und Jugendlichen. Göttingen 1955

H.-J. Flechtner: Grundbegriffe der Kybernetik. Stuttgart 1969

F. Heider: Psychologie der interpersonalen Beziehungen. Stuttgart 1977

E. Heimler: Einführung in die sozial-integrative Methode. Frankfurt a. M. 1976

N. Hoffmann: Grundlagen kognitiver Therapie. Bern 1979

G. Kaminski: Verhaltenstheorie und Verhaltensmodifikation. Stuttgart 1970

F. H. Kanfer & A. P. Goldstein: Möglichkeiten der Verhaltensänderung. München 1977

F. H. Kanfer & J. S. Phillips: Lerntheoretische Grundlagen der Verhaltenstherapie. München 1975

G. Klaus & H. Liebscher: Systeme, Informationen, Strategien. Berlin (DDR) 1974

G. Klaus & H. Liebscher: Wörterbuch der Kybernetik. Berlin (DDR) 1976

Ch. Kraiker (Hg.): Handbuch der Verhaltenstherapie. München [2]1974

E. Landau: Psychologie der Kreativität. München 1969

A. Lazarus: Angewandte Verhaltenstherapie. Stuttgart 1976

A. Lazarus: Multimodale Verhaltenstherapie. Frankfurt a. M. 1978[a]
A. Lazarus: Verhaltenstherapie im Übergang. München 1978 [b]
A. Lazarus & A. Fay: Ich kann, wenn ich will. Stuttgart 1978
G. A. Leutz: Das klassische Psychodrama nach J. L. Moreno. Berlin 1974
K. Menninger: Das Leben als Balance. München 1974
W. Nachtigall: Phantasie der Schöpfung. Hamburg 1974
R. E. Ornstein: Die Psychologie des Bewußtseins. Köln 1974
H. Petzold (Hg.): Drogen-Therapie. Modelle, Methoden, Erfahrungen. Paderborn 1974
C. R. Rogers: Die nicht-direktive Beratung. München 1972
C. R. Rogers: Die klientenzentrierte Gesprächspsychotherapie. München 1976
C. R. Rogers: Therapeut und Klient. München 1977
C. R. Rogers: Die Kraft des Guten. München 1978
W. Schmidbauer: Die hilflosen Helfer. Reinbek 1977
J. H. Schultz: Das autogene Training. Leipzig 1942
H. E. Schumann: Integration – ein Weg zu neuer Methodik in der Sozialarbeit. In: Der Sozialarbeiter 1/1973
H. E. Schumann: Das Konzept Integrativer Methodik in Sozialarbeit und Therapie. In: Der Sozialarbeiter 4/1974
H. E. Schumann: Das Konzept Integrativer Methodik. Einführung in Theorie und sozialtherapeutische Praxis. In: Der Sozialarbeiter 2/1977
W. Schumann: Intrapersonale und interpersonale Spannungen bei dissozialen und sozial angepaßten Jugendlichen. Dissertation. Berlin 1961
W. Schumann: Intrapersonale und interpersonale Spannungen bei dissozialen und sozial angepaßten Jugendlichen – eine empirische Untersuchung. In: Monatsschrift für Kriminologie und Strafrechtsreform, 1973, S. 261–275
J. Sikora: Handbuch der Kreativ-Methoden. Heidelberg 1976

R. Sinz: Gehirn und Gedächtnis. Funktion und Leistung des menschlichen Gehirns. Stuttgart 1978

J. O. Stevens: Die Kunst der Wahrnehmung. Übungen der Gestalt-Therapie. München 1977

B. Stokvis & E. Wiesenhütter: Der Mensch in der Entspannung. Stuttgart 1971

K. H. Stöcker: Frustration. Stuttgart 1977

R. Tausch & A.-M. Tausch: Gesprächspsychotherapie. Göttingen 1979

F. Teegen & al.: Sich ändern lernen. Reinbek 1975

H. Thomae: Die existentielle Lage im Sinngefüge menschlichen Handelns. In: Zeitschrift für angewandte Psychologie und Charakterkunde 64/1943

G. Ulmann (Hg.): Kreativitätsforschung. Köln 1973

P. Watzlawick & al.: Menschliche Kommunikation. Bern 1969

P. Watzlawick: Die Möglichkeit des Andersseins. Zur Technik der therapeutischen Kommunikation. Bern 1977

Register

Familie und seelische Krankheit

Eine neue Perspektive der Psychologischen Medizin und der Sozialtherapie

herausgegeben von

Horst E. Richter, Hans Strotzka und Jürg Willi

in Zusammenarbeit mit den übrigen Mitgliedern der Arbeitsgemeinschaft für Familienforschung und Familientherapie

378 Seiten. Kart.

«Der von Horst E. Richter, H. Strotzka und J. Willi herausgegebene Sammelband widmet sich im ersten Teil dem Thema Ehe und Familie in der Gesellschaft, im zweiten Teil der Familientherapie in der Praxis, im dritten Teil den Ergebnissen von Paar- und Familientherapien und im vierten Fragen der Ausbildung von Familientherapeuten. Das Buch ist nicht nur für den Fachmann, sondern auch für den interessierten Laien gedacht: ist doch das Wissen um die Methodik von Analyse und Therapie bereits Teil des Heilungsprozesses. Das Nachdenken über sich selbst und über die sozialen Beziehungen, in denen man sich befindet, kommt nicht von selbst, sondern bedarf der wissenschaftlichen Anleitung, der theoretischen Durchdringung und empirischen Überprüfung. So vermittelt der Band auch immer wieder Fallstudien, die einen sowohl konkreten als auch praktischen Bezug zur Thematik garantieren.»

Nürnberger Nachrichten

Rowohlt